可再生能源金融理论与实践

【美】桑托什·莱　卡
【美】西布龙·亚当森　著 | 王震　译

Renewable Energy Finance

Theory and Practice

石油工业出版社

图书在版编目（CIP）数据

可再生能源金融理论与实践 /（美）桑托什·莱卡（Santosh Raikar），（美）西布龙·亚当森（Seabron Adamson）著；王震译. —北京：石油工业出版社，2022. 12

ISBN 978-7-5183-5559-4

Ⅰ. ①可… Ⅱ. ①桑…②西…③王… Ⅲ. ①再生能源–能源经济–融资–研究 Ⅳ. ①F407. 2

中国版本图书馆CIP数据核字（2022）第155419号

Renewable Energy Finance: Theory and Practice
Santosh Raikar, Seabron Adamson
ISBN: 9780128164419

《可再生能源金融理论与实践》（王震 译）
ISBN: 9787518355594

北京市版权局著作权合同登记号：01-2022-4860

可再生能源金融理论与实践
（美）桑托什·莱卡（美）西布龙·亚当森 著 王震 译

出版发行：石油工业出版社
（北京市朝阳区安华里二区 1 号楼 100011）
网　　址：www.petropub.com
编 辑 部：(010) 64523609　图书营销中心：(010) 64523633
经　　销：全国新华书店
印　　刷：北京中石油彩色印刷有限责任公司

2022 年 12 月第 1 版　2022 年 12 月第 1 次印刷
710 毫米 ×1000 毫米　开本：1/16　印张：23.5
字数：270 千字

定　价：88.00 元
（如发现印装质量问题，我社图书营销中心负责调换）

译者的话

能源是人类文明进步的重要物质基础和动力，能源革命在历次工业革命进程中起到引领作用。新一轮工业革命必将伴随着能源绿色低碳转型，全球科技创新进入空前密集活跃期，在能源革命和数字革命双重驱动下，全球新一轮科技革命和产业变革方兴未艾，正在重构全球创新版图、重塑全球经济结构。《巴黎协定》生效后，发达经济体普遍提高了能源技术的研究、开发与示范预算。太阳能、风力发电、氢能以及智慧能源、储能等新兴能源技术正以前所未有的速度加快迭代，成为全球能源转型的核心驱动力。

基于资源禀赋，在“双碳”目标引导下，我国能源发展将呈现“五化”特征。一是化石能源低碳化，煤炭、石油清洁低碳化利用，天然气快速增长。二是清洁能源规模化，在技术进步和产业发展的推动下，风电、光伏等可再生能源开发与利用高速增长。三是终端能源电气化，一次能源清洁化与终端能源电气化相辅相成，终端能源消费电气化程度将越来越高，非化石能源发电将成为终端用能的主要来源。四是多种能源互补化，水、风、光、地热、海洋能等与煤、油、气协同发展，构建清洁稳定能源系统。五是能源发展数字化、智能化，以云计算、5G、物联网等为代表的新一代数字技术将带来供能、用能模式的创新，有效提升我国能源发展效率和安全保障水平。截至 2021 年底，我国可再生能源发电装机总规模达到 10.63 亿千瓦，占总装机的比重 44.8%，其中风电装机、光伏发电装机分别占全国总发电装机容量的 13.8%、12.9%，规模分别连续 12 年、7 年稳居全球首位。

同时，光热发电总装机规模达到57万千瓦，位居全球第三。2021年，我国可再生能源发电量达到2.48万亿千瓦时，占全社会用电量的29.8%，为按计划实现“2030年非化石能源消费占比达到25%”的目标提供了有力支撑。

可再生能源与传统化石能源项目在能量密度、资源禀赋、技术特征、利用方式等多个方面具有明显差异，这也决定了可再生能源项目在商业模式和投融资方式呈现出独特性，特别是过去十多年可再生能源的高速发展得益于金融创新和项目融资机制的设计。《可再生能源金融理论与实践》一书是作者在为麻省理工学院和波士顿学院系列讲座基础上融合长期实践系统梳理而成。该书的内容是跨学科的，重点聚焦可再生能源行业项目投融资决策，在对可再生能源项目特征、政策环境分析基础上，首先讨论了可再生能源项目经济学、可再生能源项目融资基础，以及如何通过融资和合同结构分配风险。其次，该书还着重讲述了美国新能源领域创新的税务权益融资结构及其在分布式发电项目融资的应用。再次，该书也对可再生能源项目在电力市场环境下的运作模式、项目的输电成本和风险管理、承购协议结构设计和商业风险、可再生能源项目及其公司的估值，以及储能资产融资的相关问题等做了分析。最后，该书介绍了全球可再生能源项目融资的发展，并介绍了智利、德国、印度和中国等四个国家的可再生能源融资的基本情况。可再生能源正在蓬勃发展，但有关可再生能源项目商业模式和项目投融资理论创新仍然有很多问题值得探讨。

在本书的翻译过程中，张岑、周静、何曦、李帅、王子栋、苏江硕、黄荻洁、刘宁宁、凌蓉美盛等参与了初译工作，梁栋对全书做了译校，在此对他们的贡献表示感谢。由于译者水平有限，书中肯定存在疏漏甚至错误之处，恳请读者们批评指正。

前言

对于在可再生能源领域工作的人来说，这是欣欣向荣的时代。能源政策、绿色能源和气候变化不再是局限于专家间的话题，而是人们每天都在新闻里，政治会晤中，甚至是餐桌前讨论的话题。空气中弥漫着变革的气息，如同所有发生深刻变革的时刻一样，一个关键问题就是“我们要如何为能源转型买单”。

没有人知道确切的答案。然而全球性的低碳可再生能源行业转型可能需要数万亿美元的资本投入，大部分资金必须在私人资本市场筹集。因此，要应对这个21世纪的巨大环境挑战，必须确保资本市场能够为可再生能源投资提供大规模资金。

项目融资是为新建大型可再生能源项目筹资的关键机制之一，该融资方式是无法向发起人追索的，因此取决于项目未来运营产生的现金流中可利用的部分。在本书中，著名的项目融资人桑托什·莱卡和西布龙·亚当森描述了项目融资的概念以及如何将其应用于风力发电和光伏设施等投资项目中，并详细介绍了发起人（sponsor）和贷款人（lender）用来管理项目固有风险和不确定性的融资结构。很少有著作能清晰地呈现数十年的实践经验，而本书实现了这一目标。莱卡和亚当森还介绍了公共政策、工程、能源经济学、法律等相关领域的内容，以及这些领域之间如何相互作用，使得大规模可再生能源投资成为可能。

我相信本书可以成为广大关注可再生能源领域人士的入门读物，包括金融专业学生、项目发起人、政策制定者、学者和银行家。考虑到未来能源领域融资挑战的规模和紧迫性，本书清晰地描述了可再生能源项目融资的运作方式和原理，这些内容适用于各种情形，而不仅仅是为了完成下一笔交易。

雷蒙德·S. 伍德，MBA

高级投资银行家——能源和电力方向

麻省理工学院斯隆商学院，1990 级毕业生

序

如果说气候变化是21世纪最大的挑战之一，那么当代金融领域最大的问题之一就在于如何为应对气候变化的措施买单。大多数决策者认为减少碳排放的首要措施就是转向可再生能源，这就带来了一个实际的问题即新建可再生能源项目的融资问题，这牵涉巨大的商业和公共政策利益。

虽然目前有大量关于可再生能源经济学的文献，但据我所知，仍没有文献详细解释大型可再生能源项目（例如风力发电或光伏发电设施）的融资问题。本书为弥补这个空缺，提供了项目发起人和贷款人在真实项目中应用的分析框架和现金流建模工具。例如，本书在同类书籍中首次围绕税务权益（tax equity）投资进行讨论，对广泛应用于可再生能源项目的各种复杂的税务权益融资结构进行了全面的细分。在撰写本书时，我们利用了几十年来作为可再生项目融资从业者的共同经验。本书也特别得益于我的合著者桑托什·莱卡的经验，他长期任职于投资银行，专注于可再生能源项目融资技术的开发和应用。

关于项目融资，我学到的第一件事就是这方面远远不只是对金融理论和建模的理解。尽管我从未学习过法律专业，但加入专业团队后我被分配到的第一个任务就是审查复杂的电力承购协议并建模。任何从事过可再生能源行业工作的人都知道，如果不具备与这些项目相关的法律、经济、工程、公共政策和税收知识，任何发起人或银行家都不会成功，也没有其他方法可以了解项目的全部风险，以及这些风险在合同和融资结构中的分布情况。

因此，本书介绍的可再生能源项目融资方法是跨学科的。我们研究了不同的电力市场结构和电网互联（transmission interconnection）概念，这些因素都会对项目的建设方式和选址产生影响。我们也对开发和运营阶段的项目估值提供了见解。本书还讨论了债务规模、可再生能源的公共政策环境，以及支撑项目的复杂合同集。因此，能源政策和法律专业的学生可能也会发现这本书有助于理解可再生能源项目成功获得融资的要素。

本书还强调如何将项目视为一个风险组合，有些风险可以进行定量分析，比如在给定的风速期望下年收入的分布情况，而其他风险必须被更全面地考量。我们可以管理和分配项目风险，但总有人要承担风险，经验教会我们，最好在事件发生之前对这些风险进行全面分析。

项目融资确实依赖于现金流预测模型。本书基于实际经验提供了案例，也向读者提供了真实应用过的财务模型（可在本书网站获取）。通过案例和模型，不仅学生可以了解到输入参数和融资结构的变化如何影响现金流和风险，专业人士也可以由此开始为自己的项目开发自定义模型。

许多能源分析师认为，全球能源行业深度脱碳需要数万亿美元的投资，其中大部分将用于可再生能源发电项目建设。尽管政府可以制定议程并营造政策环境，但大部分资金仍必须从私人资本市场筹集。项目融资是许多国家广泛使用的一种融资结构，如果要实现碳政策目标，项目融资对于可再生能源项目的财务可行性至关重要。本书希望通过对实现大型可再生能源项目的融资结构提供见解，为推进清洁能源转型做出一点贡献。

西布龙·亚当森

马萨诸塞州波士顿
2019 年 9 月

致谢

许多人直接或间接地为本书作出了贡献，我们对他们的贡献和支持表示感谢。

关于项目融资的一些原始材料是为麻省理工学院的一系列非正式讲座而准备的。我们要感谢约翰·帕森斯的贡献（同时感谢他将制药行业研发资本投资作为对正在开发的可再生能源项目进行估值的分析框架的建议），以及麻省理工学院能源倡议项目（MIT Energy Initiative）的弗兰克·奥沙利文、安杰·丹尼尔森和罗文·埃洛韦。阿克沙尔·温纳瓦、杜伊晨和穆斯塔法·阿里（麻省理工学院能源俱乐部主席）以及杰森·杰伊和贝萨尼·彭定康（斯隆可持续发展倡议项目）帮助组织了最初的一些会谈。麻省理工学院斯隆商学院的学生丽莎·汗娜和莉迪雅·李提供了宝贵的研究帮助。

大部分材料是为波士顿学院卡罗尔商学院的可再生能源投资课程准备的。我们要感谢波士顿学院金融系，当时并没有现成的教材，来自课堂上的鼓励为本书的写作提供了动力。我们还要感谢波士顿学院金融系罗尼·萨德卡和埃利奥特·史密斯的鼓励和支持。

我们感谢来自威尔逊律师事务所的托德·格拉斯和斯科特·齐默尔曼，是他们将我们的学术研究成果传播到西海岸。他们在加州大学伯克利分校法学院教授可再生能源项目开发与金融的法律课程，并两次邀请桑托什参与。他们的指导有助于我们为波士顿学院的课程制定大纲并准备阅读材料。

没有相关法律分析和文件的金融实践是不完整的，桑托什很幸运，自2013年以来，得到了来自威尔逊律师事务所的肖恩·莫兰和迈克尔·乔伊斯的大力支持，这两位提供了附录中的法律条款清单。肖恩自2000年初以来一直致力于开发可再生能源项目税务权益结构的前沿领域。桑托什在书中讨论的大部分税务分析和架构设计是通过工作中的各种交易实践学习到的。劳伦·柯林斯从税法角度审阅了本书第六章内容，并提供了高质量的专业建议，此外还提供了很有帮助的判例法研究成果。

诺顿罗氏集团（Norton Rose Fulbright）一直积极主动地宣传可再生能源行业的最新发展。该公司发布的项目融资新闻通信（https://www.projectfinance.law/）是详细分析影响行业法律发展的第一个有价值的网站。特别值得一提的是肯斯·马丁，他通过宣传和教育推动行业朝着正确的方向发展。他的同事迈克尔·马斯里（目前就职于奥睿克律师事务所）、大卫·伯顿、罗杰·埃伯哈特和约翰·马西亚诺（目前就职于艾金·岗波律师事务所）提供的材料对设计课程和本书有很大帮助。

税务权益投资建模是非常复杂的，但我们很幸运，来自摩根大通公司的宋如彪欣然分享了一个简化的电子表格模型供我们的课程使用。虽然桑托什提供了本书中的大部分电子表格示例，但宋如彪提供的是一份可靠的资源，以确保相关计算与行业惯例保持一致。来自优势分析公司（Advantage for Analysts）的丹尼斯·莫里茨对第六章内容进行了额外的仔细检查。

我们也对我们现任和前任雇主的支持表示衷心的感谢，包括桑托什的前公司雅各布·罗森菲尔德和道富银行，以及他目前就职的西尔弗皮克团队。特别要感谢科琳·弗洛伯格、安东尼奥·吉乌斯蒂诺、埃里卡·南杰罗尼、哈沙尔·莫希勒、迈克尔·亚历山大和温斯顿·陈，他们在很多方面作出了贡献。埃里卡对储能的研究非常有帮助。我们都要感谢亚历克斯·马戈里克的编辑和组织工作。桑托什感谢家人在其离家期间给予的大力支持。

西布龙要感谢他在查尔斯·里弗顾问公司的同事，特别是克里斯·鲁索、德里亚·艾耶尔马兹和比利·穆蒂亚。本书表达的仅是作者的个人观点，而不代表查尔斯·里弗顾问公司的员工或客户的观点。西布龙也要感谢德国经济研究所卡斯滕·纽霍夫和尼尔斯·梅有关德国经验的有益分享，以及马克·拉塞尔在图表方面的帮助。本书有关能源市场和传输风险的讨论受益于多年来笔者与许多业内和学术界人士的交流，尤其是与理查德·塔博尔斯的交流，他推动了现货定价理论的发展，并在就读麻省理工学院研究生期间协助西布龙开展能源和气候问题的研究。西布龙一如既往地感谢妻子阿里的支持。

感谢劳伦斯利弗莫尔国家实验室（Lawrence Livermore National Laboratory）、国家新能源和能效激励政策数据库（DSIRE）、宾夕法尼亚－新泽西－马里兰电力市场（PJM）和印度之桥能源公司（Bridge to India Energy Private Limited）授权我们在书中使用他们的图表。

最后，感谢爱思唯尔及其团队，包括汤米·道尔、迈克尔·卢茨、J. 斯科特·本特利、因杜马蒂·马尼、塞尔瓦拉杰·拉维拉杰和约瑟夫·海顿，他们为本书的出版提供了宝贵的指导意见和支持。

目录

第一章

为新能源经济融资

在历史的大部分时间里，人类使用的所有能源几乎都是可再生能源。荷兰对风车的使用可以追溯到公元1200年，而在那之前，人们用水磨和风磨碾磨谷物。直到1800年，当时世界上最大最富有的城市之一巴黎消耗的能源几乎都来自木柴和木炭，就算到18世纪末，木柴也必须被运送平均超过100英里到达法国首都，以满足不断增长的城市人口的需求[1]。直到1830年左右，煤炭才开始取代木材，成为巴黎、伦敦和欧洲其他大城市的主要能源。煤炭是第一种化石燃料，在全球能源经济中发挥重要作用。

可再生能源的发展

从流水中获得的可再生能源为工业革命初期的磨坊提供了动力，但现代世界的发展与化石燃料的使用密切相关。石油、煤炭和天然气为我们的世界提供了大部分动力，并且间接地体现在我们消费的几乎每一种产品和服务中。

在美国和大多数发达国家，廉价石油和其他化石燃料的供应很大程度上被视作理所当然，直到1973年石油禁运事件，石油输出国组织（OPEC）的一些成员国对销售到美国的石油实行禁运。随着时间的推移，在其他供应和经济因素的共同影响下，禁运后每桶原油的价格翻了两番，这使得公众进一步认识到西方国家对进口石油的依赖日益增加，并使许多人相信，石油是一种有限的资源，可能会在相对较短的时间内耗尽。

在20世纪70年代剩下的时间里，美国出台了一系列应对政策，从鼓励扩大国内生产到节约能源。石油和其他化石燃料储量的有限性在政治领导人和公众的脑中根深蒂固。1977年4月，美国总统吉米·卡特发表讲话，强调有必要制定一项全面的国家能源政策，重点是节约能源。卡特将能源危机称为“道德之战”，并表示“因为天然气和石油就要用尽了，我们必须迅速为第三次转变做好准备，严格地节约能源并使用永久性的可再生能源，如太阳能”。

卡特最初的能源政策演讲被批评缺乏具体的政策细节。随后出台的具体政策之一是1978年的《公用事业监管政策法案》（PURPA），这是现代第一个针对可再生能源的重大刺激政策。PURPA的条款规定，电力公司必须从某些“合格机构”（qualifying facility）购买能源，其中包括可再生能源。PURPA时代在美国掀起了新建可再生能源项目的第一波浪潮。

其他国家也对能源危机做出了反应。20世纪70年代末和80年代初，欧盟的能源研究和开发支出有所增加，但欧洲各主要国家应对能源危机的方式有所不同。法国集中发展核工业。德国拥有庞大的煤炭工业，其能源消费对进口石油的依赖程度较低，且在1986年切尔诺贝利核事故后，越来越对核能持怀疑态度。早在20世纪70年代，绿色理念就在德国扎根，这为公众支持可再生能源的研究和开发提供了基础。由于本国能源资源匮乏，丹麦高度依赖进口石油，1976 年丹麦技术科学学院（Danish Academy of Technical Sciences）发布了两份报告，对该国制定可再生能源政策以及国家支持风能产业发展方面发挥了重要作用，内容包括税收抵免和投资补贴[2]。

可再生能源在全球能源经济中的地位

尽管可再生能源行业已经历这些发展，但除了少数像挪威这样水力发电资源丰富的国家以外，大多数国家可再生能源占能源消费总量的份额仍然很低。如图 1.1① 所示。

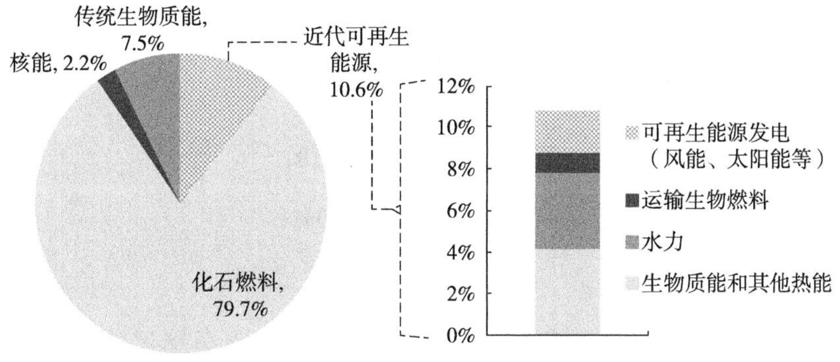

图 1.1　全球可再生能源在最终能源消费中所占份额

资料来源：REN21

2017 年全球可再生能源消费量占能源消费总量的比例低于 20%，化石燃料占比接近 80%，另外 7.5% 能源消费来自传统的生物质资源（木柴、

① 数据来自REN21，2019全球可再生能源状况报告（*Global status report* 2019），可从www.ren21.net获得。

木炭等），这对一些发展中国家的人民而言仍是重要的能源，而“现代”可再生能源占比仅为10.6%，其中只有2%来自可再生能源发电，例如风力发电、光伏发电等。

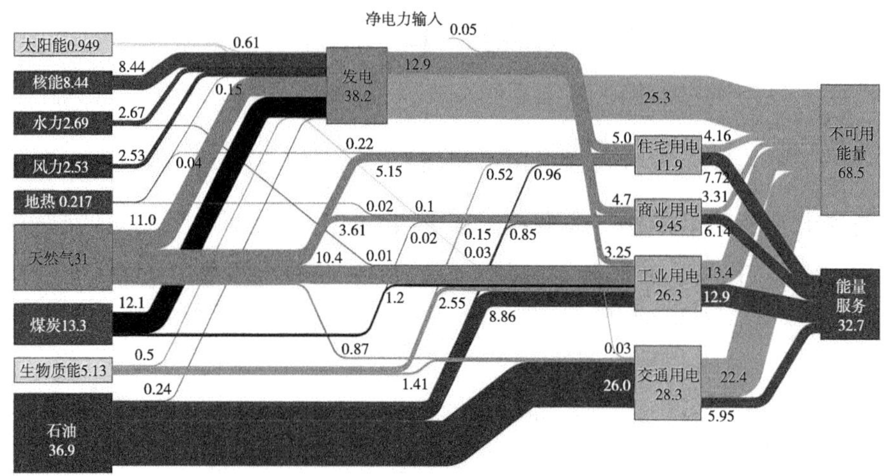

图1.2　美国能源流量图

资料来源：劳伦斯利弗莫尔国家实验室，经LLNL许可转载

在美国，这些可再生能源的占比也相对较低。虽然风能和光伏在美国取得了重大进展，但其增长基础较低。基于劳伦斯利弗莫尔国家实验室（LLNL）的分析，图1.2展示了美国2018年能源的来源和利用情况[①]，左边表示能源的来源以及当年能源总产量，单位为“夸德”[②]，右边表示能源消

① 该图经劳伦斯利弗莫尔国家实验室许可使用，可从https://flowcharts.llnl.gov/获得。

② 一个“夸德（quad）”代表一千万亿英热单位（Btu），是一个用于分析大规模能源的单位。例如，1夸德原油可以填满约80艘超大型油轮。需要注意的是，美国年度能源消费总量约为101.2夸德，因此方框中的数字也近似于百分比值。本书附录介绍了与能源项目融资相关的、有用的、完整的能源单位及其转换。

费部门（居民、商业、工业和交通）。电力部门是一个中间部门，其他一次能源用于发电，但电力最终被消费于上述四个最终部门。其他国家也有类似的桑基（Sankey）图，此处仅以美国为例。①

简要回顾这张年度能源流向图，可以看到美国能源消费的一些重要特点。首先，只有三分之一的能源消费真正地为客户和企业提供了有用的能源服务，而大部分产出能源都成为“废弃能源”或废热散失了。以右下角代表交通部门的方框为例，2018 年交通运输部门消耗了 28.3 夸德能源，但仅实现了 5.95 夸德的有效服务（例如在公路上移动的汽车和卡车，或在空中飞行的飞机），其余能源则以热量的形式散失，这反映了内燃机、飞机涡轮和其他运输电力来源的热效率相对较低的问题。

其次，很容易看出，交通运输部门是最大的终端消费部门之一，其能源消耗目前几乎完全以石油为基础，加上少量的生物燃料（主要来自乙醇和生物柴油）、天然气和（最少的）电力。

最后，最大的能源用户是发电部门，约占能源消耗总量的 38%。用于发电的能源超过一半都来自煤炭和天然气等化石燃料，核能则是第二大来源。尽管最近风能、地热和太阳能发展迅速，但其在美国能源消费结构中仅占 3% 左右份额。来自水坝的可再生水力发电占比 2.5%，但由于缺乏建设大型水坝的新地点，预计该比例未来增长的可能性很小。

20 世纪 70 年代，许多人担心化石燃料资源会枯竭，而现今可再生能源政策的主要焦点是在保持相似能源生产标准的同时，减少碳和其他污染物的排放。

---

① 国际能源署（IEA）提供了一个生成不同国家和地区的桑基图的在线工具（https://www.iea.org/sankey/）。

图 1.3 展示了美国能源部门各类一次燃料（煤炭、石油和天然气）的碳排放趋势[①]。并非所有化石燃料的碳强度都相同，在主要的燃料中，煤炭的单位能源碳含量最高，而天然气（主要成分为甲烷）的单位能源碳含量最低。在 2005 年左右碳排放量达到峰值，之后随着煤炭使用量的减少而下降。最近碳排放量又开始攀升，主要由交通运输部门推动。

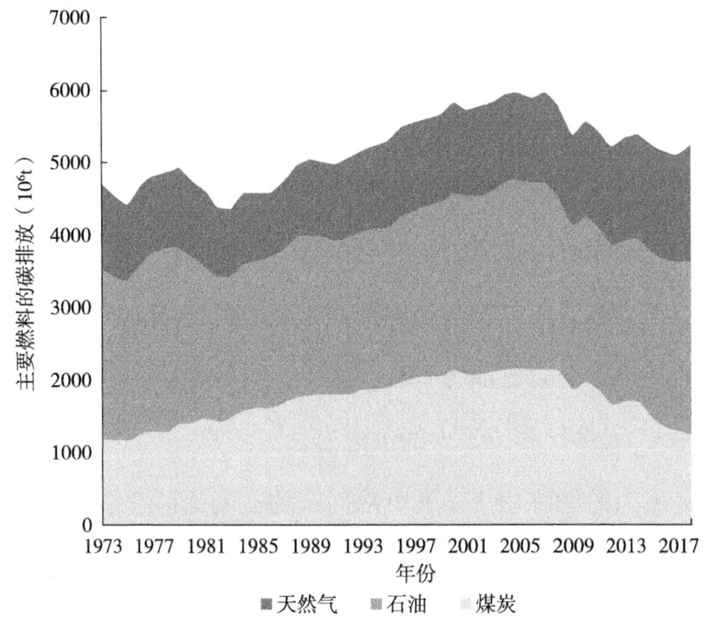

图 1.3 美国主要燃料的碳排放量

资料来源：EIA

大量的能源和环境政策研究正在测算向低碳能源经济转型的未来情景。虽然全面讨论这个复杂的主题超出了本书的范围，但分析几个常见的话题有助于深入了解新建可再生能源项目的潜在需求。

① 数据来自美国能源信息署，可从www.eia.gov获得。

（1）大多数情景都涉及发电部门的深度脱碳，即从煤炭和其他化石燃料转向可再生能源，如风能和太阳能，通常还伴有储能。根据目前的经济性，最近美国的研究侧重拓展可再生能源，而不是新的核能或碳封存等其他技术。

（2）如图 1.2 所示，交通运输是最大的终端消费部门之一。许多分析师预测将出现地面运输系统中汽车和卡车大规模转向插电式电动汽车的现象，这将减少直接的碳排放，但会反过来增加电力需求，进一步增加可再生能源发电的新需求。

（3）目前大量使用天然气和石油的工业部门可能也需要大幅提升电气化程度。

这些经验并不局限于美国。在各种未来全球能源情景中，一个关键发现是，对低碳可再生能源的需求（如风能和太阳能），很可能在未来几年内显著增加，这将需要大量的资本投资。

为低碳能源未来融资

能源行业是高度资本密集行业，其资本存量通常可以维持数十年。如图 1.4[①] 所示，全球可再生能源投资已大幅增长，太阳能和风能项目在当前的投资格局中占主要地位。近年来，可再生能源投资规模最大的市场是中国、西欧和北美。

① 数据来自IRENA 2019，可以从www.irena.org获得。图1.4中的“其他”包括液态生物燃料、生物质和能源回收项目、小型水电、地热和海洋能源的投资，以及其他相关投资。

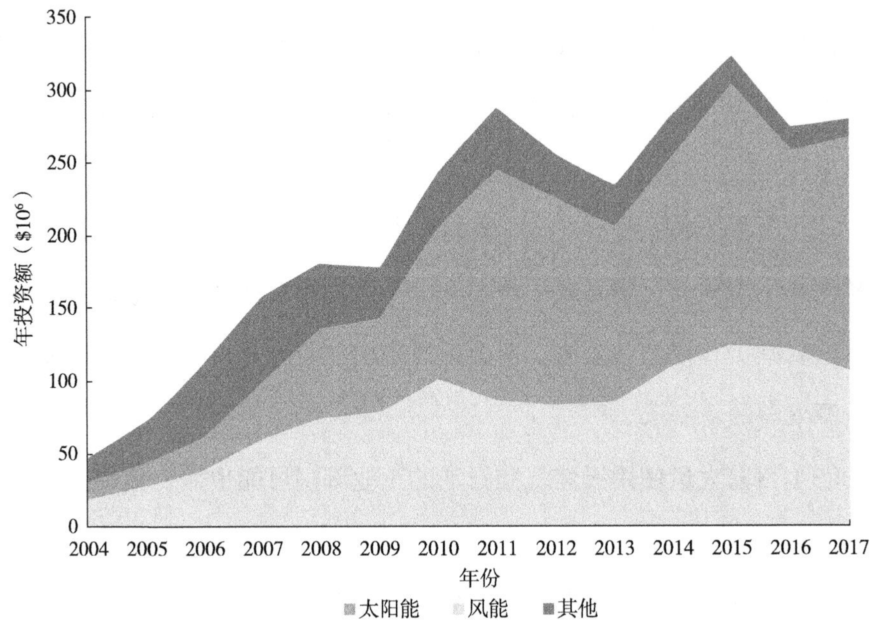

图 1.4 全球可再生能源投资

资料来源：IRENA

尽管目前全球投资规模很大，但实现长期碳排放目标所要求的可再生能源投资规模还要大得多。大多数目标为温度升幅在 1.5℃以内（《巴黎协定》设定的目标）的情景假设，需要电力部门极大规模地减少碳排放量。据国际可再生能源机构（IRENA）估计，到 2050 年，可再生能源在全球能源供应中的份额需要增加至 65%，也就是当前份额三倍有余，才能达到《巴黎协定》的目标[3]。在第十三章我们将讨论，一些分析师认为，即便温度升幅目标设定为更容易达到的 2℃，每年的资本支出也将超过 2 万亿美元，并持续数十年，其中很大一部分资金将直接投向可再生能源发电项目。

项目融资的作用

在承担全球重要产出的大多数市场经济体中，新能源基础设施的融资主要来自私营部门，而非政府直接投资。全球 90% 以上的新可再生能源投资的资金来自私营部门[4]。在全球范围内投资绿色能源，必须利用资本市场来筹集所需的数万亿美元资金。

建设可再生能源基础设施的一个关键方法是项目融资，也就是说，资金不依靠企业投资者的资产负债表实力，而是由项目自身运营的预期经营现金流提供支持。将项目融资结构应用于可再生能源行业时存在许多挑战，从而积累了大量经验，例如由于风能和太阳能资源的不可预测性，不同时期的产量存在变化。

两个核心主题贯穿了全书各个章节。首先，采用项目融资方式的可再生能源项目不是独立的投资，而是应该深深植根于当地支持政策、法律和能源市场结构中。要理解大型可再生能源项目融资如何进行，需要先理解这些背景。正是出于这样的原因，这本书将触及一系列通常在金融类书籍中不会出现的主题，比如公共政策、法律、经济和税收法规。

其次，应用于可再生能源项目的项目融资结构必须管理好复杂的项目相关风险，因为这些投资可能会产生巨额沉没成本，并将在未来几十年内持续产生成本。因此，融资需要由一系列合同支持，以可以接受的方式在项目参与者之间转移风险，确保项目的可靠性。发起人和贷款人仅仅是需要达成财务一致的当事人双方，必须考虑每一方的利益和风险容忍度。

本书结构

本书的重点是可再生能源行业的项目融资，后续章节将详细介绍项目融资的机制，以及将如何应用于绿色能源部门。鉴于这个主题本身的性质，本书本质上必然是跨学科的。

本书的结构灵活。第二章介绍了全球大部分支持可再生能源项目开发的政策，这一章为后文提供了一些关键背景。第三章至第五章是本书的核心单元，介绍了可再生能源项目经济学、可再生能源项目融资基础知识，以及如何通过融资和合同结构分配风险。尽管无法讨论每一种结构，但本书重点是为读者提供对基本概念的核心理解，以帮助分析未来的融资情况。

第六章和第七章是第二单元，着重于更专业的项目融资结构，包括美国常见的税务权益融资结构和分布式发电资产（如屋顶太阳能板）融资常用的结构。

第八章至第十章是第三单元，着重于可再生能源项目在电力市场环境下的运作模式，讨论如何管理项目的输电成本和风险，以及一些用于管理商业价格风险的替代承购协议结构。

第十一章和第十二章探讨了可再生能源项目及其开发公司的估值，以及储能资产融资的相关问题，这是与可再生能源密切相关且发展迅速的一类项目。

最后一章介绍了全球可再生能源项目融资的增长情况，并通过对智利、德国、印度和中国四个国家进行案例研究以检验收获的经验教训。

第二章

支持可再生能源的公共政策机制

大型可再生能源项目，例如风电项目和电站级的光伏设施，需要大量资本投入。从项目融资角度来看，投资者必须清楚只有发电的平均售价足够高，收入足够稳定，能够满足其运营费用、利息支出以及偿付债务的金额和时间要求，这样的投资才具备可行性。如第四章所述，大型可再生能源项目通常都有承购协议（off-take arrangement），例如购电协议（PPA）约定了一段相当长时间内的能源销售价格。从公共政策的角度来看，可再生能源发电通常比化石燃料发电成本更高，因此需要可以支持可再生能源行业的政策机制。如果没有政策支持，可再生能源的发展将会更为缓慢，甚至无法推进。

至少在某些地区，这样的情况可能正在发生改变。可再生能源的成本在迅速下降，在某些情况下，接近甚至低于化石燃料发电成本，例如燃气发电。2018 年，荷兰政府宣布将建造两个大型海上风力发电项目，且不提供直接补贴，尽管政府确实支持风电并网[5]。其他国家也宣布了一些无补贴项目。如果成本继续下降，可再生能源发电可能在很多情况下都比化石燃料发电成本更低。

支持可再生能源，还是对传统能源征税？

现有的可再生能源支持机制体现在对政策目标的支持，例如避免发电产生的碳排放等目标。从经济角度来看，问题往往不在于可再生能源过于昂贵，而在于煤和天然气等化石燃料发电过于廉价。也就是说，电力用户的成本只反映了部分生产成本（私人成本），却不能反映这样供电的全部社会成本，全部社会成本理论上还应该包含排放二氧化碳和其他污染物对周围利益相关者所造成的损害。

外部性是经济决策者以外的其他人的成本，污染是外部性的典型案例。例如，工厂排放污染物可能对工厂所有者本身的影响很小，却会对当地居民造成很大的危害。工厂所有者只看到了排放决策的一小部分后果，而从整个社会的角度来看，该决策是低效的。经济学家通常将外部性视为“市场失灵”的典型表现，在这种情况下，自由市场“看不见的手”的福利最大化特性可能就失效了[6]。

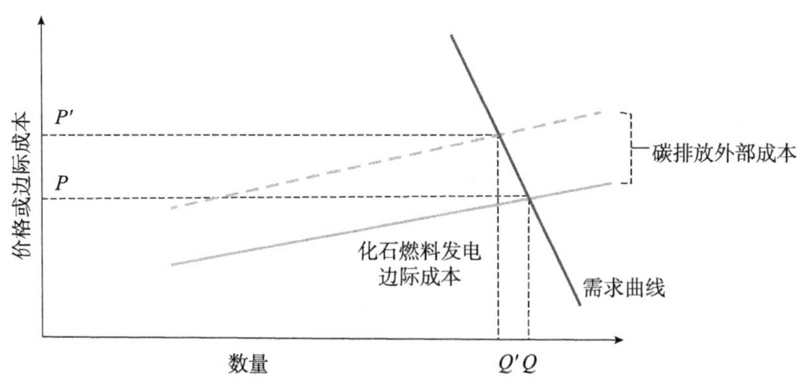

图 2.1　污染的外部成本从私人成本转向社会成本

图 2.1 用一个简单的经济学图表展示了外部性问题。电力生产的（私人）边际生产成本曲线向右上倾斜，如灰色实线所示。电力的需求量越多，生产最后一单位电量的边际成本就越高，这仅包括发电的私人成本，并不反映其排放对其他人造成的成本（外部成本）。

电力消费者的需求曲线向右下方倾斜，如图中黑色实线所示。需求代表消费者额外使用一单位电量所获得的边际收益。在没有外部成本的情况下，价格为 P、需求量为 Q（发电边际成本等于消费者的边际收益）时的电力产量即为社会最优生产水平，生产量大于或小于 Q 则通常会使得社会福利减少。

但是，考虑存在外部污染成本的情况，此时，边际私人成本（MPC）不等于边际社会成本（MSC），因为其他人也负担了发电的成本（如对健康和环境的影响），边际社会成本大大高于边际私人成本。图 2.1 中，上方的浅色虚线代表发电的边际社会成本，为不断增加的发电边际私人成本加上碳污染造成的外部成本（在本例中为固定比例）的总和。

在有外部成本（例如来自碳污染）的情况下，以私人供应成本配置供需是低效的，因为化石燃料发电站并没有将社会成本纳入其生产决策中。社会有效的生产水平为 Q'，即边际社会成本曲线与边际收益曲线相交之处，如图所示，在这个平衡点上，仍然有发电量（尽管电量减少了 $Q–Q'$）和一些碳污染，市场价格（P'）也更高，这表明市场已对污染的边际成本做出反应。

碳税

如果能源的市场价格无法反映总成本（例如包括环境影响的总成本），

那么显然需要一个纠正价格的政策机制。与此同时，可再生能源以及其他清洁能源也应该能够展现更好的市场竞争力。

许多经济学家赞成将碳税体系作为控制二氧化碳及其他温室气体排放的公共政策机制。在最优的碳税体系下，对碳排放征收的税等于这些排放的边际增量社会成本（例如气候变化带给他人的边际成本）。这样，能源价格不仅可以反映图 2.1 中的边际私人成本（MPC），还可以反映边际社会总成本（MSC），碳排放也可以降低至有效水平，能源价格的上涨也更好地激励消费[①]。

图 2.2 说明了碳定价如何推动可再生能源的发展。横轴表示一段时间内（如 1 小时）的能量供应量，纵轴表示边际供给成本。像风能和太阳能这样的可再生能源项目往往资本投资很高，因为初期建设成本高昂，但是边际成本很低（没有燃料成本）。如果利用传统的化石燃料，如天然气和燃煤发电，即使不考虑对环境的影响，也有较高的边际成本，因为必须购买燃料。因此，灰色实线代表的供给曲线（边际私人成本曲线）在只由可再生能源供应的时间段内几乎为零，然后随着产量的提高而增加。电力需求曲线仍使用黑色向下倾斜的直线表示，价格越高，消费者愿意购买的电力越少。如果不征收碳税，市场会在供给曲线和需求曲线相交之处出清，此时均衡价格为 P，均衡产量为 Q。然而，如图 2.1 所示，这不是社会最优结果，还必须考虑化石燃料造成的碳污染的成本。

① 早在20世纪20年代，经济学家庇古就提出了这种税收制度。见Palgrave Macmillan出版社2013年出版的帕尔格雷夫经典版经济学《福利经济学》。

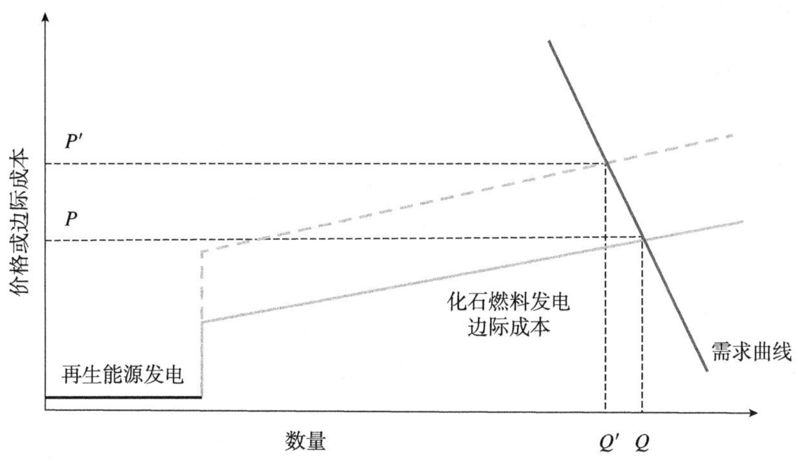

图 2.2　碳定价有助于支持可再生能源

当对排放征收碳税时（此处外部成本与前一个例子等额），化石燃料供电的边际成本增加，使边际供给曲线上移到灰色虚线位置。市场均衡价格从 P 上升到 P'，如图 2.2 所示。这将增加可再生能源发电的销售利润，市场价格更高，但成本没有上升，因为这样发电不会产生碳排放。从经济学上讲，完美的碳税不需要任何限制碳排放的可再生能源支持机制，因为能源生产商有动力做出正确的生产决策，能源消费者也会接受“正确的”价格，从而以最低的总成本实现碳减排。

对化石燃料征收碳税在理论上比较容易实施，因为众所周知天然气、石油以及其他燃料都含碳，实施碳税就意味着对化石燃料的生产端或进口端征税。由于许多燃料（例如汽油）已经被征税，征收碳税的行政机制通常是现成的。

可交易许可证系统

碳税在概念上很简单，但如何设定税率就没那么简单。从理论上讲，控制碳排放的税收与碳排放造成的边际损害相等是最优解，但是这很难测算[7]。在实践中，政策制定者们可能倾向于猜测给定碳税水平下的碳排放量。

在经济学中，价格和数量在某种程度上就是同一枚硬币的两个面——价格的变化会影响市场中的交易量，反之亦然。在可交易许可证制度下，并不是就排放量征收额外固定成本，而是分配固定数量的许可证，每个许可证允许排放固定数量的碳（例如，排放一吨碳需要一份许可证）。这些排放许可证的一个重要特征是可以在市场上交易，因此许可证持有人既可以使用许可证来排放碳，也可以将它出售给其他人。这样就形成了碳排放的市场价格，该价格反映了监管部门设定的总体排放上限。这些政策通常也被称为“总量管制与交易”措施。在一些有限制的经济假设下，许可证的市场价格（如碳排放税）激励人们以最低的社会总成本减少碳排放。

美国二氧化硫和其他酸雨污染物的可交易许可制度已有相当长的历史，新英格兰和大西洋沿岸中部各州已经联合起来，在区域温室气体倡议（Regional Greenhouse Gas Initiative，RGGI）下在电力行业实施这样的制度。最为人熟知的碳排放可交易许可制度则出现在欧盟，欧盟排放交易系统（ETS）为发电厂和其他工业设施排放的温室气体数量（包括碳）设定了上限。

可交易许可证系统的一个问题是价格可能非常不稳定，特别是当政府政策发生变化或有其他因素影响碳排放许可证的价值时，这反过来会降低投资者依赖可交易许可证价格以支持其投资的意愿。例如，图 2.3 展示了

2005 年 4 月至 2019 年 8 月的 ETS 价格[①]，早期的价格受到分配问题的严重影响，2007 年价格几乎为零。此后几年，ETS 价格仍保持低位，部分原因是欧洲已有支持低碳可再生能源行业的其他政策，以及经济危机期间过剩的许可证的积累。2019 年 1 月实施市场稳定储备计划后，当年许可证价格恢复上涨。如果高价格在 ETS 第四阶段（2021—2030 年）能够持续下去，将对这一时期欧洲的新建可再生能源项目产生积极影响。

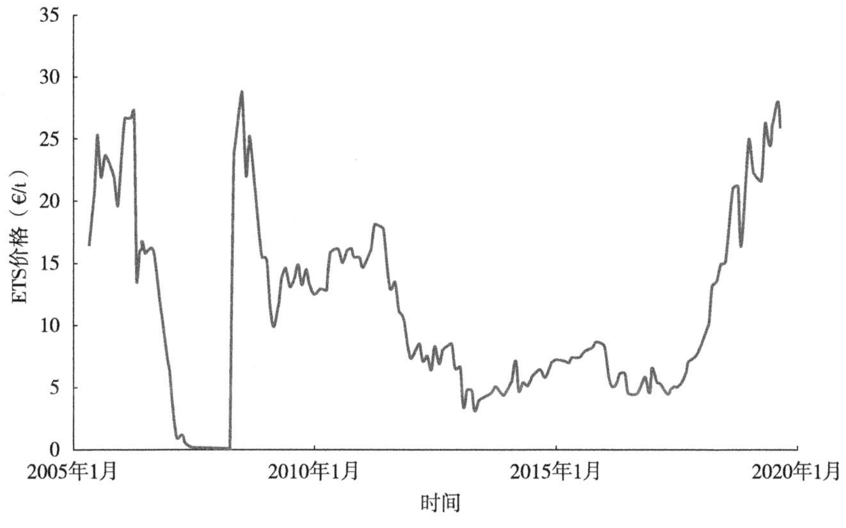

图 2.3　欧洲 ETS 价格

碳税和可交易许可制度在理论上有很强的吸引力，但在许多国家尚未得到广泛应用（包括美国）。如上所述，价格和政策稳定性也是一个问题。征收新税往往在政治上困难重重，而且和所有的税收制度一样，分配效应对不同公民群体的影响可能相当大。因此，尽管碳税和相关的可交易许可

① 图2.3所示价格为月度EUA期货。数据来自彭博社（Bloomberg）。

证制度仍受到广泛讨论，但在实践中，可再生能源行业的大部分进展都得到了其他机制的支持。

直接补贴

如果市场上的可再生能源相比传统能源过于昂贵，一种潜在的政策方案是直接补贴该领域的投资。理论上这可能涉及直接政府转移，因此美国的直接补贴往往通过税收制度实现，虽然两者结果可能一样，但与直接补贴相比，税收抵免招致政治上反对的可能性更小，而直接补贴每年都需要联邦政府拨款。

美国通常采用两种税收补贴模式。产量税收抵免（PTC）为合格设施（包括风能和地热能）生产的每千瓦时电力提供经通胀调整的企业税收抵免，也就是说，除了出售电力获得的收入外，企业还可以因 PTC 获得收入。税收抵免政策在设备运行的前 10 年内有效。2016 年，美国国会授权逐步淘汰 PTC。

投资税收抵免（ITC）通常应用于太阳能设施，可以替代 PTC。ITC 为一些技术（包括太阳能和小型风力涡轮机）提供高达安装成本 30% 的税收抵免。PTC 是根据产量情况逐步支付，而 ITC 是一次性税收抵免，在设备投入使用时即可用。

虽然 PTC 和 ITC 的实施很复杂，但从设施所有者的角度来看，两种税收抵免在经济上实质是相似的。第六章将展开详细讨论，获得税收抵免，企业所有者必须拥有设施本身的股权，这是一种法律限制，通过创造“税务权益”投资者和复杂的融资结构，以确保税收优惠在项目融资中的有效应用。这些税收补贴常常与其他政策支持机制相结合（将在下一节讨论），为美国的可再生能源项目争取资金。

在为可再生能源投资创造良好激励机制方面，ITC 和 PTC 的设计都有不足之处。ITC 对投资进行补贴，但投资并不直接代表可再生能源的生产或排放量的减少，实际上 ITC 反而可能导致过度投资，因为申报的投资额越高，获得的税收抵免就越多。

PTC 的设计确实鼓励了更多可再生能源的生产，因为生产的能源越多，获得的税收抵免就越大。然而，PTC 的缺点是在任何地点或时间发电的税收抵免都是一样的，在最需要发电的地方或时间供电以及在可再生能源能最好地避免传统化石燃料发电的碳排放的地方发电，不能得到 PTC 的任何激励。PTC 和 ITC 优惠也不能激励消费者提高用电效率。

数量基准机制

支持可再生能源的方式之一是要求总消费量的一定比例采购自合格的可再生能源供应商，这种购买方式通常由公用事业或其他负荷服务实体（如电力零售商）完成。在美国，除了前面讨论的联邦税收抵免之外，最常见的支持机制是可再生能源配额制（RPS）。虽然并没有统一的联邦 RPS，但许多州都有自己的 RPS。

RPS 实际上是一种基于数量的机制，要求在公用事业或电力零售商供应给客户的电力中，有一定比例是来自符合条件的可再生能源。例如，实施 RPS 比例为 30% 的州，当地公用事业公司每供应客户 1000 兆瓦时，就必须生产或购买 300 兆瓦时的可再生能源电力。但并非所有的州都有 RPS，如图 2.4 所示[①]。更为复杂的是，美国许多州同时存在多个类型的 RPS，对不同类型的可再生能源发电（如太阳能、海上风能）有不同的要求，这导致各州的政策错综复杂，一些州已经宣布计划转向 100% 可再生能源发电。

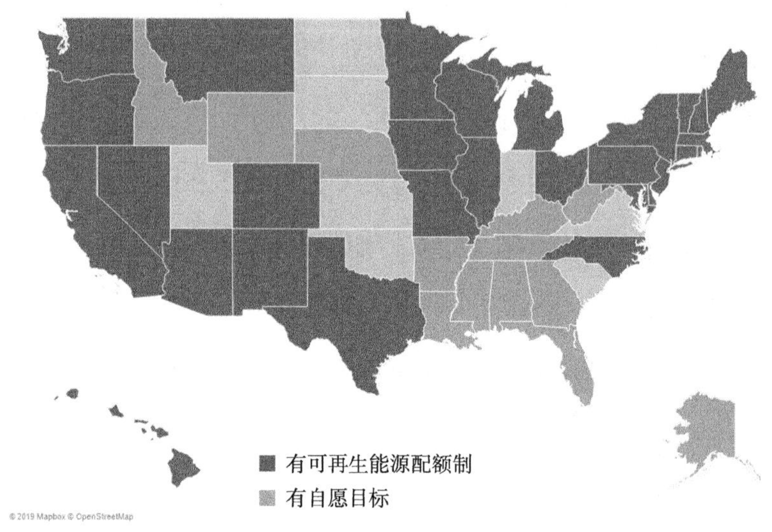

图 2.4　各州可再生能源配额制情况

许多 RPS 规则包含了可再生能源信用（REC）系统。REC 是与某一地区（如新泽西州）一个可再生能源发电单位（如 1 兆瓦时风力发电）相关的属性。如果一家公用事业公司生产或购买的可再生能源超过了 RPS 要求的数量，那么该公司就可以将多余的 REC 卖给另一家低于 RPS 要求的公用事业公司。该规则设计的目的是通过为具有特定资质的可再生能源创造市场，使公用事业公司更容易且更低成本地满足 RPS 要求。在美国以

① 图2.4中的信息来自NCSL及州政府网站。

外，这类规则通常被称为可交易的可再生能源信用（TREC）方案。

就像可交易许可证系统一样（在经济上机制相似），REC 的价格可能非常不稳定，且依赖的可再生能源发电供需市场交易不活跃（通常是州级）。例如，从 2012 年到 2019 年，一些州的合规 REC（需要遵守州级 RPS 法规）的价格变化超过 10 倍甚至更多[8]。REC 价格还受到各州经常变化的政策的严重影响。

实际上，REC 通常与 PPA 或其他长期合同捆绑销售，而且许多可再生能源项目几乎或根本不受 REC 价格波动的直接影响。尽管存在这些问题，RPS 依然一直是美国可再生能源投资的主要推动力。在实践中，相当大比例的新建可再生能源项目仍然由 RPS 的要求驱动，并且得到公用事业公司 PPA 的支持。

RPS 受到的批评主要针对其复杂性和不稳定性。这些规则由各州制定，因此，确保可再生能源发电投资用于成本效益最高的地方的余地很小（例如，在阳光明媚的亚利桑那州而不是新泽西州进行太阳能发电）。另外，这些规则经常发生变化，使得投资和开发新项目变得更加困难。最后，各种各样的州法规要求项目发起人跨州规划项目，并跟踪当地的立法和法规发展，这就可能导致一个原本有吸引力的项目一夜之间变得不再可行。

其他类型的固定数量机制是可再生能源拍卖或竞争性投标，通常采取反向拍卖的形式，即可再生能源发起人以特定价格供应一定数量的合格的可再生能源（如每年供应固定的风力发电量）为条件进行投标。这些机制可以有许多设计[9]。全球约有 50 个国家采用这种拍卖方式来获取可再生能源，并且这种方式在世界各地的使用越来越普遍。通过确定采购的具体产品，国家监管部门可以灵活地确定所需的可再生能源的数量、类型和特征，以确保合同中的可再生能源满足地方政策目标。

第十三章将讨论一些国家，特别是智利、德国和印度的拍卖经验。在利用拍卖支持可再生能源发展方面，拉丁美洲一直是区域领导者，智利和巴西是值得关注的国家。

价格基准机制

另一种鼓励可再生能源投资的方式是为新可再生能源定价，与现行电价分开（通常更高）。近年来价格基准机制在美国并没有得到广泛应用，但标准上网电价（FIT）机制被广泛应用于许多国家，包括德国、加拿大（特别是安大略省）和中国。第十三章讨论了德国 FIT 机制的经验。

简单地说，在 FIT 机制中，政府设定了一个购买合格可再生能源的价格，并保证这个价格在很长一段时间内不变，以便投资者确保投资新项目能够收回成本。这些成本通常从电网费用或其他客户附加费中收回。FIT 机制受到了可再生能源项目发起人的欢迎，该机制为新项目提供了一个满足价格要求的稳定的市场。

在一些地区，FIT 机制刺激了大规模投资的同时，也遭受了批评。各国政府在设定合适电价方面可能有困难：如果 FIT 价格太低，就没有人投资新项目，政府的政策目标也将无法实现；如果 FIT 价格太高，新项目的数量可能过多，意味着消费者会承担更高成本。在实践中，一些 FIT 机制通过控制进入输电网的互联来限制新容量，使得一些项目无法实现。

FIT 机制的一个衍变是溢价收购（FIP）机制。在 FIT 中，与长期合同类似，项目提供的价格独立于电力市场价格。而在 FIP 中，该项目将获得现行市场电价的溢价。这使项目发起人受到激励去最需要的地方新建项目，或者在需求高峰期提高供电量。FIP 机制可以采用固定溢价或随基础价格变化的滑动比例溢价，各种上限和下限也可纳入机制，以管理项目中可能对投资产生影响的风险。FIP 和 FIT 一样也在欧洲得到广泛应用。

公共政策对可再生能源融资的影响

投资可再生能源项目是有风险的：在生产第一个单位能源之前就必须投入大部分成本，而且一旦项目建成，设施和设备也不能轻易地重新部署。考虑到这些风险，可再生能源项目融资大部分建立在长期固定价格合同的基础上。这些合同可能是项目公司与信誉良好的承销商（如公用事业公司）之间的 PPA，也可能是长期固定支付机制，比如 FIT 或由政府机构支付的拍卖机制。

对几乎所有地区都同样重要的一点是，可再生能源发电的锁定价格必须维持足够长的时间，以使项目能够从前期资本投资中获得合理的回报。虽然机制因国家和时间的不同而差异很大，但总体而言，要求稳定、合理的承购价格的需求是可再生能源项目融资的一个共同点。

第三章

项目融资基本概念

项目融资结构在可再生能源行业内外均得以广泛运用。在探索可再生能源项目的具体应用之前，本章介绍了项目融资的基本概念及其使用方法。

项目融资定义

项目融资可定义为“在无追索权的基础上，通过专门创建的单一目的实体为一个或多个项目融资”。该定义突出了区分项目融资和传统公司融资的两个重要特征，其中后者是指大多数公司的融资来源。

第一个特征是向贷款人保证付款的追索权性质。简单地说，从贷款人的角度来看，追索权定义了可用于支持贷款的资产。追索权融资使得贷款人有权对提供追索权的实体的资产提出索赔。追索权可以通过贷款文件或明确的担保协议进行确立。因此，如果借款人不能履行融资合同规定的义务，贷款人可向提供追索权的实体提出索赔。

追索权融资的一个典型例子是公司担保其附属公司的债务。有时，这是子公司能够以合理的利率从金融机构获得资金的唯一途径。应当指出，融资合同规定的追索权往往限于贷款文件中商定的数额。以追索权为基础的融资被广泛使用，但这有一个缺点，即母公司在合同中担保的金额通常记作或有负债，会反映在担保人（例如母公司）的财务比率中，而这可能会影响母公司未来获取资金的能力。

从另一方面来看，无追索权融资禁止贷款人对项目发起人提出索赔，其追索权仅限于其融资的特定实体。这一区别很重要，因为无追索权融资本质上为项目发起人提供了一个“离开”的选择，它仅以认购的股权为限对失败的项目承担责任。然而，银行和其他融资机构将面临更大的风险（相对于传统的公司融资而言），因为在违约的情况下，债务的偿还和回收仅限于其融资的特定项目公司的资产。因此，贷款人直接暴露于项目的经济风险中，如果项目不按预期执行，也不能向发起人寻求补救。①

区分项目融资与传统公司融资的第二个特征是存在一个以持有和运作项目为特定目的的公司。项目融资针对使用寿命有限、目的和操作计划明确的单一项目（或类似项目的组合）。因此，这些项目通常由特殊目的公司（SPC）所有。对于美国的项目，SPC 通常由有限责任公司组成，但在世界其他地方会有所不同。

① 从会计角度看，有追索权和无追索权融资的区别不应与合并相混淆。根据所谓的可变利益实体（VIE）规则，为项目融资目的而创建的特殊目的公司（SPC）需要根据其权益和投票权的可变性，合并到发起人的资产负债表上。例如，如果发起人进行无追索权融资，且会计准则确定发起人的经济利益“可变”到足以证明合并是合理的，那么按照规定，发起人应该合并权益。

项目融资的发展进程

几个世纪以来，项目融资一直被用于为各种项目筹资。第一笔记录在案的项目融资交易可追溯到1299年，当时英国皇家银行利用意大利商业银行花思蝶（Frescobaldi）的贷款为德文银矿的勘探和开发提供资金[10]。在更近的历史中，项目融资被用于巴拿马运河、北海油田基础设施、跨阿拉斯加管道和一系列其他项目的开发。

如今，项目融资涉及广泛的领域，不仅被应用于能源行业，还用于桥梁、隧道和收费公路等其他核心基础设施项目，以及为医院等长期保健设施提供资金。此外，技术和电信公司也已经发现，项目融资是为数据中心、信号塔和其他投资提供资金的工具。项目融资作为一门学科已经衍生出基础设施融资、公共项目融资等众多子类别，每个子类都有各自的一套带有顾问、发起人和金融机构的生态体系。

图3.1说明了2013年至2016年期间的年度全球项目融资总量，以及按资金来源分列的明细（股权与债务，债务分为贷款和债券）。如图所示，项目融资交易的平均杠杆率很高（负债与总投资额的比率很高）。

图3.2介绍了2013至2016年北美按行业分列的项目融资额明细。从这两个图中可以观察到一些趋势。

（1）全球项目融资交易额经常超过4000亿美元，是全球金融市场的重要组成部分，也是支持资本投资的重要手段。

（2）虽然近几年项目融资交易量总体保持稳定，但可再生能源项目在整体交易量中所占比重较大，尤其是北美地区。

（3）银行贷款是大规模融资的主要资金来源。总的来说，如果与潜在的项目经济性一致，项目融资交易的贷款率或者资产负债率可以超过85%。

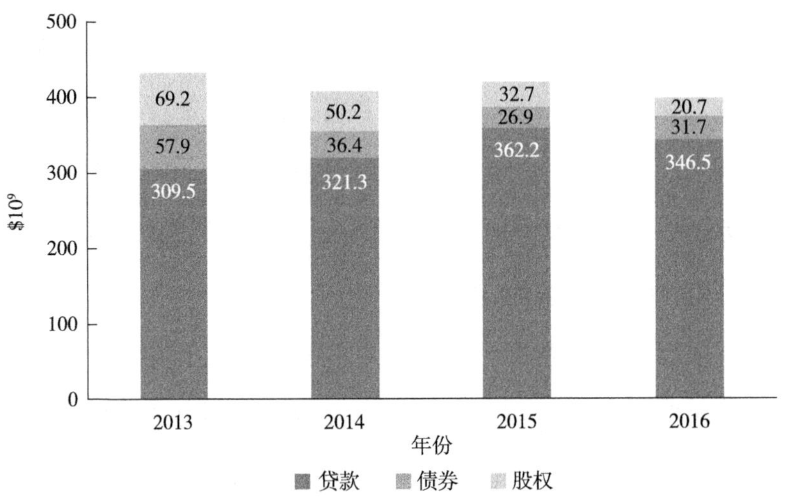

图 3.1 全球项目资金量

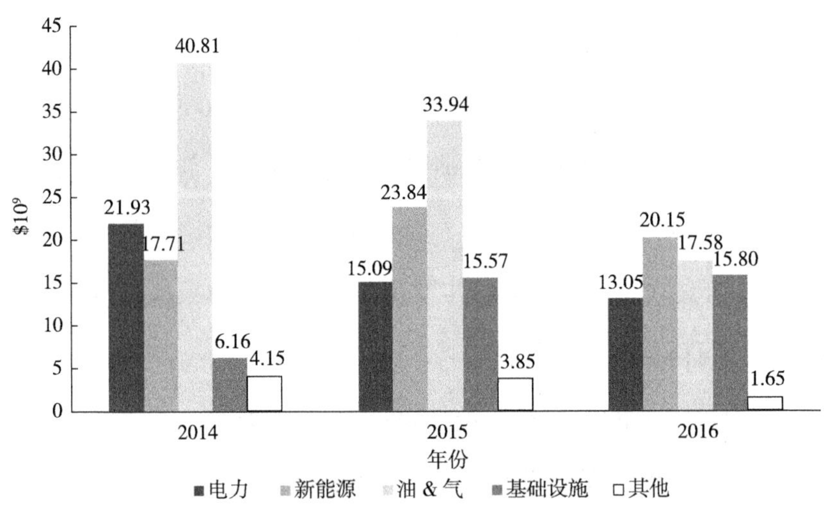

图 3.2 按部门分列的北美项目融资额

项目融资与公司融资的区别

受无追索权性质、有限目的以及项目的使用寿命等因素影响，项目融资具有传统公司融资所不常见的复杂性。由于无追索权，项目发起人和提供股权和债权融资的金融机构不得不评估并量化与每个项目有关的特殊风险。第五章将进一步讨论项目融资的风险分配问题。但显然，项目融资所固有的复杂风险评估和分配过程使得交易耗时且融资成本较高。潜在投资者一般也仅限于具有丰富交易经验的各方。表 3.1 比较了项目融资与公司融资。

表 3.1　项目融资与公司融资的比较

要　素	公司融资	项目融资
融资工具	多目的企业	单一目的实体
追索权	有	无
资本类型	永续持有的无限期股权	与项目生命周期匹配的有限期资本
股利政策和再投资	公司管理层决定	预定的股利支付；没有再投资
资本投资决策	对债权人不透明	对债权人透明
交易费用	相对较低，绝对标准化的交易形式	相对较高的复杂交易
杠杆比率	一般较低，但因部门而异	高杠杆（50% ~ 90%）
信用评价依据	公司实体或担保人实体的整体财务状况	项目的技术及经济可行性
投资者 / 贷款人	通常是更广泛的二级市场	相对成熟的投资者和薄弱的市场
融资费用	由于市场流动性较强，相对较低	由于复杂的风险配置和较弱的市场，相对较高

如表 3.1 所示，由于所融资实体的独立性，项目融资与传统的公司融

资几乎在所有方面都有所不同。项目融资通常缺乏债券和股权发行的深层次市场。这反过来又会影响到项目融资的使用方式和使用时机。

项目融资的局限性

虽然项目融资是为世界各地的电力和其他基础设施融资的重要工具，但它有明显的局限性和缺点。其中包括：

（1）更长的执行时间：虽然项目开发和建设可以跨越数年，但融资过程本身可能是烦琐的。即使是最简单的项目，单是尽职调查可能需要数月的时间。较长的执行时间可能危及项目的经济效益，因为融资成本可能与市场条件相关。

（2）高额的交易成本：每个项目都是不同的，有自己的一套风险、合同和技术特性。因此，几乎没有标准化的空间。单一项目融资的定制属性使得其交易成本高于传统的公司融资。

（3）更高的债务成本：正如前面所讨论的，由于融资的无追索权性质，贷款人将承担他们提供融资的项目的特有的风险。因此，贷款人必须投入大量资源以了解项目的技术情况、施工过程、重要合同等信息。施工阶段通常伴随着更大的不确定性，导致更高的违约以及回收预期变差的风险。其结果是，贷款人将对就他们承担的风险要求更高的补偿。风险溢价取决于市场条件和其他因素，但通常在 25 至 200 个基点（bps）之间变化，这取决于所融资项目的性质。

（4）更高的保险要求和费用：由于项目是无追索权基础上融资的，贷款人要求每个项目都必须投保，以确保保险收益能够支付未偿的融资金额。某些风险类型的保险市场可能非常细分，这便可能会增加保险支出。

如果项目发起人有一个涵盖广泛项目组合的全机构型保险计划，保险费用就可以得到控制。然而，这样的计划只适用于财力雄厚的项目发起人。此外，尽管有全机构范围的保险计划，贷款人仍可能坚持针对具体项目的每种特定风险要求补偿，这也将导致保险费用增加。

（5）严格的贷款人报告要求：交易的高度结构化性质以及重大的监管职责导致严格的项目报告要求，这可能需要额外的管理资源并增加业务的总体成本。

（6）重大的贷款监管职责及决策拖延：融资的无追索权性质意味着项目贷款人面临因业绩不佳或低于标准业绩而产生的财务风险。因此，贷款人要求在对项目整体健康发展至关重要的事项上享有发言权，并确保任何事件或问题在早期阶段得到处理。贷款人配备资产管理团队，通过运营报告、财务报表等实现信息的定期更新。因此，项目发起人在项目的运作中很少有自主权。对重要事项进行批准或表决的合同要求也可能导致决策拖延，从而造成财务影响。

复杂的风险分配导致文件内容繁复：项目融资的大多数谈判和相关文件都围绕着各方之间的风险分配展开。鉴于所涉及的交易对手的数量之多及其相互冲突的目标，寻找能被接受的风险分配方案可能相当困难。然而，有关各种合同安排的法律文件必须纳入有关风险分配的最后谈判结果，因此相关文件可能非常复杂。此外，文件本身就会增加执行时间和交易费用。由于法律文件通常涵盖项目的整个生命周期，因此对手方需要制定业务流程以确保文件的执行。

项目发起人需完善专有信息和商业战略的披露：从项目提出融资方案到融资结束，贷款人需要获得大量关于项目技术、建设支出、审批、内部法律分析、市场评估和其他方面的项目机密信息。上述严格的报告要求还可能导致定期向金融机构披露保密信息。因此，发起人可能会被迫向第三方透露其商业策略的大量信息。为了帮助减少这一业务风险，贷款人有义务在一段特定时间内遵守保密协议，同时项目发起人通常与某些“关系银行”合作，这两者都可能有助于限制保密信息的传播。

为什么要用项目融资

鉴于所有这些局限性，项目融资似乎很少被使用，因为传统的股权和债权市场流动性较强，能够以相对较低的交易成本筹集资金。由于复杂的结构和合同安排，项目融资的交易成本似乎成了一项特殊的障碍，因为这些成本都由项目发起人承担。然而，正如前面所讨论的，项目融资正在蓬勃发展。从经济角度来看，必然有一些抵消优势能弥补大量额外成本。

金融经济学家已经发现了一些理论结构上的优势，在某些情况下，通过降低总融资成本或避免特定交易相关问题，可以使项目融资成为比传统公司融资更好的模式[11]。

首先，项目融资固有的合同结构可以帮助减少大规模沉没成本项目投资固有的一些代理风险。请记住，在传统的债权或股权融资中，资金和之后的回报通常用于“一般性企业目的”，由公司管理层自行决定。但是，投资者在投入资金建设一个大型项目后，可能会担心管理层没有合适的动机将未来现金流返还给他们，从而可能会以牺牲他们为代价转而投资其他项目或“打造商业帝国”。单一目的的项目融资结构对现金流分配有严苛的限制，可以帮助减少这种风险，使投资者受益。

项目融资结构也有助于缓和项目各方之间的代理冲突，限制其机会主义行为。当一个项目有无法自由交易的投入或产出或者在可能涉及政府征用行为的领域，便可以预见“搁置”行为。一个结构严密的项目公司，其中各方之间的合作受严格的合同约束（可用的现金流已经预先确定了用途，例如偿还债务）则可以帮助减少这些风险。当机会主义行为的影响范围很大时，项目的共同所有权也可作为进一步的手段来限制这种可能会破坏项目的行为。

其次，项目融资可以为投资不足的问题提供解决途径。项目发起人可能有一个具有潜在吸引力的（例如预计净现值为正）项目，但可能无法在不违反其自身债务契约或其他限制的情况下接受投资。通过将投资引入项目融资结构中，发起人可以在不损害自身财务完整性和现有投资人回报的情况下筹集到大部分需要的资金。

最后，从发起人的角度来看，大型项目通常是高风险的。假设一个项目发起人拥有一系列成功项目，这些项目都是通过传统融资方式完成的，但他正在尝试发起一个大型的全新项目。这个项目的净现值为正，其他方面也具有吸引力，但同所有的项目一样，具有固有风险。如果项目业绩不佳，可能会产生增量的困境成本（例如破产、其他重组成本），从而拖累整个公司。项目融资为管理现有项目与这一新项目之间的财务“传染”风险提供了解决工具，同时也帮助避免了对其他有吸引力的项目投资不足。

项目融资贷款与债券

与传统的公司融资一样，项目融资中的债权可以是贷款（来自银行或其他贷款人）或债券形式。如前文所述，项目融资市场的债权由银行主导，贷款是可选的融资工具。在项目融资中，银行贷款比债券更常见的原因如下。

第一，多年来银行一直在为基础设施和其他类似项目提供融资。因此，银行界在项目融资及相关资产和业务方面积累了丰富的经验，可能比典型的债券投资者有更多的项目融资经验。

第二，涉及项目风险随时间的演变。根据穆迪投资者服务公司（Moody's Investor Services）发表的一项研究，项目融资贷款在最初几年的违约率相对较高（主要是由于固有的建设风险）[12]。随着项目取得进展，违约风险通常会大幅下降，有时甚至低于典型的A级企业贷款的违约风险。所以，在项目融资贷款组合充分多样化的情况下，银行可以减少部分建设风险，同时在贷款风险方面，获得更好的风险调整后投资回报。通过从储蓄存款中获得廉价融资，银行可以提供具有竞争力的资金，利用监管资本获得可观回报。

第三，银行愿意承销建设期贷款，并可以提供一种灵活的融资机制，一旦满足某些条件，就自动转换为定期贷款。债券市场参与者对建设期贷款不感兴趣，债券投资者没有能力按照建设节点分期提供资金，而在这种情况下，项目发起人不愿意承担前期的"负利差"成本。债券投资者通常无法获得评估建设风险所需的工程和技术资源，通常也不适应这些风险。

第四，债券承销过程复杂、耗时，需要发起人在债券营销、路演推介等方面进行前期投资。债券发行还需满足严格的证券法要求，但银行贷款不受影响。

第五，由于公共所有权的分散，如果一个项目陷入困境，债券的重组和重新谈判可能是非常困难的。债券的提前还款通常也会导致高昂的罚金。银行通常与项目发起人保持较长期的关系，当出现争议或项目陷入困境时，银行更可能做出有商业合理性的决定。

第六，债券往往需要由信用评级机构进行评级，这一过程耗时、费用高，而且评级结果可能十分保守。例如，传统来看，信用评级机构对可再生能源项目的债务规模就持保守态度。因此，相比于项目融资贷款，基于债券的项目融资规模更小。

除了这些缺点，基于债券的项目融资相较于银行贷款也存在以下优点：

（1）债券是固定利率工具。因此，项目发起人不必担心利率风险。

（2）债券投资者通常是保险公司、养老基金和其他寻求长期投资的机构，他们通常愿意提供比银行长得多的期限。

（3）债券投资者的治理标准往往比银行宽松，对操作和决策的干预较少。债券投资者的报告要求可能也不那么严格。

（4）债券融资可能有助于保持公司用于一般目的的有价值的信贷额度。由于项目融资贷款通常体现在银行的资产负债表中，当银行对于项目发起人的总债务风险敞口增大时，发起人的授信额度就会减少。尤其是在市场条件恶化的情况下，发起人可能需要获得短期资本，如循环信贷额度，并且发起人会发现自身在银行的信用额度已满，很难通过银行贷款获得流动性。

考虑到复杂性、成本、时间和资源承诺问题，除非融资金额超过 10 亿美元，否则债券融资很少是合理的。在这种情况下，通过使用银行贷款和债券融资的组合，项目发起人可以实现最低的融资成本和高效的执行效果。尽管银行贷款比债券有明显的优势，但为了迎合给小型项目提供有竞争力融资的保险公司，私人配售市场已然兴起。保险公司经常寻找期限较长的资产以匹配其保险负债。因此，项目融资债券成为一种具有吸引力的资产类别。通过提供与银行贷款类似的灵活的融资（例如匹配建设安排提款、延期提款等），保险公司提供资金的竞争力提高。此外，负责监督保险公司的美国保险专员协会（NAIC）为保险公司可以投资的金融工具的信用评级提供了一定的灵活性。基于此，保险公司可以节省信用评级的成本和时间，使它们相较于银行更具竞争力。

第四章

项目现金流及还本付息建模

财务建模是项目融资的重要组成部分。财务模型用于构建交易、分析项目风险、确定项目的债务规模。在无追索权融资中，由于贷款人无法获得抵押以保障其提供的贷款，了解项目的现金流及其偿还债务和利息的能力至关重要。

通常由发起人在项目启动时负责财务建模工作，并就每一步进行细化和微调，以确保项目可行的同时项目的经济性也符合发起人的投资标准。参与融资过程的其他各方都有自己的模型，由于目标和用途不同，这些模型的假设可能存在很大差异。例如，贷款人对预期发电量、电价和其他参数的假设可能较为保守，与发起人使用的假设会有很大差异，并导致过于保守的收入和现金流预测以及偏小的债务规模。在多数情况下，贷款人和发起人必须进行大量沟通，以确定贷款人的财务模型中的假设。在某些情况下，每个项目将配有一名独立的工程师顾问或其他顾问，来推动双方进行有效合作，从而确定融资金额的假设参数。

项目现金流建模

本节将结合债务规模分析，回顾一个简单的项目估值模型。为了方便起见，分析将限于简单的项目融资贷款，使用与贷款人模型相同的一组假设来计算发起人的内部收益率（IRR）。

分析的第一步是回顾风力发电项目财务模型的参数情况。光伏项目的建模是非常相似的，我们在回顾过程中会指出其中的差异。

项目发电量

可再生能源项目融资的一个关键是，本质上产出往往是不确定的，它取决于天气状况（风速、云量等），而这些状况在项目规划时无法确定。可再生能源项目融资的一个重要组成部分就是应对项目未来产出的不确定性。

要预测项目未来收入，就需要建立关于未来预期发电量的模型。就风电项目而言，如第七章所详细讨论的，预测项目的发电量需要利用该区域的风力数据，通常使用项目附近气象站的数据。风力的预测通常根据项目所在地区的地形、风力涡轮机的类型和位置以及任何邻近风电项目的情况进行调整。通常聘请独立顾问预测未来风型，进而预测发电量。将风力资源剖面与风力涡轮机的“S 曲线”相结合，以预测发电量。图 4.1 所示的 S 曲线因其形状而得名。该曲线展示了风力涡轮机的输出功率与风速之间的关系。如图所示，风速较低时，涡轮机不产生电力，因为风力根本不足以让叶片转动。输出功率随着风速的增大而增加，直到达到最大输出功率水平，然后逐渐减小。在非常高的风速下，风力涡轮机被设计成自动切断式

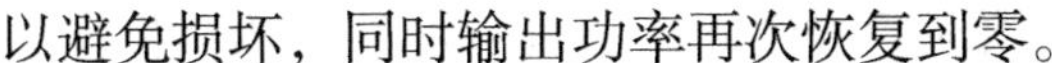

以避免损坏，同时输出功率再次恢复到零。

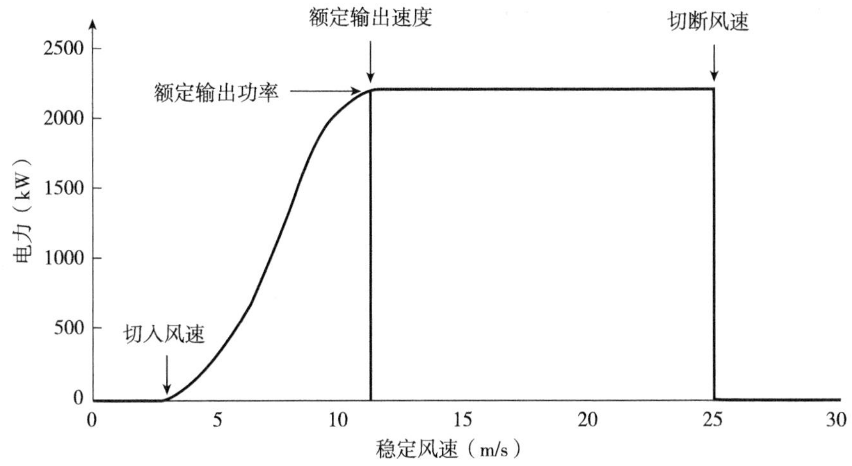

图 4.1　风力涡轮机的 S 曲线

项目发起人或顾问将风型数据与涡轮机的 S 曲线结合起来，以预测一段时间的发电量，通常使用蒙特卡罗模拟完成，可生成以兆瓦时为单位的项目总发电量。模型结果还可提供在不同置信区间下生成的发电量统计变化分析。一旦获得总发电量预测数据，就可以根据项目中呈现的各种低效和损失情况进行调整。每个项目都是不同的，部分能源损失是不可避免的。损失因子本身具有概率性质。因此，需要重新运行蒙特卡洛模拟，模拟各种随机损失因子，以获得净发电量。

总发电量和净发电量之间的差异因项目而异。这种差异可以通过优越的涡轮技术而缩小，例如，寒冷的气候条件下涡轮机依然可以在极低温中运行，但这需要付出高昂的成本。净发电量有其自身的概率分布，如图 4.2 中的黑色曲线所示。对一年内（或其他时段）可能生产的所有不同水平的产量进行财务结果建模是烦琐的。因此，出资方通常依赖于根据项目模拟净发电量而生成的预期发电量的置信区间。p-50、p-75、p-90、p-95 和 p-99 是最常引用的置信区间。

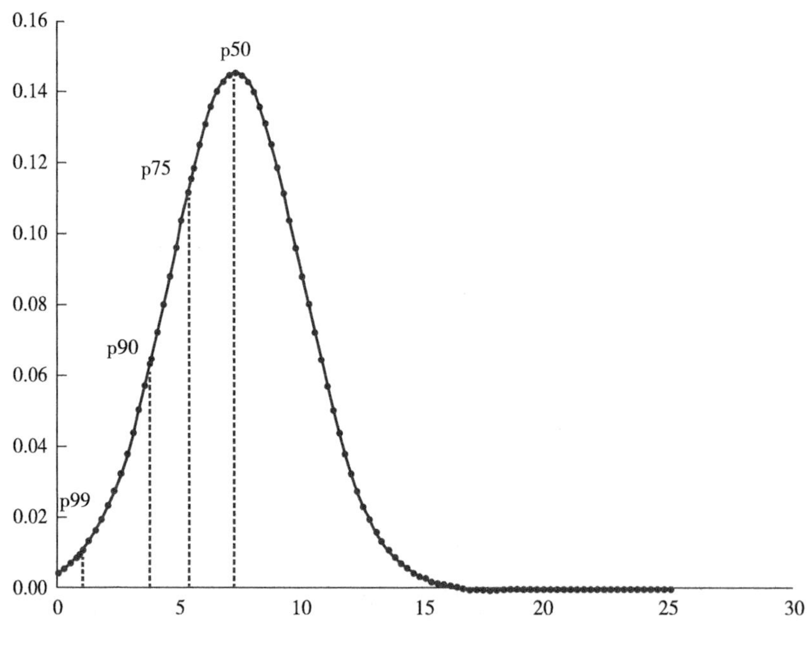

图 4.2 风力发电量概率分布和 p 值

p 值是有效的百分位数，可以被看作是研究者对一段时间内的发电量超过某一定量的信心程度（如果基础数据是正确的）。p-50 是模拟数据的中位数，代表在 50% 的置信水平下该项目每年的最低发电量。p-90 是一个更为保守的数值，代表在 90% 的置信水平下项目每年的最低发电量。如图 4.2 所示，p-90 对应的值低于 p-50 对应的值。而 p-99 对应的值则更低、更保守，代表 99% 的置信水平下项目的最低发电量。

可以计算不同的时间段对应的这些值，1 年或 10 年以上数据模拟出的 p 值是最常被引用的数值。应该注意的是，在置信水平超过 50% 的情况下，10 年期所对应的 p 值都高于 1 年期的 p 值。这是因为时间周期越长，风力资源的可预测性就越强。在 1 ~ 10 年期间，分布的均值普遍稳定。因此，1 年期下 p–50 所对应的发电量往往与 10 年期的该值近似。

p 值是考虑了各种天气情况和项目使用寿命中可能经历的设备退化后计算出来的数值。因此，用一个常数来估算整个项目生命周期的发电量是很正常的。有时，根据所使用的方法或者项目的特殊情况，独立工程师顾问可能会提供每年不同的风力发电量预测数。太阳能项目遵循类似的过程以测算发电量。这种预测相对更容易一些，因为太阳能数据已经被追踪数十年，太阳能资源（即阳光）通常比风能资源更可预测。已经开发的一些桌面程序，可以根据正在使用的光伏组件、阵列、逆变器、跟踪设备等估算给定位置的光伏模块发电量。由于太阳能资源的标准差较小（例如图 4.2 中的等效黑色曲线所显示的分布更窄），发电量的 p 值通常也分布在一个较窄的范围内。

对于光伏项目，通常会估算最初几年的发电量，并利用衰减因子常数降低年度发电量预测值以反映设备的退化情况。虽然财务模型中的衰减因子实际上是一个技术值，但也可能像其他变量一样受到谈判的影响。该因子通常每年变化 0.5% ~ 1.0%。然而，随着光伏技术的成熟，出资方通常越来越愿意接受每年约 0.5% 的衰减因子假设。

电力价格

如果项目公司已经签订购电协议，则在财务模型中使用购电协议中商定的电力价格。在许多情况下，购电协议中规定的电力销售价格与通货膨胀率挂钩。在这种情况下，各方还必须就通货膨胀率的预测值达成一致，以便建模。

通常将项目生命周期内100%的电力输出与购电协议挂钩以保障稳定现金流的做法是有益的，但情况也并非总是如此。例如，购电协议的条款可能没有覆盖项目全部的有效生命周期。在这种情况下，对于存在价格风险的发电量部分，项目建模人员通常必须使用当地电力价格的预测数据，然而电力价格总是不确定的，且波动较大。

发起人和贷款人通常需要就商业预测价格达成一致。预测未来商业电力价格的一个可能的指标是最接近项目地点的电力远期价格曲线。然而，由于各种原因，远期价格数据可能无法被各方所接受。首先，远期价格数据往往不容易获得，并且可能受限于地理位置因素。其次，远期价格数据通常不会覆盖项目全部有效生命周期。最后，远期价格数据可能会因为流动性限制而走低。其他选择是使用来自数据服务商的购电预测价格，或者聘请电力市场专家顾问提供用于财务模型的价格预测。这些都是典型的基于自下而上基本面的建模，往往很复杂且费用高。由于不同地点的电力价格不同（电网限制导致），如果购电协议约定的价格没有基于项目所在地，则价格预测必须考虑传输问题（如第九章所讨论的）。这也是复杂的，需要专业的建模技能。

建模预测项目收入和成本

项目收入通常是通过将项目的净产量（以给定的p值）乘以预期价格（例如依据购电协议PPA协定）来估算的。根据项目细节，可能需要对基差、其他损失和/或购电协议价格通胀进行调整。最终得到财务模型中每个时期（例如一年或一季度）的预测收入。

运营费用包括项目建成后保持项目正常运行所需的各类预期费用，通常包括涡轮机运营和维护费用、工厂运维费用、土地租赁费用、所得税、销售税（如有）、通信和传输设备运维支出、监管和专业性费用等。这些金额的详细预算通常根据项目运维合同编制。

息税折旧及摊销前利润（EBITDA）是每一时期预期收入和运营费用之间的差额。EBITDA 是衡量项目现金流的非常常见的指标。

完全承包项目的债务规模

贷款人理应关注可用于履行偿债义务的项目现金流，特别是在无追索权的项目融资中，项目现金流是偿还债务的唯一重要来源。为了量化与强制性偿债总额相比可用于还本付息的现金流量，贷款机构使用了偿债备付比率（DSCR）指标。DSCR 定义为可用于还本付息的现金流量（CFADS）与当期应还本付息的金额（即利息和强制性摊销或还款的总和）的比值。该指标可以快速评估借款人有多少缓冲资金可以用于偿还债务。CFADS 通常为 EBITDA 减去各种经常性融资费用、营运资金调整数额、偿债准备金账户的调整（这一概念将在后续章节讨论）及类似数额。

贷款人通常希望在常规情景和不利情景下都能确保有足够的缓冲资金。因此，贷款人通常根据他们在常规情景和不利情景下认为满意的 DSCR 来倒推借款金额。考虑到可再生能源的多样性，可再生能源项目的不利情况需加以解释。正如前面所讨论的，风能和太阳能项目的发电量可以用概率度量方式进行预测，贷款人已经习惯用不同置信区间内的发电估计量确定债务规模。

贷款人通常依据 p–50 和 p–99 置信区间内的发电量水平确定其贷款金额。一些贷款人可能会采用更低的置信区间，但使用 1 年期 p–99 置信区间内的发电量估计值已经成为行业标准。一年期 p–99 置信水平下的发电量水平意味着本年的能源发电量低于给定值的可能性只有 1%。当然，出于保守考虑，贷款人通常会对能源预测和模型中估算的现金流量进行调整以便得到常规情景和不利情景。

一旦这些数据最终确定，承销人通常使用基于 1 年期 p–99 置信水平预测的发电量运行模型，计算债务规模，以便向贷款人保证对强制性本息额的偿还。一些贷款人可能希望有更多的缓冲，因此将依据 1% ~ 10% 的利润空间来确定债务规模（在使用 p–99 置信水平下的保守发电量预测之外）。换句话说，贷款人将根据 1.01 到 1.10 倍的 DSCR 确定债务规模。因此，如果预测 DSCR 在一年内为 1.00，则预计 CFADS 将等于该年到期的本金和利息之和。在 DCSR 为 1.10 的情况下，CFADS 将比到期的本金和利息之和高出 10%。在其他条件相同的情况下，要求的 DSCR 越高，项目能够承受的债务规模就越小。

假如项目产量很可能接近平均发电量水平，贷款人则希望在 10 年期 p–50 置信水平下依然得到足够保障。因此，债权承销人通常会再次运行该模型，用 10 年期 p–50 置信水平下的发电量取代 1 年期 p–99 置信水平下的值。其他的模型假设通常保持不变，因为项目的运营费用与其一年内的能源产量之间几乎没有任何关系。在以 10 年期 p–50 预估的发电量情况下，贷款人通常以 1.30 ~ 1.50 倍的 DSCR 确定贷款金额。

债权承销人通常还会比较 10 年期 p–50 置信水平下与 1 年期 p–99 置

信水平下的发电量所计算的债务规模，并采用两者中较低的值。因此，债务规模的确定都将以较为保守的 1 年期 p–99 和 10 年期 p–50 置信区间下的发电量为基础。

债务规模其他参数

DSCR 是一个关键的债务规模计算参数，但其他参数也会影响项目能够承受的债务规模。例如，债务期限一般由项目的使用寿命和购销协议的期限决定。在较长的债务期限内，偿还贷款本金的时间可以延长，在每年相同的现金流水平下，可以负担的债务水平更高。贷款人通常认为风力发电项目期限为 25 年，光伏项目的期限可达 35 年。购销合同的期限可延长至项目期满。因此，贷款人可考虑将债务期限延长至与购销合同期限一致。为了保险起见，其他贷款人可能会考虑稍短的期限（例如减少 1 ~ 5 年）。

项目潜在债务规模也取决于利率，因为随着利率的提高，每年的利息支出将增加。银行提供的项目融资贷款通常反映的是浮动利率。银行可以引用与 LIBOR（伦敦银行同业拆借利率，一种常见的短期美元利率基准）相关的利率，或类似的适用于货币融资的银行间利率。例如，项目融资的银行贷款利率可能定为 LIBOR 加 250 个基点，或者当前的 LIBOR 加 2.5%。

尽管存在差异，但 LIBOR 的参考期限通常与还款频率有关，银行将根据一个月的 LIBOR 指数编制月度债务偿还时间表，根据三个月的 LIBOR 指数编制季度偿还时间表等。项目通常无法承担巨大的利率风险，即使利率（如 LIBOR 指数所反映的）上涨，银行或其他贷款人仍然更希望确保债务能如期偿还。因此，项目融资贷款文件里通常要求项目公司在债务存续期间对冲至少 75% 的强制性摊销。

由于项目融资贷款属于浮动利率工具，银行一般愿意接受较低的提前偿还罚金。然而，如果提前偿还贷款，项目公司可能会面临互换中止（swap-breakage）的成本。利率互换是金融衍生工具，因此会产生互换违约成本。如果此类金融工具在合同规定期限之前终止，投资银行（作为交易对手）可能会被拖欠一笔以市值计价的付款（取决于终止时的利率）。

对一些项目融资而言，债券是银行贷款之外的又一选择。债券利率是固定的，债券融资不需要利率对冲。然而，债券的契约文件通常包含严格的补足条款，可能会在各种特定条件下被触发，包括控制权的变更。文件中纳入补足条款是为了保护金融投资者不受利率变化的影响，因为利率变化可能影响债务偿还所得的再投资回报。

确定债务规模的示例

以下案例说明了一个 200MW 风电项目的债务规模是如何确定的。在一年期 p-50 置信区间下的发电量估计数为 700800 兆瓦·时 / 年（意味着容量因子为 40%），在一年期 p-99 置信区间下发电量估计数为 525600 兆瓦·时 / 年（意味着容量因子为 30%）①。该风电项目购电协议的买方是信用良好的公共事业公司，购电价格为 50 美元 / 兆瓦·时，在 25 年的期限内每年上涨 2.0%，协议期限与项目期限相匹配。该项目第一年的运营费用为 800 万美元（约每年 40 美元 / 千瓦），预计运营费用会随着通货膨胀

① 容量因子是指项目全年实际发电量除以理论上全年最大发电量，即项目每天24小时，每年365天满负荷运行（8760小时=24小时/天 × 365天）的发电量。因此，该示例项目的容量因子为700800兆瓦·时/（200兆瓦 × 8760时）=40%。有关能源单位和基本计算的详细信息，参阅附录A。

率而上涨。贷款人要求假设通货膨胀率为每年 2.5%。

为了简便起见，假设不存在融资费用以及对营运资金或偿债准备账户的调整，因此 EBITDA 等于 CFADS。债权融资按每年 4.5% 计息。该项目的单位资本投资为 2100 美元 / 千瓦，总资本投资 4.2 亿美元。贷款人要求使用在 p–50 置信水平下的发电量估计数，并将 DSCR 定为 1.30 倍，而在使用 p–99 置信水平下的发电量估计数时则将 DSCR 调整为 1.0 倍。最后，假设贷款人愿意提供与 25 年购电协议相同期限的融资。

表 4.1 中的计算表明，在 p–50 置信水平的发电量预测下，该项目的负债能力为 3.7172 亿美元，而在表 4.2 中 p–99 置信水平的发电量预测下，负债能力为 3.2412 亿美元。贷款人可能会选择两个数额中较低的数额即 3.2412 亿美元作为融资金额上限。

债务摊销根据项目中可用的现金额进行，以便维持债务规模下的 DSCR。图 4.3 展示了贷款期限内项目的分期摊销情况。

项目股权的内部收益率（IRR）在项目期限内会发生变化。图 4.4 说明了示例项目股权发起人的税前 IRR 是如何随时间变化的。

在确定债务规模的过程中，还可以发现在 p–50 置信水平的发电量预测下，当平均 DSCR 约为 1.49，最低 DSCR 为 1.48 时，债务规模是最为稳健的。从直观上看，这意味着该项目的现金流在任何给定时期都可以承受 32.43%[①] 的潜在损失，超过此范围项目公司将面临拖欠任意强制性债务的违约风险。

---

① 1–（1.00x ÷ 1.48x）=32.43%

表 4.1　p–50 方案中的债务规模

假设	
生产能力	200MW
p–50 下的容量系数	40.0%
运营费用	$40.00/kW・a
PPA 价格（第一年）	$50.00（MW・h）
PPA 升级率	2.0%
通货膨胀因素	2.5%
偿债备付率规模	1.30x
利率	4.5%
一年用时	8760h
转换至 USD	$1000

债务规模													
形式													
时期	0	1	2	3	4	5	6	7	8	9	10	11	12
电力产量		700800	700800	700800	700800	700800	700800	700800	700800	700800	700800	700800	700800
PPA 升级率		1.00	1.02	1.04	1.06	1.08	1.10	1.13	1.15	1.17	1.20	1.22	1.24
通货膨胀因素		1.00	1.03	1.05	1.08	1.10	1.13	1.16	1.19	1.22	1.25	1.28	1.31
PPA 率		$50.00	$51.00	$52.02	$53.06	$54.12	$55.20	$56.31	$57.43	$58.58	$59.75	$60.95	$62.17
电力收入		35040	35741	36456	37185	37928	38687	39461	40250	41055	41876	42714	43568
去除：运营费用		(8000)	(8200)	(8405)	(8615)	(8831)	(9051)	(9278)	(9509)	(9747)	(9991)	(10241)	(10497)
息税折旧及摊销前利润		27040	27541	28051	28570	29098	29636	30183	30740	31308	31885	32473	33071
可用于偿债的现金流（CFADS）		27040	27541	28051	28570	29098	29636	30183	30740	31308	31885	32473	33071
强制性偿债额（规模）		20800	21185	21577	21977	22383	22797	23218	23647	24083	24527	24979	25439
债务表													
初始资本		371723	367651	363010	357768	351891	345343	338087	330083	321290	311665	301163	289736
去除：利息费用		(16728)	(16544)	(16335)	(16100)	(15835)	(15540)	(15214)	(14854)	(14458)	(14025)	(13552)	(13038)
去除：摊销		(4072)	(4641)	(5242)	(5877)	(6548)	(7256)	(8004)	(8793)	(9625)	(10502)	(11427)	(12401)
最终资本	371723	367651	363010	357768	351891	345343	338087	330083	321290	311665	301163	289736	277335

时期	13	14	15	16	17	18	19	20	21	22	23	24	25
电力产量	700800	700800	700800	700800	700800	700800	700800	700800	700800	700800	700800	700800	700800
PPA 升级率	1.27	1.29	1.32	1.35	1.37	1.40	1.43	1.46	1.49	1.52	1.55	1.58	1.61
通货膨胀因素	1.34	1.38	1.41	1.45	1.48	1.52	1.56	1.60	1.64	1.68	1.72	1.75	1.81
PPA 率	$63.41	$64.68	$65.97	$67.29	$68.64	$70.01	$71.41	$72.84	$74.30	$75.78	$77.30	$78.84	$80.42
电力收入	44439	45328	46235	47159	48102	49064	50046	51047	52068	53109	54171	55255	56360
去除：运营费用	(10759)	(11028)	(11304)	(11586)	(11876)	(12173)	(12477)	(12789)	(13109)	(13437)	(13773)	(14117)	(14470)
息税折旧及摊销前利润	33680	34300	34931	35573	36226	36892	37568	38257	38959	39672	40399	41138	41890
可用于偿债的现金流（CFADS）	33680	34300	34931	35573	36226	36892	37568	38257	38959	39672	40399	41138	41890
强制性偿债额（规模）	25908	26385	26870	27364	27866	28378	28899	29429	29968	30517	31076	31644	32223
债务表													
初始资本	277335	263908	249399	233752	216907	198802	179369	158542	136248	112411	86952	59789	30835
去除：利息费用	(12480)	(11876)	(11223)	(10519)	(9761)	(8946)	(8072)	(7134)	(6131)	(5058)	(3913)	(2691)	(1388)
去除：摊销	(13428)	(14509)	(15647)	(16845)	(18106)	(19432)	(20827)	(22294)	(23837)	(25459)	(27163)	(28954)	(30835)
最终资本	263908	249399	233752	216907	198802	179369	158542	136248	112411	86952	59789	30835	0

表 4.2　p–99 方案中的债务规模

假设	
生产能力	200MW
p–99 下的容量系数	30.0%
运营费用	$40.00/kW · a
PPA 价格（第一年）	$50.00/（MW · h）
PPA 升级率	2.0%
通货膨胀因素	2.5%
偿债备付率规模	1.00x
利率	4.5%
一年用时	8760h
转换至 USD	$1000

债务规模																										
形式																										
时期	0	1	2	3	4	5	6	7	8	9	10	11	12	13	14	15	16	17	18	19	20	21	22	23	24	25
电力产量		525600	525600	525600	525600	525600	525600	525600	525600	525600	525600	525600	525600	525600	525600	525600	525600	525600	525600	525600	525600	525600	525600	525600	525600	525600
PPA 升级率		1.00	1.02	1.04	1.06	1.08	1.10	1.13	1.15	1.17	1.20	1.22	1.24	1.27	1.29	1.32	1.35	1.37	1.40	1.43	1.46	1.49	1.52	1.55	1.58	1.61
通货膨胀因素		1.00	1.03	1.05	1.08	1.10	1.13	1.16	1.19	1.22	1.25	1.28	1.31	1.34	1.38	1.41	1.45	1.48	1.52	1.56	1.60	1.64	1.68	1.72	1.75	1.81
PPA 率		$50.00	$51.00	$52.02	$53.06	$54.12	$55.20	$56.31	$57.43	$58.58	$59.75	$60.95	$62.17	$63.41	$64.68	$65.97	$67.29	$68.64	$70.01	$71.41	$72.84	$74.30	$75.78	$77.30	$78.84	$80.42
电力收入		10280	10406	10532	10658	10785	10913	11040	11168	11297	11425	11554	11682	11811	11940	12068	12197	12325	12452	12580	12707	12833	12958	13083	13207	13330
去除：运营费用		(8000)	(8200)	(8405)	(8615)	(8831)	(9051)	(9278)	(9509)	(9747)	(9991)	(10241)	(10497)	(10759)	(11028)	(11304)	(11586)	(11876)	(12173)	(12477)	(12789)	(13109)	(13437)	(13773)	(14117)	(14470)
息税折旧及摊销前利润		18280	18606	18937	19273	19616	19964	20318	20678	21044	21416	21794	22179	22570	22968	23372	23783	24201	24625	25057	25496	25942	26395	26856	27324	27800
可用于偿债的现金流（CFADS）		18280	18606	18937	19273	19616	19964	20318	20678	21044	21416	21794	22179	22570	22968	23372	23783	24201	24625	25057	25496	25942	26395	26856	27324	27800
强制性偿债额（规模）		18280	18606	18937	19273	19616	19964	20318	20678	21044	21416	21794	22179	22570	22968	23372	23783	24201	24625	25057	25496	25942	26395	26856	27324	27800
债务表																										
初始资本		324117	320422	316235	311529	306275	300441	293997	286909	279142	270659	261423	251392	240526	228779	216106	202459	187787	172036	155152	137077	117750	97107	75082	51605	26603
去除：利息费用		(14585)	(14419)	(14231)	(14019)	(13782)	(13520)	(13230)	(12911)	(12561)	(12180)	(11764)	(11313)	(10824)	(10295)	(9725)	(9111)	(8450)	(7742)	(6982)	(6168)	(5299)	(4370)	(3379)	(2322)	(1197)
去除：摊销		(3695)	(4187)	(4706)	(5255)	(5833)	(6444)	(7088)	(7767)	(8483)	(9236)	(10030)	(10867)	(11747)	(12673)	(13647)	(14672)	(15750)	(16884)	(18075)	(19327)	(20643)	(22025)	(23477)	(25002)	(26603)
最终资本	324117	320422	316235	311529	306275	300441	293997	286909	279142	270659	261423	251392	240526	228779	216106	202459	187787	172036	155152	137077	117750	97107	75082	51605	26603	0

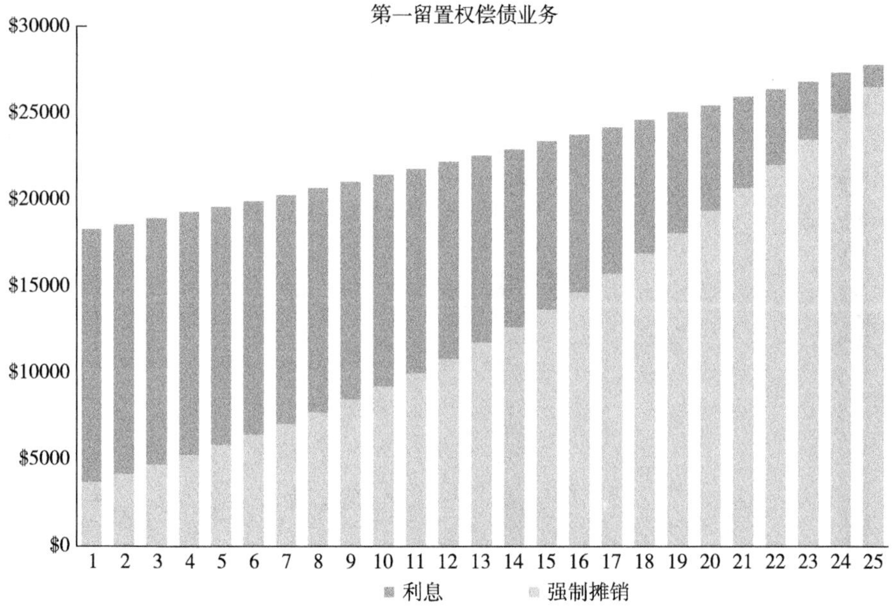

图 4.3　项目摊销概况

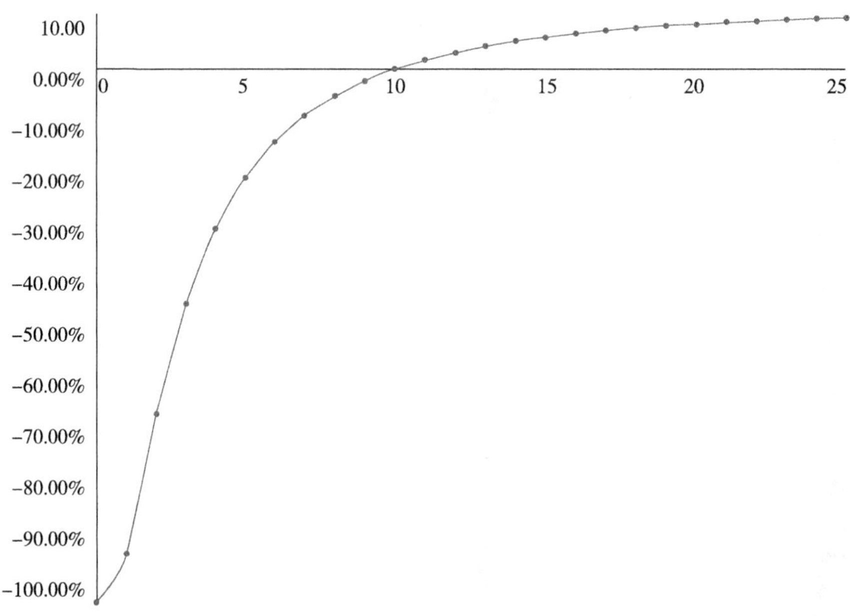

图 4.4　税前股权内部收益率

结合债务规模来看，贷款人通常倾向于进行敏感性分析以了解不同发电量压力、运营费用增加和其他因素下现金流的稳健性，其目的是确保项目能产生足够的现金流用于在贷款或债券的存续期间内偿还债务。

债权分级

对于大型项目融资交易，可能有几种不同级别的债权。为了增加债权融资的可销售性，或提供额外的杠杆，可以使用不同级别或类别的债务。

优先级资产

不同类别的债权往往因其在清算时优先于抵押债权而被区分开来。在这个框架中，有多类债权由相同的抵押品担保（即项目公司几乎所有的资产和收入），但如果项目面临财务重组（例如破产或清算），则在资产分配上有一个优先顺序。具体而言，第一留置权债权拥有对资产和现金的最高优先清偿权，第二留置权债权则次之，以此类推。

此外，也可能存在高级无担保债权人，根据定义，他们对项目公司的资产不享有任何直接和明确的担保。第三留置权债权结构并不常见，在没有第三留置权债权人的情况下，高级无担保债权人（如果有的话）便成为第三留置权债权人。

这些优先事项是在贷款文件中明确的，例如一项抵押协议规定了债权持有人在发生违约和最终重组时享有的优先权。由于优先留置权债权人享有优先权，其在清偿时是第一个得到偿还的人。满足第一留置权债权人后剩余的资产用于支付第二留置权债权人。在支付第二留置权债权人后留下的所有资产都将用于清偿第三留置权债权人（如果有的话）。优先无担保贷款人只有在有担保的贷款人获得偿付后才能得到清偿。

在项目重组时，第二级及低于此级别的债权人很容易受到回收前景的影响。因此，第二留置权债权比第一留置权债权风险更大，且此类低级别债券的信用利差也相应更高。即使是持有新能源项目的第二留置权债权人，在违约情况下大幅收回项目资产的可能性也不大，这取决于违约的性质、债务重组所需的时间和市场状况。但在某些情况下，第二留置权债权人可以追回相当大比例的未偿还本金。如果由法院执行破产或清算，通常遵从上述优先结构。在庭外债务重组中，其结果将取决于不同债权人之间的谈判。

债务分级示例

表 4.3 对前面债务规模示例进行了扩展。在这个例子中，假设发起人决定增加另一层级的债务，即第二留置权债务，并在利率 6.5%，p–50 置信水平发电量以及 1.20 倍 DSCR 的条件下确定了该债务的规模。在现金流瀑布结构中（下一节进一步讨论），有不同的方法来确定利息和强制摊销的优先顺序。但为了简单起见，本案例假设只有第一留置权债权的利息和摊销清偿完毕后，才能偿付第二留置权债权人。

表 4.3 表明，假设在 p–50 置信水平的发电量下，根据基本情景，该项目能承担第二留置权债务 6337 万美元。债务规模评估还表明，在这种情况下，引入第二留置权债务将发起人税前的权益内部收益率由 9.63% 提高到 15.05%，当然，这也伴随着与项目股权相关的更高风险。

创建多层级债务的另一种方法是使用类似于证券化结构的时间分层。在这种设置中，同一类别的债务（例如第一留置权债务）中包含多重债务，但摊销情况各不相同。最简单的安排可能是在同一类债务中创建多个层级

表 4.3　债务分级示例

假设	
生产能力	200MW
p–50 下的容量系数	40.0%
运营费用	$40.00/kW · a
PPA 价格（第一年）	$50.00/（MW · h）
PPA 升级率	2.0%
通货膨胀因素	2.5%
偿债备付率规模（第一留置权）	1.3x
偿债备付率规模（第二留置权）	1.2x
利率（第一留置权）	4.5%
利率（第二留置权）	6.5%
一年用时	8760h
转换至 USD	$1000
资本成本	$2100/kW
总的资本成本	$420000

第二留置权债务增加后的发起人回报

形式

时期	0	1	2	3	4	5	6	7	8	9	10	11	12
电力产量		700800	700800	700800	700800	700800	700800	700800	700800	700800	700800	700800	700800
PPA 升级率		1.00	1.02	1.04	1.06	1.08	1.10	1.13	1.15	1.17	1.20	1.22	1.24
通货膨胀因素		1.00	1.03	1.05	1.08	1.10	1.13	1.16	1.19	1.22	1.25	1.28	1.31
PPA 率		$50.00	$51.00	$52.02	$53.06	$54.12	$55.20	$56.31	$57.43	$58.58	$59.75	$60.95	$62.17
电力收入		35040	35741	36456	37185	37928	38687	39461	40250	41055	41876	42714	43568
去除：运营费用		(8000)	(8200)	(8405)	(8615)	(8831)	(9051)	(9278)	(9509)	(9747)	(9991)	(10241)	(10497)
息税折旧及摊销前利润		27040	27541	28051	28570	29098	29636	30183	30740	31308	31885	32473	33071
可用于偿债的现金流（CFADS）		27040	27541	28051	28570	29098	29636	30183	30740	31308	31885	32473	33071
强制性偿债额（规模）–p50		20800	21185	21577	21977	22383	22797	23218	23647	24083	24527	24979	25439

时期	13	14	15	16	17	18	19	20	21	22	23	24	25
电力产量	700800	700800	700800	700800	700800	700800	700800	700800	700800	700800	700800	700800	700800
PPA 升级率	1.27	1.29	1.32	1.35	1.37	1.40	1.43	1.46	1.49	1.52	1.55	1.58	1.61
通货膨胀因素	1.34	1.38	1.41	1.45	1.48	1.52	1.56	1.60	1.64	1.68	1.72	1.75	1.81
PPA 率	$63.41	$64.68	$65.97	$67.29	$68.64	$70.01	$71.41	$72.84	$74.30	$75.78	$77.30	$78.84	$80.42
电力收入	44439	45328	46235	47159	48102	49064	50046	51047	52068	53109	54171	55255	56360
去除：运营费用	(10759)	(11028)	(11304)	(11586)	(11876)	(12173)	(12477)	(12789)	(13109)	(13437)	(13773)	(14117)	(14470)
息税折旧及摊销前利润	33680	34300	34931	35573	36226	36892	37568	38257	38959	39672	40399	41138	41890
可用于偿债的现金流（CFADS）	33680	34300	34931	35573	36226	36892	37568	38257	38959	39672	40399	41138	41890
强制性偿债额（规模）–p50	25908	26385	26870	27364	27866	28378	28899	29429	29968	30517	31076	31644	32223

续表

强制性偿债额（规模）-p99		18280	18606	18937	19273	19616	19964	20318	20678	21044	21416	21794	22179	22570	22968	23372	23783	24201	24625	25057	25496	25942	26395	26856	27324	27800
强制性偿债额（规模）-最小值		18280	18606	18937	19273	19616	19964	20318	20678	21044	21416	21794	22179	22570	22968	23372	23783	24201	24625	25057	25496	25942	26395	26856	27324	27800
初始资本		324117	320422	316235	311529	306275	300441	293997	286909	279142	270659	261423	251392	240526	228779	216106	202459	187787	172036	155152	137077	117750	97107	75082	51605	26603
去除：利息费用		(14585)	(14419)	(14231)	(14019)	(13782)	(13520)	(13230)	(12911)	(12561)	(12180)	(11764)	(11313)	(10824)	(10295)	(9725)	(9111)	(8450)	(7742)	(6982)	(6168)	(5299)	(4370)	(3379)	(2322)	(1197)
去除：摊销		(3695)	(4187)	(4706)	(5255)	(5833)	(6444)	(7088)	(7767)	(8483)	(9236)	(10030)	(10867)	(11747)	(12673)	(13647)	(14672)	(15750)	(16884)	(18075)	(19327)	(20643)	(22025)	(23477)	(25002)	(26603)
最终资本	324117	320422	316235	311529	306275	300441	293997	286909	279142	270659	261423	251392	240526	228779	216106	202459	187787	172036	155152	137077	117750	97107	75082	51605	26603	0
总的偿债额（第一留置权）		18280	18606	18937	19273	19616	19964	20318	20678	21044	21416	21794	22179	22570	22968	23372	23783	24201	24625	25057	25496	25942	26395	26856	27324	27800
实际偿债备付率（第一留置权）		1.48x	1.48x	1.48x	1.48x	1.48x	1.48x	1.49x	1.49x	1.49x	1.49x	1.49x	1.49x	1.49x	1.49x	1.49x	1.50x	1.50x	1.50x	1.50x	1.50x	1.50x	1.50x	1.50x	1.51x	1.51x
第一留置权债务清偿后剩余的可偿债现金流（CFADS）		8760	8935	9114	9296	9482	9672	9865	10062	10264	10469	10678	10892	11110	11332	11559	11790	12026	12266	12511	12762	13017	13277	13543	13814	14090
用于第二留置权债务规模的现金流		4253	4345	4439	4535	4632	4732	4835	4939	5046	5155	5266	5380	5496	5615	5737	5861	5988	6118	6250	6385	6524	6665	6810	6957	7108
初始资本		63370	63236	63001	62657	62196	61606	60878	60000	58961	57748	56347	54743	52921	50864	48555	45975	43102	39916	36393	32508	28236	23547	18413	12800	6674
去除：利息费用		(4119)	(4110)	(4095)	(4073)	(4043)	(4004)	(3957)	(3900)	(3832)	(3754)	(3663)	(3558)	(3440)	(3306)	(3156)	(2988)	(2802)	(2595)	(2366)	(2113)	(1835)	(1531)	(1197)	(832)	(434)
去除：摊销		(134)	(235)	(344)	(462)	(590)	(728)	(878)	(1039)	(1213)	(1401)	(1604)	(1822)	(2057)	(2309)	(2581)	(2873)	(3186)	(3523)	(3885)	(4272)	(4688)	(5135)	(5613)	(6125)	(6674)
最终资本	63370	63236	63001	62657	62196	61606	60878	60000	58961	57748	56347	54743	52921	50864	48555	45975	43102	39916	36393	32508	28236	23547	18413	12800	6674	0
总的偿债额（第二留置权）		4253	4345	4439	4535	4632	4732	4835	4939	5046	5155	5266	5380	5496	5615	5737	5861	5988	6118	6250	6385	6524	6665	6810	6957	7108
实际偿债备付率（第二留置权）		1.20x	1.20x	1.20x	1.20x	1.20x	1.20x	1.20x	1.20x	1.20x	1.20x	1.20x	1.20x	1.20x	1.20x	1.20x	1.20x	1.20x	1.20x	1.20x	1.20x	1.20x	1.20x	1.20x	1.20x	1.20x
权益现金流	(32513)	4507	4590	4675	4762	4850	4939	5031	5123	5218	5314	5412	5512	5613	5717	5822	5929	6038	6149	6261	6376	6493	6612	6733	6856	6982
累计权益现金流	(32513)	(28006)	(23416)	(18741)	(13980)	(9130)	(4191)	840	5963	11181	16495	21908	27419	33033	38749	44571	50500	56538	62686	68948	75324	81817	88429	95162	102019	109000
盈亏平衡年计算								6.83																		

税前股权内部报酬率（IRR）	15.05%
股权盈亏平衡期	6.83 年
股权投资收益倍数（MOIC）	4.35x
债务 WAL	16.76 年

（例如层级 A、B、C 等）。然后，本金偿还计划及分层债务的限期得以确定，由此债务分层 A 将在分层 B 需要摊销前得到完全摊销。一旦分层 B 全部偿还完毕，分层 C 的债务偿还就开始了。因为不同类型的投资者有不同的投资目标，所以这种结构可能有助于提高债券的流动性。例如，银行通常倾向于期限较短的债券；而保险公司倾向于期限较长的债券，以匹配其负债的期限。通过提供不同期限的多种债券，借款人可以吸引更多投资者参与债权融资。由于期限和回收前景不同，这三种债权的定价也有所不同。

贷款结构考量

本节主要探讨项目融资贷款的各种结构问题。

项目债务与控股公司贷款

如前所述，大多数项目融资债权是在项目公司的基础上构建的。这意味着项目公司是记录在册的借款人，有责任及时偿还债务。债权通常由项目公司几乎全部的资产担保，包括项目公司的股权。因此，在发生违约的情况下，贷款人有权取消抵押品的赎回权，以收回未偿还本金、利息、费用、罚金等。

通常，发起人在项目公司中享有的股权权益是通过控股公司持有的。一般来说，每个项目都有一个控股公司，控股公司可以归属于投资组合公司，而投资组合公司可以持有多家控股公司的股权。基于法律、会计和税务等各种原因，特殊目的公司（SPC）可能有多个层级。发起人控制投资组合公司作为直接或间接的子公司。

从融资的角度来看，发起人能够在控股公司或投资组合公司层面增加额外债务。这进一步增加了项目的杠杆，并可能减少发起人最初必须以提高股权风险为代价投入的股权资金。

然而，值得注意的是，控股公司或投资组合公司的融资并不享有和项目公司贷款人相同的抵押品。因此，融资的安全性较差，违约情况下的回收前景有限，这导致更高的定价。控股公司债权通常以发起人在项目公司的股权作为担保。在违约的情况下，贷款人很可能取消股权的赎回权，成为事实上的股权所有者。

那么，如何让金融机构愿意持有控股公司债权？一般来说，一旦项目开始商业运营，就会使用控股公司的债务，因为在这个时候，标的项目表现不佳的风险已大幅降低。此外，如果债务规模保守，发起人很可能继续持有项目权益，并在项目期内实现自由现金流，这也确保了项目发起人和贷款人的利益保持一致。金融机构可能将较高的信贷利差视作一种诱因，以合理化较高风险。

开展控股公司债权融资并不是由更高的项目杠杆所驱动。在美国，税务权益是以税收抵免形式实现联邦对新能源项目的补贴货币化的主要方式。为了保护自己的利益，金融机构不愿向已经有杠杆的项目公司提供税务权益融资。在这种情况下，控股公司一级的债务（也称为反向杠杆）是在交易中创造财务杠杆的唯一方法。

建设期贷款与定期贷款

项目融资贷款本质上是建设期贷款，一旦满足某些条件，就自动转换为定期贷款。这种转换使得双方构建一笔贷款，而不必就相同文件协商两次。贷款人对定期贷款更感兴趣，这些贷款是通过项目运营阶段产生的现金流偿还的。然而，建设期贷款是项目推进的必要条件。

由于项目在建设阶段不产生任何现金流，贷款人愿意接受较小的建设期贷款信贷利差，这部分损失由运营阶段较高的信用利差来弥补。此外，建设期利息（IDC）通常是被资本化的，并计入贷款余额。由于贷款是在项目达到建设里程碑时分期支取的，通常需要支付一笔贷款承诺费以获得建设期贷款。承诺费通常是根据已承诺但未提取的建设期贷款计算的。利息则是根据实际提取的建设期贷款来计算。承诺费和利息支出共同构成IDC。

定期贷款的票面利息通常与LIBOR挂钩，信贷利差具有递增的特点，即每3～4年增加一次。这似乎有违常理，因为违约风险往往随着项目的运营而逐渐降低。然而，贷款人意识到在项目运营稳定之前，随时可能产生不可预见的资本支出或额外的运营费用。因此，初期阶段，设置具有递增特性的利率不会增加项目的利息支出。

在满足某些条件后，建设期贷款将转换为定期贷款，这些条件通常称为先决条件（CP）。首要条件是贷款文件中规定的实现商业运营。如果CP未能得到满足，同时贷款人拒绝放弃这些CP，则视为项目公司违约。随后可能通过法院的破产程序或庭外重组，加速贷款偿还和债务收回过程。

完全分期贷款与再融资贷款

一般来说，银行很愿意使用前面描述的方法，基于现金流情况来确定贷款规模。然而，贷款到期期限可能不同于决定债务规模的现金流期限。自2008年金融危机以来，美国银行一直受限于美联储严格的资本监管要求，期限越长的贷款资本要求越严格。因此，这些银行往往将项目融资贷款的法定期限限制在5～10年。在贷款的法定到期日之前，剩余本金会有一个明确的摊销时间表。在贷款法定到期日进行的大额还款被称为“气球”（期末整付）式还款，债务偿还模式被定义为再融资模式（mini-perm）。

表 4.1、表 4.2 中的债务规模和摊销情况，可以说明再融资贷款模式的概念。我们用相同的基础案例对比 10 年期完全分期债务结构和再融资债务结构。本例中，在项目 20 年期限内，测算债务规模为 3.321 亿美元。因此，完全分期贷款和再融资贷款结构将产生相同的名义金额 3.241 亿美元。这两种债务结构前 10 年的摊销情况是相同的。然而，再融资贷款结构需要在 10 年期时进行一次性偿还，支付 2.614 亿美元。

在现实中，选择再融资模式往往不是因为其真正有利于发起人或贷款人，而是因为项目公司除了拥有的项目之外，没有其他流动资金来源，所以项目公司偿还大额债务的唯一途径是通过再融资贷款。如果在大额付款支付时市场状况恶化，即使标的项目按预期运作，项目公司仍可能面临违约。当然，当市场条件成熟时，发起人可以在法定期限之前再融资，以避免潜在不如意情况的发生。然而，频繁的再融资可能会增加交易费用，所以这种选择可能真正取决于发起人的“市场择时”技巧。

由于再融资贷款结构会带来再融资风险，美联储施加的严格资本要求可能使美国银行在提供项目融资方面的竞争力低于外国银行。

现金流瀑布

项目融资贷款文件规定了电力销售中现金流收付的优先顺序，通俗地称为现金流瀑布。瀑布隐喻将产生的现金流视为可以被一系列容器盛装的水，只有当产生的现金流装满第一个容器时，现金流才可以流向第二个容器，以此类推。

项目最重要的费用是运营费用、监管费用和其他类似的操作费。这些都是保持项目运行以及未来产生更多现金流的关键。因此，这些费用在瀑布的顶端。而股权发起人的股息将在最后支付，处于瀑布的底部。图 4.5 说明了典型新能源项目简要的付款优先次序。

图 4.5　新能源项目现金流瀑布

信用证

项目公司为特殊目的公司，自有资金有限。因此，某些合作方，尤其是购电协议下的承购对手方，可能要求交付信用证（LC），以确保项目公司对相关合同义务的履行。从本质上说，信用证是具有足够信用价值的金融机构提供的担保，通常由A3/A-或更高的信用评级和至少10亿美元的有形资产净值的组合来定义。

如果项目公司未能按合同要求付款，开具的信用证则能够保证向交易对手支付款项。信用证是一种附带条件的义务。因此，信用证的提供者只收取一笔费用。一旦信用证被提取，其金额就转化为贷款，信用证签约文件中有特定还款条件，并以与相关指数利率（如LIBOR）相等的利率和适用的信贷利差支付利息。有时，信用证贷款的利率会附带一个违约率，通常每年约为2%。

资金充足的项目发起人可以获得循环信贷额度，代表项目公司提供必要的信用证，也可以为项目公司签发担保。然而，在项目融资交易中，通常由提供融资的银行提供信用证。一般来说，信用证是高级抵押贷款的一部分，并被计入总债务规模，尽管开具信用证是无提供资金义务的。因此，信用证的担保效力与高级抵押贷款相同，费用往往与适用于担保效力贷款的信贷利差挂钩。

准备金要求

项目贷款人希望确保资金有限的项目公司拥有可用于支付关键费用或应对不可预见情况的资金。因此，项目融资债务可能需要从债权融资中预留准备金。例如，可能需要预留资金作为运营准备金、资本性支出准备金、维护准备金和偿债准备金。

每类准备金都有不同的用途。例如，运营准备金用于确保项目有一定数额的预留现金，以防某些时期业务费用高于预估；资本性支出准备金用于确保项目公司有足够现金应对未来规划的某些资本性支出；维护准备金则是确保项目公司总是有足够的现金处理不可预见的维护事宜；偿债准备金通常要求能够覆盖 6 至 12 个月的预强制性还款金额。

准备金背后的主要概念是，预计该项目的使用寿命很长，不可预见的情况可能会使项目公司由于临时现金流短缺而陷入违约。此外，如果没有及时进行维护或资本支出，原本运行良好的项目也可能会出现违约。贷款人希望确保还本付息能按时支付，以避免由于临时现金短缺而出现违约。

如果动用了准备金，则要优先考虑现金流瀑布情况，以便从未来的现金流中迅速补充准备金。回到关于水的隐喻，在恢复正常的还款优先顺序之前，水流必须改道，直到用于储水的“水箱”被装满。

发起人通常不喜欢大额准备金账户，因为这些准备金限制了他们可获得的融资金额，使其股权投资金额增加。因此，某些情况下，贷款人可以为发起人提供灵活性，让发起人从公司循环贷款额度中提取信用贷款，以替代对准备金的维持。如果发起人无法获得适当的企业循环贷款，则可以从项目融资中提取信用证贷款用于满足准备金要求。并不是每家银行都愿意提供这样的信用证贷款以满足准备金要求的，那些愿意这样做的银行可能只是为了获得更高的信贷利差。信用证提供方也可以根据信用证的提款额度，要求发起人在支付其他债务之前，先支付其提供此类信用证和贷款业务的费用。

触发 DSCR

为了确保项目公司始终能够获得资金以运营业务，并降低不可预见的现金流短缺风险，如果触发 DSCR 变化，贷款人可能要求将可分配给项目发起人的股息缩减或保留在项目公司一级。

例如，假设项目融资贷款的规模基于1.30倍的DSCR而确定。贷款人可以要求，当DSCR低于1.20倍时，在偿还完强制性债务后，准备金仅可以获得剩余现金流的50%，其他现金必须留存在项目公司一级。此外，如果项目的现金流情况继续恶化，当DSCR降至或低于1.10倍时，贷款人可能要求所有原本应分配给项目发起人的股息都保留在项目公司。这些及其他现金流量条款都预先协商好，并正式记录在项目融资协议中。

商业电力项目融资

如前所述，项目融资一般依赖于稳定的现金流。这反过来要求项目公司对于其发电量情况有明确的合同安排或构建等效的监管结构，以此修正价格并稳定预期收入。

在一个商业电力项目中，该项目的发电量受市场电价的影响，而电力是价格波动程度较高的商品。鉴于这一限制，很难找到商业电力项目，特别是在新能源行业。

然而，在一定条件下，商业电力项目依然具有一定的融资空间。通常，这种债权融资的贷款价值比是非常保守的，债权期限一般较短。此外，信贷利差远大于承包型电力项目的息差。贷款必须进行结构化处理，从而使融资能够承受由商业电力价格变化引起的现金流波动。

正如前面一节所讨论的，承包型电力项目的债权融资有强制性的债务分期摊销的安排，定义了债务摊销的方式和时间。由于债务规模通常是根据1.30 ~ 1.50倍的DSCR确定的，所以，一个项目暂时表现不佳仍可以有很大的缓冲空间。当一个项目的销售价额完全锁定且现金流更具预测性时，该结构就能发挥作用。在商业电力项目融资中，很大一部分的项目现金流受到商品价格风险的影响，所以现金清理机制（cash sweep mechanism）通常作为一种替代结构。

现金清理机制

现金清理机制本质上是将强制性还本付息额降至某一特定时期应计利息和最低摊销额之和，通常是某一年未偿还本金金额的 1%。每个计息期，在支付完强制性分期还款额后剩余的约定比例的 CFADS 将被“清理”贷款人，以偿还任何未偿还本金余额。将还贷金额与项目可产生的现金流相关联的结构，能够缓解商业电价较低的年份现金流不足的情况。

现金清理机制往往进一步融入了去杠杆化的特征，即当项目由于业绩不佳或长期低迷的电力价格周期而面临现金流困难时，现金清理比例可能会提高。支付强制性本息额（包括利息支付和上文所述未偿本金余额的一小部分）后剩余的现金流量才可以作为股息支付给发起人，因此，现金清理机制的棘轮效应会产生减少或完全取消对发起人股息支付的效果，直到项目现金流量回到正轨。

商业融资示例

本节使用与前面相同的基本数据演示了如何确定商业电力项目的债务规模。然而，该示例中没有购电协议假设，因此没有一个固定的或指数化的销售电价。风电项目转而向公开的现货市场出售电力。

为了便于比较，该示例使用与前面示例中相同的静态电力价格（未考虑通货膨胀的价格）。但收入情况只是一种预测，并未与承购方商定的合同价格。在现实的商业场景下，预测的电力价格不是静态的，通常来自市场专家。

如表 4.4 所示，债务期限被缩短为 10 年（而不是上例中的 25 年），贷款利率被设定为 6.5%（而不是之前的 4.5%）。强制性摊销金额设定为每年年初未偿本金的 1.0%。此外，假设贷款人要求在支付强制性债务后仍有 50% 的超额现金流（ECF）可用于偿还债务。在相同的假设条件下，贷款人仅愿意提供 1.287 亿美元的贷款，这一金额远远低于前面签订购电协议案例中的贷款规模。此外，基础情景模型中的 DSCR 较高，最低 DSCR 为 1.47，平均 DSCR 为 1.65，这反映了贷款人的缓冲要求，以应对价格和数量双重风险下潜在的现金流变化。现金清理机制的性质使其每年的数额有所不同，为了适应这一机制，必须用不同于以前的方式来衡量项目的债务规模。可以使用 Excel 的目标锁定功能，定位第 10 年的“期末本金”余额作为目标单元格，并通过改变第 0 期①的“期末本金”余额以获得目标单元格“0”值。

当需要构建一个没有任何购电协议的项目时，贷款人更倾向于准商业融资，这也比纯粹的商业电力项目更普遍。在准商业项目中，发起人利用与金融机构的实物或金融衍生合同，对项目的大部分产出进行对冲，例如新能源项目的远期或互换合同，或者天然气项目的收费协议，这些合同的期限可以是 5 ~ 10 年，或存在电力市场期间的任意期限。贷款人可以建立一个两级结构，其中第一留置权债权在对冲合同期限内通过合同现金流全额偿还，而大多数第二留置权债权在对冲合约到期时仍未偿还。在这种结构中，第二留置权债权承担了再融资风险，并将据此定价。发起人可以通过延长对冲期限和锁定较好价格的手段，来降低第二留置权债权的部分风险。或者，发起人可以通过在原对冲合约到期时进行新的对冲来为第二留置权债权再融资。

① 第0年的“期末本金”余额与第1年的“期初本金”余额并无差异。

表 4.4 商业电力项目的债务规模

假设	
生产能力	200MW
p-50 下的容量系数	40.0%
运营费用	$40.00/kW · a
PPA 价格（第一年）	$50.00/（MW · h）
PPA 升级率	2.0%
通货膨胀因素	2.5%
强制性摊销	1.0%
现金清理	50.0%
利率	6.5%
债务期限	10 年
一年用时	8760h
转换至 USD	$1000
资本成本	$2100/kW
总资本成本	$420000

基于 TLB 现金清理机制的发起人回报

形式																										
时期	0	1	2	3	4	5	6	7	8	9	10	11	12	13	14	15	16	17	18	19	20	21	22	23	24	25
电力产量		700800	700800	700800	700800	700800	700800	700800	700800	700800	700800	700800	700800	700800	700800	700800	700800	700800	700800	700800	700800	700800	700800	700800	700800	700800
PPA 升级率		1.00	1.02	1.04	1.06	1.08	1.10	1.13	1.15	1.17	1.20	1.22	1.24	1.27	1.29	1.32	1.35	1.37	1.40	1.43	1.46	1.49	1.52	1.55	1.58	1.61
通货膨胀因素		1.00	1.03	1.05	1.08	1.10	1.13	1.16	1.19	1.22	1.25	1.28	1.31	1.34	1.38	1.41	1.45	1.48	1.52	1.56	1.60	1.64	1.68	1.72	1.76	1.81
PPA 率		$50.00	$51.00	$52.02	$53.06	$54.12	$55.20	$56.31	$57.43	$58.58	$59.75	$60.95	$62.17	$63.41	$64.68	$65.97	$67.29	$68.64	$70.01	$71.41	$72.84	$74.30	$75.78	$77.30	$78.84	$80.42
电力收入		35040	35741	36456	37185	37928	38687	39461	40250	41055	41876	42714	43568	44439	45328	46235	47159	48102	49064	50046	51047	52068	53109	54171	55255	56360
去除：运营费用		(8000)	(8200)	(8405)	(8615)	(8831)	(9051)	(9278)	(9509)	(9747)	(9991)	(10241)	(10497)	(10759)	(11028)	(11304)	(11586)	(11876)	(12173)	(12477)	(12789)	(13109)	(13437)	(13773)	(14117)	(14470)
息税折旧及摊销前利润		27040	27541	28051	28570	29098	29636	30183	30740	31308	31885	32473	33071	33680	34300	34931	35573	36226	36892	37568	38257	38959	39672	40399	41138	41890
可用于偿债的现金流（CFADS）		27040	27541	28051	28570	29098	29636	30183	30740	31308	31885	32473	33071	33680	34300	34931	35573	36226	36892	37568	38257	38959	39672	40399	41138	41890
初始资本		128652	118670	108113	96958	85181	72758	59661	45865	31342	16064															
去除：利息费用		(8362)	(7714)	(7027)	(6302)	(5537)	(4729)	(3878)	(2981)	(2037)	(1044)															
去除：摊销		(1287)	(1287)	(1287)	(1287)	(1287)	(1287)	(1287)	(1287)	(1287)	(1287)															
去除：现金清理		(8696)	(9270)	(9868)	(10490)	(11137)	(11810)	(12509)	(13236)	(13992)	(14777)															
最终资本	128652	118670	108113	96958	85181	72758	59661	45865	31342	16064	(0)															
规模	(0)																									
实际的偿债备付率		1.47x	1.51x	1.54x	1.58x	1.62x	1.66x	1.71x	1.76x	1.81x	1.86x															
股本现金流	(291348)	8696	9270	9868	10490	11137	11810	12509	13236	13992	14777	32473	33071	33680	34300	34931	35573	36226	36892	37568	38257	38959	39672	40399	41138	41890
税前股权内部报酬率（IRR）	5.69%																									

表 4.5 使用了与之前相同的基本数据，说明了准商业电力项目如何确定债务规模。假设发起人已经能够为风电项目签订 10 年期的购电协议或对冲合同，但在那之后的项目剩余期限内，电力将以现货价格出售。为了与购电协议（或对冲合同）的期限相一致，第一笔贷款债务的期限已被缩短为 10 年（而最初的示例中是 25 年）。由于第一留置权债务将通过购电协议或对冲合同得到偿还，适用于第一留置权债权的利率将调整为最初的 4.5%。第二留置权债权的规模是在借款人愿意承担的购电协议或对冲合同期限结束时对商业再融资风险进行评估后确定的。假定第二留置权债权在 10 年期间只有利息成本，且票面利率为 6.5%。简便起见，假设第一留置权债权规模的确定仅基于 p–50 置信水平下的发电量，并且第一留置权债权的 DSCR 为 1.30。

如表 4.5 所示，第一留置权债务的规模可达 1.778 亿美元。第二留置权债务的规模则是基于最初 200 美元 / 千瓦的度量标准确定的，但贷款人的承销意愿还取决于到期时需要再融资的债务量。在这个例子中，只有每年 1% 的子弹式摊销额被用于第二留置权债务余额的清偿，到期时的大额付款为 3640 万美元或 182 美元 / 千瓦。若不包含第 10 年偿还的第二留置权债务的本金余额，第二留置权债务最低和平均的 DSCR 分别为 1.14 和 1.15。正如预期的那样，与完全商业电力项目相比，准商业项目为发起人提供了更好的贷款规模和股权内部报酬率。

表 4.5 准商业项目的债务规模

假设	
生产能力	200MW
p-50 下的容量系数	40.0%
运营费用	$40.00/kW · a
PPA 价格（第一年）	$50.00/（MW · h）
PPA 升级率	2.0%
通货膨胀因素	2.5%
偿债备付率规模（第一留置权）	1.30x
第一留置权债务期限	10 年
第一留置权债务利率	4.5%
债务规模（第二留置权）	$200.00/kW
利率（第一留置权）	4.5%
利率（第二留置权）	6.5%
强制性摊销（第二留置权）	1.0%
一年用时	8760h
转换至 USD	$1000
资本成本	$2100/kW
总的资本成本	$420000 PPA 升级率

准商业项目的发起人回报																										
形式																										
时期	0	1	2	3	4	5	6	7	8	9	10	11	12	13	14	15	16	17	18	19	20	21	22	23	24	25
电力产量		700800	700800	700800	700800	700800	700800	700800	700800	700800	700800	700800	700800	700800	700800	700800	700800	700800	700800	700800	700800	700800	700800	700800	700800	700800
PPA 价格调整系数		1.00	1.02	1.04	1.06	1.08	1.10	1.13	1.15	1.17	1.20	1.22	1.24	1.27	1.29	1.32	1.35	1.37	1.40	1.43	1.46	1.49	1.52	1.55	1.58	1.61
通货膨胀因素		1.00	1.03	1.05	1.08	1.10	1.13	1.16	1.19	1.22	1.25	1.28	1.31	1.34	1.38	1.41	1.45	1.48	1.52	1.56	1.60	1.64	1.68	1.72	1.76	1.81
PPA 率		$50.00	$51.00	$52.02	$53.06	$54.12	$55.20	$56.31	$57.43	$58.58	$59.75	$60.95	$62.17	$63.41	$64.68	$65.97	$67.29	$68.64	$70.01	$71.41	$72.84	$74.30	$75.78	$77.30	$78.84	$80.42
电力收入		35040	35741	36456	37185	37928	38687	39461	40250	41055	41876	42714	43568	44439	45328	46235	47159	48102	49064	50046	51047	52068	53109	54171	55255	56360
去除：运营费用		(8000)	(8200)	(8405)	(8615)	(8831)	(9051)	(9278)	(9509)	(9747)	(9991)	(10241)	(10497)	(10759)	(11028)	(11304)	(11586)	(11876)	(12173)	(12477)	(12789)	(13109)	(13437)	(13773)	(14117)	(14470)
息税折旧及摊销前利润		27040	27541	28051	28570	29098	29636	30183	30740	31308	31885	32473	33071	33680	34300	34931	35573	36226	36892	37568	38257	38959	39672	40399	41138	41890
可用于偿债的现金流（CFADS）		27040	27541	28051	28570	29098	29636	30183	30740	31308	31885	32473	33071	33680	34300	34931	35573	36226	36892	37568	38257	38959	39672	40399	41138	41890

续表

可用于偿还第一留置权债务的现金流（CFADS）		20800	21185	21577	21977	22383	22797	23218	23647	24083	24527															
初始资本		177796	164997	151237	136465	120629	103674	85543	66175	45506	23471	0	–	–	–	–	–	–	–	–	–	–	–	–	–	–
去除：利息费用		(8001)	(7425)	(6806)	(6141)	(5428)	(4665)	(3849)	(2978)	(2048)	(1056)	–	–	–	–	–	–	–	–	–	–	–	–	–	–	–
去除：强制性摊销		(12799)	(13760)	(14772)	(15836)	(16955)	(18131)	(19368)	(20669)	(22035)	(23471)	–	–	–	–	–	–	–	–	–	–	–	–	–	–	–
最终资本	177796	164997	151237	136465	120629	103674	85543	66175	45506	23471	0	–	–	–	–	–	–	–	–	–	–	–	–	–	–	–
总的偿债额（第一留置权）		20800	21185	21577	21977	22383	22797	23218	23647	24083	24527	–	–	–	–	–	–	–	–	–	–	–	–	–	–	–
实际偿债备付率（第一留置权）		1.30x	1.30x	1.30x	1.30x	1.30x	1.30x	1.30x	1.30x	1.30x	1.30x															
第一留置权债务清偿后剩余的可偿债现金流（CFADS）		6240	6356	6473	6593	6715	6839	6965	7094	7225	7358	32473	33071	33680	34300	34931	35573	36226	36892	37568	38257	38959	39672	40399	41138	41890
初始资本		40000	39600	39200	38800	38400	38000	37600	37200	36800	36400															
去除：利息费用		(2600)	(2574)	(2548)	(2522)	(2496)	(2470)	(2444)	(2418)	(2392)	(2366)															
去除：强制性摊销		(400)	(400)	(400)	(400)	(400)	(400)	(400)	(400)	(400)	(36400)															
最终资本	40000	39600	39200	38800	38400	38000	37600	37200	36800	36400	–															
总的偿债额（第二留置权）		3000	2974	2948	2922	2896	2870	2844	2818	2792	38766															
实际偿债备付率（第二留置权）		1.14x	1.14x	1.14x	1.15x	1.15x	1.15x	1.16x	1.16x	1.16x	0.50x															
权益现金流	(202204)	3240	3382	3525	3671	3819	3969	4121	4276	4433	(31408)	32473	33071	33680	34300	34931	35573	36226	36892	37568	38257	38959	39672	40399	41138	41890
累计权益现金流	(202204)	(198964)	(195582)	(192057)	(188386)	(184567)	(180598)	(176477)	(172201)	(167768)	(199176)	(166703)	(133632)	(99952)	(65652)	(30721)	4852	41078	77969	115538	153795	192754	232426	272825	313963	355852
盈亏平衡年计算																	15.86									

税前股权内部报酬率（IRR） 6.09%
股权盈亏平衡期 15.86 年
股权投资收益倍数（MOIC） 2.76x
债务 WAL 6.05 年

第五章

可再生项目融资结构和风险分配

风电和公用光伏设施等大型可再生项目的开发和融资过程是非常复杂的，很多组织和实业机构都会参与其中，发挥各种作用。明确融资过程的法律文件更是高度复杂的，因此绝大部分金融机构会聘请自己的法律顾问。很多时候，金融机构还会聘请独立的顾问、工程师和其他咨询师以提供专家意见。

项目融资的基本结构

图 5.1 展示了简化后的可再生能源项目融资结构。经修改，该图可适用于所有能源或核心基础设施项目。

融资的主要参与方

在研究财务与合同关系之前，要对开发和为可再生能源项目提供融资的参与方及其角色有一定了解，即使是在简化的示例中也是如此。有时存在许多参与者，并且每个参与者都发挥着不同的作用。

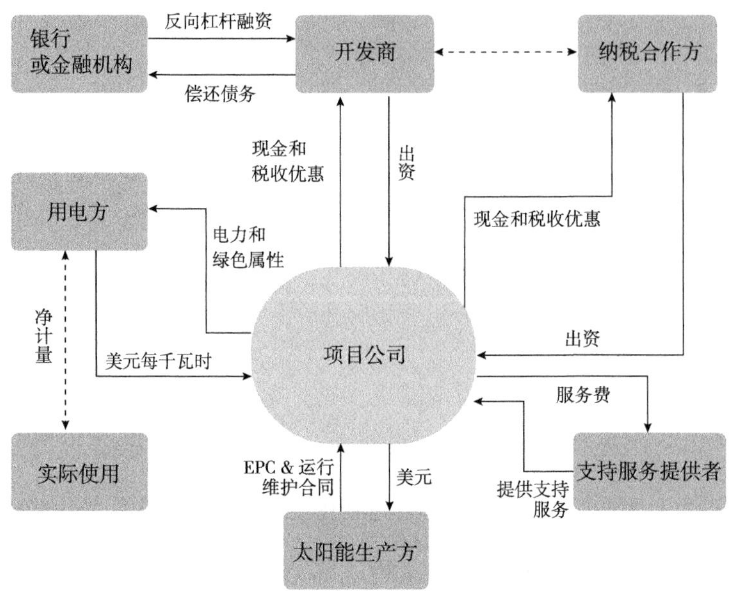

图 5.1　可再生能源项目的融资结构

项目发起人

项目发起人是开发项目的人，是所融资项目的主要股权持有人。因此，项目发起人是项目的主要架构师，也是组织开发、建设、运营和融资的核心参与者。项目发起人可能是可再生能源开发商（或子公司、附属公司）、私募股权公司，也可能是公用事业公司。

项目公司

如上一章所述，项目融资是通过特殊目的的实体（通常是有限责任公司）进行的。项目公司是一家单一目的的公司，其成立的目的是拥有和运营一个或多个项目，有时通过一系列子公司对项目进行管理。所有合同的对手方都需要项目成功运营。项目公司是在一个允许合法持有并运营项目的司法管辖区设立的。假定项目公司代表了母公司及其所有子公司的利益。

承购人

承购人是有义务按照长期合同（也称为承购协议或类似的产量销售安排）购买项目产品的一方。对于电力项目，此类合同通常采用购电协议（PPA）。对于基础设施项目，可能是与政府或准政府实体签署长期特许协议。对于所有项目而言，承购协议通常是最重要的合同。如果没有与信誉良好的交易方达成合理的交易协议，那么大多数项目将永远无法落地，因为项目公司需要通过长期合同中固定且可确定的价格确保收入的可预测性。这也同时确保了项目可以获得融资。如果尚未签订长期合同，项目公司将面临商品价格风险（例如电价）。

当项目公司与承购人达成协议时，项目公司将面临承购人的信用风险。如果承购人违约，项目公司需要重新签订承购协议，价格可能会低于最初承购协议中规定的价格，尤其是在电价下降的市场环境下。因此，为了最小化承购方信用风险，项目的贷款人通常要求承购人至少是评级为投资级的公司。在美国，电力的承购人通常是电力公用事业公司，评级机构通常将它们评为投资级[①]。

EPC 承包商

工程、采购和建设合同（EPC）的主要目的是根据承购协议、联邦和州及地方性法规以及发起人的特殊要求设计并建设项目。该合同列明需要达到的各个建设里程碑、付款时间表，以及对错过最后期限或不符合标准

① 爱迪生电气研究所（EEI）在其2016年年报中指出，根据标准普尔（Standard & Poor's）的评级，50家投资者所有公用事业公司（IOU）的平均评级为BBB+，只有一个IOU的评级低于BBB-。

的处罚。

EPC 合同可以是完整的总包合同，也可以分为几个子合同。对于可再生能源项目，项目发起人通常会利用与卖方签订的供应协议，直接从制造商处购买主要设备，例如用于风电项目的风力涡轮机、用于光伏项目的太阳能电池板和用于光伏项目的逆变器。项目还需要与一家知名的建设公司签订一份单独的电厂辅助设施合同（BOP）。BOP 合同涵盖建设和调试项目所需的所有其他设备。在这种安排下，BOP 承包商仅对其合同项下的义务负责。银行和金融机构更倾向于完整总包合同，这样仅有一条指挥线，由一方负责所有设备和建设义务，但此类合同通常费用更高。

EPC 或 BOP 承包商还需要具备足够的财力，以便在未按照设计规范或约定的时间完成项目时，项目发起人可以要求财务赔偿。当项目完工或建设里程碑时间被推迟，应按照合同中相应的清算损失条款进行处理。EPC 合同也可以提供性能保证，确保项目符合设计规范。EPC 承包商通常需要提供履约保证书信用证或上级担保人，以确保履行此类义务。

运维承包商

运维承包商负责为项目提供持续的运营和维护（O&M）服务。类似于 EPC 合同，O&M 合同包括承包商维护的绩效标准。如果实际绩效超过标准（或不符合标准），通常会有绩效奖金（或罚款）。此外，合同中还规定了信用支持条件，以确保运维承包商在合同下的义务得到担保。有时，项目发起人根据与项目公司签订的单独合同提供运维服务。只有在发起人具有相同规模和类型的项目运营经验时，贷款人才允许这种安排。

除 O&M 合同外，电力项目通常还涉及其他几个协议，例如资产管理协议（AMA）和能源服务协议（ESA），涵盖为项目提供管理、计划、结算和类似服务等内容。与 O&M 合同类似，这些服务由项目发起人或第三方提供，但要收费。AMA 涵盖了杂项管理事务，例如为项目购买保险、提供安全服务、管理各种合同和财务文件等。ESA 定义了管理项目与本地独立系统运营商（ISO）或地区输电运营商（RTO）的交互，管理电力供应以及相关服务的调度和交付。

项目贷款人

项目贷款人是为项目提供贷款的金融机构或金融机构组合。后面的章节将详细讨论，项目层面的融资通常由项目公司的几乎所有资产担保。根据担保的类型和还款优先级，相应债权可进一步细分成多类。

税务合伙人

税务伙伴是项目的权益投资者，是为了货币化税收优惠而参与到项目中。这种基于税收优惠的参与结构仅适用美国的税收机制，第六章将对此进行详细讨论。

反向杠杆贷款人

项目贷款人直接为项目公司提供贷款，以项目本身的资产和收入作为抵押。反向杠杆贷款人提供了另一种潜在的债务融资方式，抵押品不再是项目公司资产，而是发起人持有的项目股权。因此，出现违约时，贷款人可以剥夺发起人的股权，从而迅速成为项目所有者，决定该失败项目的命运。鉴于担保有限以及在违约的情况下改善、恢复原有预期的途径有限，相对于项目融资，此类债权债务的定价更高。正如将在第六章详细讨论的，如果项目需要获得税务权益融资，则反向贷款是首选的债务工具。如果不以税务权益融资为主要目标，则反向贷款的另一种应用是通过该方式减少发起人的权益投资。

风险分配

项目开发是一个漫长且持续的过程，可能持续数年甚至超过 10 年。长期来看，法律、许可要求和市场条件都可能会发生变化。因此，当项目准备好进行融资时，尽管所有合同和许可都已经到位，但仍然可能存在缺口或不足而导致融资困难。融资时受合同约束的各方通常需要在协商中进行协作，以确保成功完成交易。

风险分配过程就像是所有各方坐在一张大桌子前，每一方都有自己的利益，对最终交易结构有不同程度的影响。项目融资的基本原则是，风险可以重新分配，但并非所有风险都可以消除。最终交易结构必须让每个人都在达成协议的情况下受益，这要求为每个关键参与方提供合理的风险补偿结构，否则任何一方参与者都可能离开谈判桌。

重新分配风险示例

举一个简单的例子来说明风险分担和分配在项目融资谈判中的作用。假设现场许可流程的推迟导致项目发起人的施工时间缩短，在这种情况下，贷款人会担心进一步的施工延误可能导致该项目错过购电协议商定的商业运营期限（已考虑适用的宽限期），可能会使承购人行使终止购电协议的权利。打破购电协议的确定性很容易动摇项目的基础经济结构，从而无法进行融资。

解决这种情况的一种方法是，与承购人协商修改最后期限。然而这并非一件易事，因为承购人可能是受管制的公用事业公司，这种变更需要获得监管部门的批准。因此，项目发起人可能被迫寻求其他解决方案。项目发起人可以与 EPC 承包商重新谈判合同，要求更严格的完工截止期限。而 EPC 承包商可能会同意缩短合同期限，但要求更高的合同价格。EPC 承包商可以依次与分包商和供应商谈判，以更清晰地了解设备交付时间表。通过与有关各方进行谈判，发起人可以将风险分散到多方，从而使项目贷款人满意项目公司对建设风险的管理，从而成功获得贷款。

项目风险评估

金融机构通过单一目的实体向单个项目提供贷款，从而承担该项目所特有的风险。虽然贷款人可以为多个项目提供贷款，并尝试获得分散化收益，但每个项目都必须单独进行风险评估，以充分理解风险，并在发放贷款过程中尽可能降低风险。项目风险分析涵盖多个学科，例如工程、环境、会计、法律和房地产等。为了帮助理解和应对这些风险，金融机构通常配有工程师团队和外部顾问，以帮助开展项目融资尽职调查。

技术方案

技术方案是项目融资时金融机构的重要考虑因素。本质上项目融资是规避风险的，因为贷款人是向单一目的实体提供贷款，对项目发起人无追索权。很少有贷款人希望抢先给未经验证的新技术或旧技术改造项目（例如风力涡轮机）提供贷款。

因此，除非项目发起人能够证明项目中使用的技术成果有 EPC 承包商或主要设备制造商提供性能保证或其他保证，否则贷方不太可能承担项目运营风险。因此，较新的技术通常很难获得融资。

建设

项目融资贷款通常包括建设期贷款（用于建设项目），随后建设期贷款会自动转为定期贷款（针对项目运营阶段）。因此，提供建设期贷款的银行面临建设风险。同时，建设期也是所有项目最脆弱的阶段，因为每个项目（尤其是能源项目）都由许多要素组成，并且在生产可出售能源之前，项目必须维持运行。

由于在建设阶段存在固有风险，评级机构并不看好建设期贷款。由于缺乏具有成熟技术的完整总包合同，即使对于购电协议具有吸引力的优质项目，评级机构也不太可能对项目融资给予很高评级。

银行可以通过多种方式降低建设期风险。第一，银行要求股权发起人在提取任何贷款之前首先将其股权资金投入项目。第二，银行可能要求预先准备应急准备金，这样可以在不频繁要求发起人增加股权投资的情况下，解决建设期投资超支问题。第三，除了由律师和工程师等外部顾问开展广泛的尽职调查外，银行还可能要求在成功实现明确的建设里程碑后，分批提取建设期贷款。第四，银行可能要求项目发起人或 EPC 承包商提供月度建设情况更新，并由独立工程师核实，以确保按计划施工。第五，银行通常要求建设阶段的贷款与价值的比率低于运营阶段，以控制银行暴露于建设期的风险。

尽管有这些保护措施，相比于设计规范，项目仍然可能会失败或完工后的实际表现低于预期。评级机构定期发布的数据，证实了建设阶段项目融资贷款的违约风险最高。

一般来讲风能和光伏项目的建设期风险在所有发电技术中是最小的。风力涡轮机和太阳能面板本质上通常是模块化的，可以即插即用。这类项目的建设期也相对较短，因此与许多其他技术相比，风能和光伏项目的计划和执行更具可预测性。

运营风险

一旦项目实现商业运营，风险通常会大大降低，但仍然面临作业风险，例如出现设备可用性差的问题。由经验丰富的运维承包商提供服务，可以显著降低这些风险。银行可以要求发起人定期提供运营报告，以确保项目持续按计划运行，从而进一步降低风险。

商品市场和燃料供应

任何能源项目的收入都取决于商品价格。为了使项目的现金流免受商品价格波动的影响并确保融资的经济性，长期购电协议至关重要。

传统的电力和生物质项目需要原料，其价格也受市场波动影响。因此，签订长期固定的价格燃料供应合同可以帮助项目实现现金流的可预测性，改善项目的融资状况并降低相关成本。

承购人信用质量

购电协议是项目融资中最重要的协议，有助于确定用于支付所有资本支出和运营费用的项目收入。因此，购电协议决定了项目的商业可行性。债权承销商会仔细审查购电协议和承购人的信用。金融机构通常要求承购人的评级为投资级。但这仍然存在风险，如果承购方违约，项目公司需要重新签订购电协议，新协议的价格很可能低于原购电协议中约定的价格。银行无法承销这种或有商品价格风险，因此，典型的做法是坚持对承购人的评级要求。

要求投资级评级仅是起点，银行还必须履行内部的信用审查程序。此外，承购方和交易对手对项目的成功运营至关重要，必须对其进行彻底分析，之后才能提供融资。

电网互联

在项目公司与电网运营商达成互连协议后，电力项目才能够接入电网。在美国，大多数输电互连协议必须得到联邦能源监管委员会（FERC）的批准。许多其他国家或地区也要求某种形式的输电互联互通监管许可，以允许发电项目供应并通过电网输送电力。

项目公司向承购方交付电力的地点也非常重要。如果交付地点远离输电网的互联点，则项目公司可能会面临基差风险（basis risk）。第八章和第九章将讨论输电的阻塞和基差问题。如果基差风险管理不当，可能会影响项目的盈利能力。

有时，项目公司要跨多个区域输送电力，需要获得长期输电许可，才能将电力输送到购电协议指定的交付地点。

资源

可再生能源项目通常是间歇性电力的固有来源。项目发起人和贷款人都无法控制风的流量或阳光的照射量。因此，项目发起人通常会聘请独立的资源技术专家以评估可再生能源的发电潜力及其可能的变化。如果最终发电量低于专家的预期，则项目公司可能会面临现金流短缺问题，这会影响到贷款的还本付息。

监管

尽管法律法规可能因国家而异，但绝大多数国家的能源行业都受到严格监管。在美国，FERC 是负责监管美国大部分地区的电力批发市场的机构。对于可再生能源项目，FERC 主要对反垄断和州际电力输送进行监管。债务承销商需要确认该项目符合所有适用的 ISO 和 FERC 法规和政策。

环境许可事项

每个项目都必须遵守环境法规。在美国，项目发起人可能需要获得联邦州和当地的环境许可，这导致许可过程更加复杂和烦琐。发起人还需要进行现场环境评估。可再生能源项目必须遵守有关鸟类和其他野生动植物的法规和许可要求。例如，对于风电项目而言，如果对存濒临灭绝的鸟类、蝙蝠或其他物种构成危险，可能会被终止许可或限制项目运营。

自然灾害风险

根据地理位置的不同，项目可能会遭受自然灾害，如洪水、暴风雨、地震等。为了保护投资者，通常要求项目公司购买自然灾害保险。贷款人希望项目发起人为项目的重置成本投保。但是，由于可再生能源项目（尤其是风电项目）通常分布于一个较大的区域，因此项目发起人通常能够说服出资方根据概率最大损失（probabilistic maximum loss，PML）研究确定保险范围。PML 研究是在保险顾问的帮助下进行的，目的是确定潜在的最坏情况下的损失，例如飓风或暴风雨导致的损失。

土地问题

项目发起人必须在项目开发的早期阶段获得土地用地。通常，项目公司对项目所在地的土地拥有长期租赁权。可再生能源项目，特别是风能项目，需要大量土地，通常达数千英亩。因此，除非项目位于政府拥有的土地上，否则项目公司可能要与众多土地拥有者打交道。通常需要土地尽职调查以确保所有租赁协议均已到位，并拥有发电项目所需的土地使用权和通行权，并保证可以将项目发电量输送至电网。

项目融资的其他风险因素

项目融资是否可行以及如何可行受到其他因素的影响。图 5.2 展示了其中的部分因素。当然，每个项目都是不同的，这些风险因素中的许多因素可能并非与所有项目相关，而其他未列出的因素也可能非常关键。成功的项目融资结构要求对项目风险以及如何合法分配风险有全面的了解。

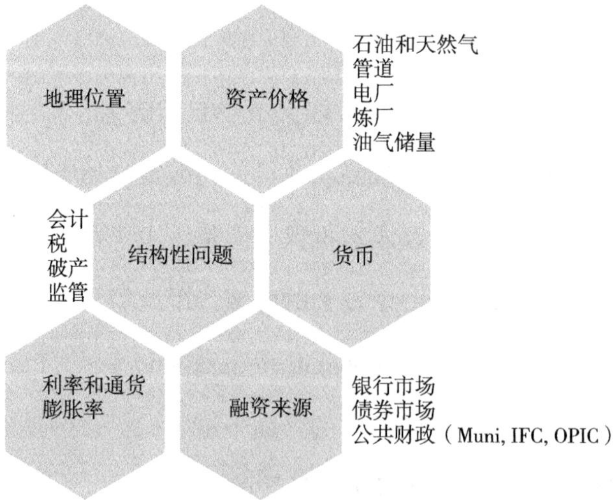

图 5.2　项目融资层级

选址

选址对于项目非常重要，因为不仅要考虑适用于该项目的所在地法律和法规，还要考虑拥有该项目的公司的注册地的法律和法规。对于注册于新兴市场的项目，尤其是高风险国家的项目，评估征收风险至关重要。如果经济环境恶化或政府变更，东道主国可会没收外国公司拥有的盈利项目。

选择适用的法律是成功进行项目融资的另一个关键。如果项目经济性无法实现，或者发生合同纠纷，适用的法律可能会影响贷款回收情况。对于国际项目融资交易，通常遵从纽约惯例或英国法律，具体视参与方情况和融资性质确定。对于纯国内交易，通常适用当地法律。

资产类别

资产类别是非系统性风险，需要考虑每类资产特有的建设和运营风险，这将决定项目整体融资结构。为电力项目融资与为炼油项目融资相比有很大差异。根据项目的特性，发起人不仅需要确保就项目产品签订长期合同，还需要确保原料的安全供应。由于风能或光伏项目不需要任何燃料输入，因此为此类项目提供资金可以放松对原料安全供应的限制。

货币

货币风险与国际项目融资有关。在收入、运营费用、燃料成本以与融资货币不同的货币计价时，可能会出现货币风险。通常，大型国际项目的债权融资以欧元、美元和日元等主要货币计价。因此，可能需要进行交叉货币互换（cross-currency swap），以便对冲货币风险。

债权融资的期限与收入合同的期限有关，该期限可能会延长至项目的寿命期，特别是对于使用寿命超过 20 年的项目。某些货币，尤其是在新兴市场中的货币，并没有活跃的商业掉期市场以匹配与融资期限一致的交易。因此，发起人可能需要使用多边机构提供的跨货币掉期工具。

利率与通货膨胀

与货币风险类似，项目同样会面临通胀风险，因为成本和收入都会受到通胀的影响。通货膨胀风险通常无法完全对冲。金融机构需要研究这些风险，并在发放贷款过程中尽可能减少该风险。银行贷款通常是浮动利率工具，与 LIBOR 挂钩。指数汇率因货币而异。无论如何，进行利率互换是必须的，以使该项目在整个融资期内都不承受利率上升风险。通常，提供贷款的银行愿意提供单独的衍生工具合约以完成此类互换。但是，类似于货币掉期，由于流动性限制或其他结构性挑战，利率掉期的实现难以得到保证。

融资来源

项目发起人可以利用债券或银行贷款市场进行融资（下一节将详细讨论），也可以召集其他股权投资者，特别是针对大型项目。吸引股权投资难度更大，因为股权投资可以采取多种形式（例如合资企业，直接股权，夹层、初级或次级贷款等），具体取决于参与方及其财务目标。在美国，有可能以市政融资或准政府机构融资的形式利用公共资金，得到一定的税收优惠，因为市政债务的投资者可就利息收入免交联邦所得税。尽管此类税收有效的融资（如果可用）具有降低融资成本的好处，但又额外增加了复杂性。

结构性问题

在构建项目融资交易时，参与方都需要考虑各自的会计、税收和监管问题。大型项目须经历多重监管和许可程序，非常耗时。跨境项目或位于国际水域的项目还需要考虑国际监管规则。会计事项会使得项目融资结构复杂化，特别是有时候发起人并不希望将项目公司财务状况合并到资产负债表。此外，融资结构需要采用节税方式构建，以优化项目的纳税负担。对于跨境交易，也可能涉及防止双重征税或最大程度减少税收负担的机会。在美国，可再生能源交易通常采用税务融资才能将可用的 PTC 和 ITC 货币化。诸如破产之类的法律考量可能会限制融资结构选择。如前所述，适用法律的选择对项目融资的成功具有重要意义。

构建项目融资交易的这些考量可能会相互冲突，并且通常涉及多个参与方，参与方的目标也可能相互冲突。因此，构建项目融资交易并成功完成交易是一项艰巨的任务。通常，项目发起人在将参与方召集在一起并妥善协调问题以推进融资工作顺利进行方面起着至关重要的作用。

第六章

美国可再生能源项目融资的税收结构

长期以来，美国一直通过联邦企业所得税激励措施为公共政策目标制定商业激励措施。美国立法者通常不选择直接补贴，而是选择通过开展特定投资活动的公司适用税务抵免优惠政策，对某些活动进行非直接补贴。尽管经济影响相似，但以往经验表明，与从政府收入中直接获得补贴相比，税务抵免所受到的争议较少。

由于这些减税机制不能被所有投资者均等地利用，因此实现这些政策的效果通常需要建立以税收为导向的专业融资结构，以获得最大化激励措施的效果。回顾历史，这在美国可再生能源领域尤为如此，至少在很大程度上，项目融资的重点是开发适应税务融资投资者的交易结构。多年来，围绕着税收优惠政策的规则被多次修改，可再生能源投资者需要不断适应变化的联邦可再生能源政策格局，构建与最新联邦税法相一致的项目融资结构。

美国可再生能源税收优惠政策概述

联邦政府对可再生能源税收优惠政策主要体现为是税收抵免（tax

credit)。税收抵免与税收抵扣（tax deduction）的不同之处在于，税收抵免可以直接用于减少应缴所得税负债，而税收抵减可以抵扣应纳税所得额。对公司而言，税收抵免下每单位金额更有价值，因为可以直接减少税金，而不仅仅是减少应纳税所得额。除了某些折旧激励政策外，可再生能源行业享受三种主要税收抵免模式。本书将在以下各节中单独讨论。

产量税收抵免

产量税收抵免（PTC）是 1992 年《能源政策法案》的一部分。这种税收抵免是一种基于产量的激励措施，利用该措施鼓励电力项目所有者应用某些可再生能源技术（例如生物质、小型灌溉供电、填埋气、垃圾发电、水电以及海洋水力发电设施），可以根据年度发电量申请税收抵免，根据政府规定的 PTC 费率乘以给定纳税年度的发电量计算减免金额。1992 年《能源政策法》设定的 PTC 费率为 15 美元 / 兆瓦・时，且该费率与通货膨胀率挂钩。美国国税局（IRS）会根据其通胀计算公式每年发布 PTC 费率。

2018 年，风电项目的 PTC 费率为 24 美元 / 兆瓦・时，其他符合条件的可再生能源技术的 PTC 费率为 12 美元 / 兆瓦・时（风电项目适用 PTC 费率的 50%）。PTC 的有效期为自项目投入使用之日起 10 年，该期限由美国国税局（IRS）确定，起算日期与风能项目的完工日期相近。

根据 1992 年《能源政策法案》，PTC 优惠政策原计划于 1999 年 7 月终止。但随后美国政府将 PTC 政策的期限延长了 7 次。因此，风能行业经历了多个高峰和低谷，与 PTC 的优惠政策到期和 / 或展期相吻合。最近，2015 年的《保护美国人免受增税影响法案》（PATH Act）再次将 PTC 优惠政策期限延长至2020年1月1日。然而，PATH Act仍然要求，自2016年开始，根据符合PTC政策项目的开始时间，逐步淘汰PTC。因此，对于风能项目，2016年开始建设的项目适用100%的PTC优惠减免金额，2017年开始建设的项目符合适用80%的PTC优惠减免金额，2018年开始建设的项目适用60%的PTC优惠减免金额，而2019年开始建设的项目适用40%的PTC优惠减免金额。在2020年1月1日或之后开始建设的项目将不享受PTC优惠政策。

1992年《能源政策法》所设想的PTC资格标准是以寻求PTC优惠政策的项目在资格终止日期之前被投入运营为前提的。但是，随着2012年《美国纳税人救济法案》的实施，美国政府改变了PTC的资格条件，规定项目在终止日期之前开始建设（而不是投入使用）就有资格。美国国税局发布了几份通知，就“开始建设”的含义提供了指导，并最终指出，发起人必须在当年年底之前至少支付了5%项目成本，或者已经开始进行实质性的建设。美国国税局（IRS）于2017年发布了最新通知，向发起人提供了从建设开始四年内合格项目适用的PTC税率。如果完成一个合格项目所需的时间超过四年，只要发起人能够证明直到该项目被成功交付并投入使用之前存在持续的建设或开发，该项目仍可符合开始建造的那一年适用的PTC税率。

投资税收抵免

投资税收抵免（ITC）是可用于光伏、燃料电池、小型风能和地热发电项目等的税收优惠政策。税收抵免额高达光伏、燃料电池和小型风能项目税务财产价值的30%，对于地热和其他合格项目是10%。符合ITC政策的财产税基是根据扣除不符合 ITC 政策的项目投资（主要是土地、输电设备、建筑物和无形资产）后的电力项目成本计算的。从广义上讲，典型的光伏项目成本的 90% ~ 95% 符合 ITC 政策要求。对于享受 ITC 政策项目，折旧基础（即初始投资）为 ITC 金额的 50%。

ITC 的回缴期为 5 年，因此，如果标的资产在五年内被出售或停止运营，申请 ITC 的金额将被要求回缴（即要求偿还给美国国库）。回缴负债在回缴期内将逐步减少。具体来说，如果符合 ITC 政策的项目在运营的第一年被要求回缴，则回缴负债的金额为索赔的 ITC 减免金额的 100%。在随后的运营年度中，回缴负债每年减少 20%，因此 5 年回缴期结束后，回缴负债降至零。

2005 年的《美国能源政策法案》为 2006 和 2007 年间投入使用的住宅和商业光伏项目提供了 30% 的税收抵免。根据《税收减免和医疗保健法案（2006)》(*Tax Relief and Health Care Act of 2006*)，该减免期限延长一年。2008 年签署的《紧急经济稳定法》(*Emergency Economic Stabilization Act*) 将 ITC 政策延长了八年，并取消了住宅光伏装置的金额上限。2015 年的 PATH 法案又将 ITC 政策延长至 2023 年，但随后逐步被淘汰,2018 年的《两党预算法》将资格要求从“投入运营”标准更改为“开始建设”，类似于 PTC 的标准，美国国税局发布的指导显示该标准为“开始建设”即可。根据最新法律，预计 ITC 政策在将逐步不再适用于光伏项目，具体情况如下：2019 年 12 月 31 日或之前开始建设的光伏项目的 ITC 比例为 30%；2020 年开始建设的光伏项目的 ITC 比例为 26%；2021 年开始建设的光伏项目的 ITC 比例为 22%；2021 年 12 月 31 日当日及以后开始建设以及 2022 年 1 月 1 日之前开始建设且 2024 年 1 月 1 日之前未投入使用的光伏项目，ITC 比例为 10%。

PTC 代替 ITC

2009 年《美国复苏与再投资法案》（*American Recovery and Reinvestment Act*，*ARRA*）对 2008 年 12 月 31 日之后投入使用的某些符合 PTC 政策的项目提供了不可撤回的，可申请以 ITC 代替 PTC 的选择。《PATH 法案》根据以下时间表，将逐步取消申请以 PTC 代替 ITC 的 ITC 优惠政策，该项目可按如下时间表进行淘汰（与逐步取消 PTC 政策一致）：2016 年 12 月 31 日或之前开始建设的项目可申请 30% 的 ITC；2017 年开始建设的项目可申请 24% 的 ITC；2018 年开始建设的项目可申请 18% 的 ITC；2019 年开始建设的项目可申请 12% 的 ITC。

美国国税局（IRS）针对 PTC 合格项目的开始建设指引同样适用于申请以 ITC 代替 PTC 的项目。

对于投资成本高或预期发电量低的项目，用 ITC 代替 PTC 能够提升价值。潜在的案例可能是位于美国东北部的风能项目（风能资源较少，导致年发电量减少）或海上风能项目（资本投资可能很高）。

税收抵免资格

可再生能源税收抵免仅适用于有盈利且需要缴纳企业所得税的项目所有者。如果是捐赠或养老基金等免税或非营利组织直接或间接拥有项目，则不适用可再生能源税收抵免优惠。如果某些免税或非营利机构通过应纳税的隔离公司（blocker corporation）持有股权，如果持股不超过 50%，则有资格享受可再生能源税收抵免。

在许多项目融资结构中，直接拥有该项目的项目公司通常是一个特殊目的公司，可能多年没有应税收入，因此，根据美国法律，他们将无资格直接享受有价值的 PTC 或 ITC 优惠政策。因此，投资于特殊目的实体的税务融资投资者通常会利用因持有项目所产生的 ITC 或 PTC。这些结构将在本章后面详细讨论。

折旧收益

除上述税收抵免外，可再生能源项目还有资格享受获得某些折旧优惠政策。由于可再生能源项目通常需要大量资本，因此这些折旧对税收融资投资者和发起人都可能是有价值的。

根据修订后的加速折旧法（MACRS），构成可再生能源项目的大多数资产适用超过 5 年的折旧使用 MACRS，某些使用寿命更长的资产可能会折旧 7 年、15 年、25 年或 39 年。下表说明了使用五年 MACRS 的折旧率情况。如表 6.1 所示，MACRS 实质上是在前期加速折旧，从而提供了可观的抵减金额，以抵消最初 5 ~ 6 年内的应纳税所得额。

如果符合要求的可再生能源项目选择适用 ITC 优惠政策，则该项目的折旧基础将减少 ITC 金额的 50%。因此，如果适用 30% 的 ITC 比例政策，则折旧基础将减少至 85%（100%–50% × 30%）。

表 6.1　MACRS 折旧表

使用年限	折旧
1	20.00%
2	32.00%
3	19.20%
4	11.52%
5	11.52%
6	5.76%
总计	100%

奖励折旧

过去，国会允许合格的能源项目的奖励折旧额为资本投资的 50% ~ 100%。2017 年联邦《减税与就业法案》（*Tax Cuts and Jobs Act of 2017*，TCJA）修改了奖励折旧规定：

（1）2017 年 9 月 27 日至 2023 年 1 月 1 日投入使用的合格资产享受 100% 奖励折旧。

（2）2023 年投入使用的资产享受 80% 奖励折旧。

（3）2024 年投入使用的资产享受 60% 奖励折旧。

（4）2025 年投入使用的资产享受 40% 奖励折旧。

（5）2026 年投入使用的资产享受 20% 奖励折旧。

如果在 2023 年之前投入使用，可再生能源项目可以在运营的第一年中以税收目的抵减项目价值的 21%，适用依据 TCJA 的 21% 税率。应当注意，21% 的折旧收益本质上会退还给税务机关，因为折旧所提供的 100% 的税收抵免在经营的第一年就被耗尽了，这导致了应纳税所得额（及随后的税单）在接下来的几年中会更高（相对于 MACRS 或直线法等其他折旧方法）。随着利率曲线的向上倾斜，特别是考虑到可再生能源项目的较长使用寿命，这将为纳税人节省大量资金。

税务权益融资结构

如上所述，虽然可再生能源项目有资格享受优惠政策，但基于有限的纳税能力，以“单一目的有限责任公司”这种形式成立的项目公司难以利用任何税收优惠。尽管可再生能源项目期限较长，但税收优惠仅能用于项目产生的税前收入的减免，这样的收入通常是有限的。因此，缺少融资运作，项目公司无法通过税收优惠获利。

风力发电项目的税务吸收问题

以下典型示例说明了税务收益吸收问题。

假设一个项目由 88 台 2.3 兆瓦风力发电机组成，总容量为 202.4 兆瓦。该项目的单位资本投资为 1575 美元 / 兆瓦，总计约 3.1878 亿美元。

该项目购电协议期限为 25 年，与项目期限相匹配，价格为 55 美元 / 兆瓦・时，每年递增 2.5%。该项目的运营费用将由第一年的 973 万美元增长至第 25 年的 1759 万美元。经模型测算，该项目的 EBITDA 利润率为 70.31%。为简化示例，假设项目仅适用折旧优惠，表 6.2 列示了折旧方法和折旧率。

根据该项目的现金流量预测情况，假设债务期限为 18 年，利息为 4.0% 且 DSCR 为 1.30 倍，经计算该项目的负债能力为 2.187 亿美元。此外，在确定债务规模之后，该项目的杠杆税前内部收益率为 15.7%。简略计算参见表 6.3。表 6.3 列示了此示例项目所有者的税前收益。发起人的税后内部收益率取决于税收优惠的政策。假设，在一个极端情况下，该项目可能面临“适用或放弃”的税收制度，即如果当年无法使用折旧优惠，其价值将永远丧失。如表 6.4 所示，在该税制假设下，杠杆税后内部收益率为 12.3%。由于项目公司每年并没有应税收入以可供折旧抵减，折旧优惠的大部分价值都将损失。

表 6.2　项目折旧示例

使用年限	折旧
5 年 MACRS	90%
15 年 MACRS	7%
20 年直线折旧	2%
39 年直线折旧	1%
总计	100%

表 6.3　示例项目的税前 IRR

实例模型
假设

项目			
# of WTGs	88#		
WTG 容量	2.3MW		
项目容量	202.4MW		

资本成本	$/kW	$k	%
WTG	1000	202400	63.5%
BOP	300	60720	19.0%
应急费用	100	20240	6.3%
联网	100	20240	6.3%
开发	75	15180	4.8%
融资	0	0	0.0%
IDC	0	0	0.0%
总计	1,575	318780	100.0%

经营费用	
经营权取得费	利润的 3%
风电机	6.25 $/（MW · h）
BOP	2.00 $/（MW · h）
运行	0.40 $/（MW · h）
项目管理费	1.25 $/（MW · h）
保险	1.00 $/（MW · h）
财产税	2.00 $/（MW · h）
其他服务	1.00 $/（MW · h）
应急费用	经营费用的 5%
调整系数	2.5%
WTG 保修	5 年

生产情况	NCF
P50	33.6%
P75	32.2%
P90	30.4%
P95	28.6%
P99	27.3%

承购	
PPA 率［$/（MW · h）］	55
PPA 年限（年）	25

定期贷款	
债务期限（年）	18
债务规模	1.30X
反向杠杆贷款	
债务期限（年）	10
债务规模	1.50X

资金来源		
负债	271866	85.3%
权益	46914	14.7%
总计	318780	100.0%

其他	
税率	21%
财政拨款	0%

再观察另一个极端情况，假设税收优惠的价值可以在每年得到有效利用。如表 6.5 所示，此示例提供了 27.1% 的杠杆税后内部收益率。

最后，考虑一种更现实的情景，在产生折旧税收优惠的当年利用该优惠，而任何剩余的税收优惠收益在抵消以后年度的应纳税所得额之前都将

续表

项目现金流																										
时期	1	2	3	4	5	6	7	8	9	10	11	12	13	14	15	16	17	18	19	20	21	22	23	24	25	
主营业务收入																										
产量兆瓦时		595736	595736	595736	595736	595736	595736	595736	595736	595736	595736	595736	595736	595736	595736	595736	595736	595736	595736	595736	595736	595736	595736	595736	595736	595736
PPA 比率美元每兆瓦时	55.00	56.38	57.76	59.23	60.71	62.23	63.78	65.38	67.01	68.69	70.40	72.16	73.97	75.82	77.71	79.66	81.65	83.69	85.78	87.93	90.12	92.38	94.69	97.05	99.48	
收入	32765	33585	34424	35285	36167	37071	37998	38948	39922	40920	41943	42991	44066	45168	46297	47454	48641	49857	51103	52381	53690	55032	56408	57818	59264	
经营费用																										
经营权取得费		(983)	(1008)	(1033)	(1059)	(1085)	(1112)	(1140)	(1168)	(1198)	(1228)	(1258)	(1290)	(1322)	(1355)	(1389)	(1424)	(1459)	(1496)	(1533)	(1571)	(1611)	(1651)	(1692)	(1735)	(1778)
风电机		(3723)	(3816)	(3912)	(4010)	(4110)	(4213)	(4318)	(4426)	(4537)	(4650)	(4766)	(4885)	(5007)	(5133)	(5261)	(5393)	(5527)	(5666)	(5807)	(5952)	(6101)	(6254)	(6410)	(6570)	(6735)
BOP		(1191)	(1221)	(1252)	(1283)	(1315)	(1348)	(1382)	(1416)	(1452)	(1488)	(1525)	(1563)	(1602)	(1642)	(1684)	(1726)	(1769)	(1813)	(1858)	(1905)	(1952)	(2001)	(2051)	(2102)	(2155)
运行		(238)	(244)	(250)	(257)	(263)	(270)	(276)	(283)	(290)	(298)	(305)	(313)	(320)	(328)	(337)	(345)	(354)	(363)	(372)	(381)	(390)	(400)	(410)	(420)	(431)
项目管理费		(745)	(763)	(782)	(802)	(822)	(843)	(864)	(885)	(907)	(930)	(953)	(977)	(1001)	(1027)	(1052)	(1079)	(1105)	(1133)	(1161)	(1190)	(1220)	(1251)	(1282)	(1314)	(1347)
保险费用		(596)	(611)	(626)	(642)	(658)	(674)	(691)	(708)	(726)	(744)	(763)	(782)	(801)	(821)	(842)	(863)	(884)	(906)	(929)	(952)	(976)	(1001)	(1026)	(1051)	(1078)
资产税		(1191)	(1221)	(1252)	(1283)	(1315)	(1348)	(1382)	(1416)	(1452)	(1488)	(1525)	(1563)	(1602)	(1642)	(1684)	(1726)	(1769)	(1813)	(1858)	(1905)	(1952)	(2001)	(2051)	(2102)	(2155)
其他开销		(596)	(611)	(626)	(642)	(658)	(674)	(691)	(708)	(726)	(744)	(763)	(782)	(801)	(821)	(842)	(863)	(884)	(906)	(929)	(952)	(976)	(1001)	(1026)	(1051)	(1078)
应急费用		(463)	(475)	(487)	(499)	(511)	(524)	(537)	(551)	(564)	(578)	(593)	(608)	(623)	(639)	(654)	(671)	(688)	(705)	(722)	(740)	(759)	(778)	(797)	(817)	(838)
经营费用总计		(9727)	(9970)	(10219)	(10475)	(10737)	(11005)	(11280)	(11562)	(11851)	(12148)	(12451)	(12763)	(13082)	(13409)	(13744)	(14087)	(14440)	(14801)	(15171)	(15550)	(15939)	(16337)	(16746)	(17164)	(17593)
EBITDA		23039	23615	24205	24810	25430	26066	26718	27386	28070	28772	29491	30229	30984	31759	32553	33367	34201	35056	35932	36831	37751	38695	39663	40654	41671
无杠杆现金流																										
无杠杆税后现金流（享受全部税收折扣）																										
所得税计算																										
折旧与摊销（税）		(63031)	(100951)	(61423)	(37639)	(37455)	(19602)	(1838)	(1838)	(1840)	(1840)	(1838)	(1838)	(1840)	(1133)	(429)	(429)	(429)	(429)	(429)	(87)	(87)	(87)	(87)	(87)	(87)
EBIT		39993	77336	37218	12829	12025	6464	24880	25548	26230	27651	29144	29921	30713	32234	33772	34627	34627	35504	36405	37664	38608	39575	39575	40567	41593
所得税折扣（花费）	(8398)	(16241)	(7816)	(2694)	(2525)	(1357)	(5225)	(5365)	(5506)	(5807)	(6120)	(6283)	(6450)	(6709)	(7092)	(7092)	(7272)	(7456)	(7644)	(7909)	(8108)	(8108)	(8311)	(8519)	(8732)	
项目无杠杆现金流	31437	39855	32021	27504	27955	24709	21493	22021	22562	23116	23685	24267	24864	25475	26105	26598	27109	27784	28477	29186	29842	30588	31352	32135	32938	
资本成本	(318780)																									
政府补助	0																									
无杠杆现金流	(318780)	31437	39855	32021	27504	27955	24709	21493	22021	22562	23116	23685	24267	24864	25475	26103	26598	27109	27784	28477	29186	29842	30588	31352	32135	32938
IRR	7.20%																									
含杠杆现金流																										
含杠杆税前现金流																										
EBITDA		23039	23615	24205	24810	25430	26066	26718	27386	28070	28772	29491	30229	30964	31759	32553	33367	34201	35056	35932	36831	37751	38695	39663	40654	41671
减：债务偿还		(17722)	(18165)	(18619)	(19065)	(19562)	(20051)	(20552)	(21066)	(21593)	(22132)	(22686)	(23253)	(23834)	(24430)	(25041)	(25667)	(26308)	(26966)	0	0	0	0	0	0	0
项目杠杆现金流		5317	5450	5586	5725	5869	6015	6166	6320	6478	6640	6806	6976	7150	7329	7512	7700	7893	8090	35932	36831	37751	38695	39663	40654	41671
资本成本	(46914)																									
政府补贴	0																									
杠杆现金流	(46914)	5317	5450	5586	5725	5869	6015	6166	6320	6478	6640	6806	6976	7150	7329	7512	7700	7893	8090	35932	36831	37751	38695	39663	40654	41671
IRR	15.70%																									

表 6.4　在“使用或放弃”税制下的税后 IRR

杠杆税后低税率（无亏损结转）																										
所得税计算																										
EBITDA		23039	23615	24205	24810	25430	26066	26718	27386	26070	28772	29491	30229	30984	31759	32553	33367	34201	35056	35932	36831	37751	38695	39663	40654	41671
利息费用		10875	10601	10298	9965	9601	9202	8758	8297	7786	7234	6638	5996	5306	4564	3770	2919	2009	1037	0	0	0	0	0	0	0
摊销		63031	100951	61423	37639	37455	19602	1838	1838	1840	1838	1840	1838	1849	1838	1840	1133	429	429	429	429	87	87	87	87	87
所得税		0	0	0	0	0	0	3384	3623	3873	4137	4413	4703	5006	5325	5658	6156	6670	7054	7456	7644	7909	8108	8311	8519	8732
EBITDA		23039	23615	24205	24810	25430	26066	26718	27386	28070	28772	29491	30229	30984	31759	32553	33367	34201	35056	35932	36831	37751	38695	39663	40654	41671
所得税减少		0	0	0	0	0	0	3384	3623	3873	4137	4413	4703	5006	5325	5658	6156	6670	7054	7456	7644	7909	8108	8311	8519	8732
偿还贷款减少		17722	18165	18619	19085	19562	20051	20552	21066	21593	22132	22666	23253	23834	24430	25041	25667	26308	26966	0	0	0	0	0	0	0
税后杠杆现金流		5317	5450	5566	5725	5869	6015	2782	2697	2604	2503	2393	2273	2144	2004	1854	1544	1222	1036	28477	29186	29842	30588	31352	32135	32938
资本成本	46914																									
财政拨款	0																									
杠杆现金流	46914	5317	5450	5586	5725	5869	6015	2782	2697	2604	2503	2393	2273	2144	2004	1854	1544	1222	1036	28477	29186	29842	30588	31352	32135	32938
内部收益率	12.30%																									

GMP 折旧																																									
资本成本	318780																																								
占项目的【 】%		总计	1	2	3	4	5	6	7	8	9	10	11	12	13	14	15	16	17	18	19	20	21	22	23	24	25	26	27	28	29	30	31	32	33	34	35	36	37	38	39
5 年期加速折旧	90%	100.0%	20.0%	32.0%	19.2%	11.5%	5.8%																																		
15 年期加速折旧	7	100.0%	5.0%	9.5%	8.6%	7.7%	6.9%	6.2%	5.9%	5.9%	5.9%	5.9%	5.9%	5.9%	5.9%	5.9%	5.9%	3.0%																							
20 年直线折旧	2	100.0%	5.0%	5.0%	5.0%	5.0%	5.0%	5.0%	5.0%	5.0%	5.0%	5.0%	5.0%	5.0%	5.0%	5.0%	5.0%	5.0%	5.0%	5.0%	5.0%	5.0%																			
39 年直线折旧	1	100.0%	2.6%	2.6%	2.6%	2.6%	2.6%	2.6%	2.6%	2.6%	2.6%	2.6%	2.6%	2.6%	2.6%	2.6%	2.6%	2.6%	2.6%	2.6%	2.6%	2.6%	2.6%	2.6%	2.6%	2.6%	2.6%	2.6%	2.6%	2.6%	2.6%	2.6%	2.6%	2.6%	2.6%	2.6%	2.6%	2.6%	2.6%	2.6%	2.6%
总计	100	18.5	29.6	18	11	5.7	0.5	0.5	0.5	0.5	0.5	0.5	0.5	0.5	0.5	0.5	0.5	0.3	0.1	0.1	0.1	0.1	0	0	0	0	0	0	0	0	0	0	0	0	0	0	0	0	0	0	0
税项折旧	318780	58897	54329	57394	35170	34998	18316	1717	1717	1719	1717	1719	1717	1719	1717	1719	1059	401	401	401	401	82	82	82	82	82	82	82	82	82	82	82	82	82	82	82	82	82	82	82	82

税帐折旧表																																									
资本成本			318780																																						
开发费加价			47817																																						
总计公允市场价值			366597																																						
占项目的【 】%		总计	1	2	3	4	5	6	7	8	9	10	11	12	13	14	15	16	17	18	19	20	21	22	23	24	25	26	27	28	29	30	31	32	33	34	35	36	37	38	39
5 年期加速折旧	90%	100.00%	20.0%	32.0%	19.2%	11.5%	11.5%	5.8%																																	
15 年期加速折旧	7%	100.00%	5.0%	9.5%	8.6%	7.7%	6.9%	6.2%	5.9%	5.9%	5.9%	5.9%	5.9%	5.9%	5.9%	5.9%	5.9%	3.0%																							
20 年直线折旧	2%	100.00%	5.0%	5.0%	5.0%	5.0%	5.0%	5.0%	5.0%	5.0%	5.0%	5.0%	5.0%	5.0%	5.0%	5.0%	5.0%	5.0%	5.0%	5.0%	5.0%	5.0%																			
39 年直线折旧	1%	100.00%	2.6%	2.6%	2.6%	2.6%	2.6%	2.6%	2.6%	2.6%	2.6%	2.6%	2.6%	2.6%	2.6%	2.6%	2.6%	2.6%	2.6%	2.6%	2.6%	2.6%	2.6%	2.6%	2.6%	2.6%	2.6%	2.6%	2.6%	2.6%	2.6%	2.6%	2.6%	2.6%	2.6%	2.6%	2.6%	2.6%	2.6%	2.6%	2.6%
总计	100.00%	100.00%	18.5%	29.0%	18.0%	11.0%	11.0%	5.7%	0.5%	0.5%	0.5%	0.5%	0.5%	0.5%	0.5%	0.5%	0.5%	0.3%	0.1%	0.1%	0.1%	0.1%	0.0%	0.0%	0.0%	0.0%	0.0%	0.0%	0.0%	0.0%	0.0%	0.0%	0.0%	0.0%	0.0%	0.0%	0.0%	0.0%	0.0%	0.0%	0.0%
账面折旧		366597	67731	108478	66003	40445	40248	21064	1975	1975	1977	1975	1977	1975	1977	1975	1977	1218	461	461	461	461	94	94	94	94	94	94	94	94	94	94	94	94	94	94	94	94	94	94	94

被搁置。表 6.6 说明了使用此假设的结果。在此假设下，杠杆税后内部收益率为 14.9%[①]。这些例子表明，税收优惠收益（在该案例中为加速折旧）会极大地影响对投资者至关重要的项目税后收益率。然而，除非可以通过适当的财务架构将这些税收优惠收益货币化，否则这些收益很可能会在普通的项目融资结构中被损失掉。

幸运的是，IRS 规则允许通过多种结构化交易将税收收益货币化，这些结构化交易统称为“税务权益”（tax equity）交易。本章其余部分将讨论三种最常见的税务权益结构。

翻转合伙制融资结构

美国合伙企业税收规定允许合伙企业的合伙人之间不成比例地分配经济和税收收益分配。利用这些规则，可再生能源项目的发起人可以找到有纳税义务的税务权益投资者来组建企业，目的是将可再生能源项目的税收收益货币化。

税务权益投资者和发起人以最简单的形式成立合伙企业，其中税务权益投资者出资约占项目总资本支出的 35.75%（取决于项目的详细信息），而发起人负责剩余部分资金（图 6.1）。直到“翻转日”（flip date），税务投资者获得合伙企业 99% 的应税收入、利得、损失、抵扣额和贷款，而发起人则获得对应剩余的 1% 部分。翻转日是指税务权益投资者实现其预定的回报目标（通常称为“目标 IRR”或“交易收益”）的日期。翻转日之后，

① 该示例假设在给定年份未使用的抵扣可以100%递延至下一年。在美国通常就是这种情况。但是，最近颁布的《减税和就业法》将结转至下一年度的损失限制在80%以内。

表 6.5 使用当年所产生的所有税收优惠后的税后杠杆现金流

税后杠杆现金流（享受全部税收优惠）																										
EBITDA		23039	23615	24205	24810	25430	26066	26718	27386	28070	28772	29491	30229	30984	31759	32553	33367	34201	35056	35932	36831	37751	38695	39663	40654	41671
所得税优惠 /（花费）		10682	18467	9978	4787	4541	575	−3384	−3623	−3873	−4137	−4413	−4703	−5006	−5325	−5658	−6156	−6670	−7054	−7456	−7644	−7909	−8108	−8311	−8519	−8732
债务偿还		−17722	−18165	−18619	−19085	−19562	−20051	−20552	−21066	−21593	−22132	−22686	−23253	−23834	−24430	−25041	−25667	−26308	−26966	0	0	0	0	0	0	0
税后杠杆现金流		15999	23916	15564	10512	10410	6590	2782	2697	2604	2503	2393	2273	2144	2004	1854	1544	1222	1036	28477	29186	29842	30588	31352	32135	32938
资本成本	−46914																									
政府补贴	0																									
杠杆现金流	−46914	15999	23916	15564	10512	10410	6590	2782	2697	2604	2503	2393	2273	2144	2004	1854	1544	1222	1036	28477	29186	29842	30588	31352	32135	32938
IRR	27.1%																									

表 6.6 含递延税项收益的税后 IRR

杠杆税后现金流（亏损结转）																										
所得税计算																										
年度应纳税额		10682	18467	9978	4787	4541	575	−3384	−3623	−3873	−4137	−4413	−4703	−5006	−5325	−5658	−6156	−6670	−7054	−7456	−7644	−7909	−8108	−8311	−8519	−8732
亏损结转	0	10682	29149	39127	43914	48455	49030	45647	42024	38151	34014	29601	24898	19892	14567	8909	8909	0	0	0	0	0	0	0	0	0
实际纳税额		0	0	0	0	0	0	0	0	0	0	0	0	0	0	0	0	−3198	−7053	−7455	−7644	−7909	−8107	−8311	−8519	−8732
EBITDA		23039	23615	24205	24810	25430	26066	26718	27386	28070	28772	29491	30229	30984	31759	32553	33367	34201	35056	35932	36831	37751	38695	39663	40654	41671
减：所得税费用		0	0	0	0	0	0	0	0	0	0	0	0	0	0	0	0	−3198	−7053	−7455	−7644	−7909	−8107	−8311	−8519	−8732
减：贷款偿还		−17722	−18165	−18519	−19085	−19562	−20051	−20552	−21066	−21593	−22132	−22686	−23253	−23834	−24430	−25041	−25667	−26308	−26966	0	0	0	0	0	0	0
杠杆税后现金流		5317	5450	5686	5725	5868	6015	6166	6320	6477	6640	6805	6976	7150	7329	7512	7700	4695	1037	28477	29187	29842	30588	31352	32135	32938
资本成本	−46914.3274																									
政府补助	0																									
杠杆现金流	−46914.3274	5317	5450	5586	5725	5869	6015	6166	6320	6478	6640	6806	6976	7150	7329	7512	7700	4695	1037	28477	29187	29842	30588	31352	32135	32938
IRR	14.9%																									

税务权益投资者分配应税收入、利得、损失、抵扣额和贷款的比例下降至5%，而发起人的分配比例上升至95%。分配给税务权益投资者和发起人的现金份额取决于双方的经济动机，但在税务权益投资领域，投资者普遍认为应该获取其投资期内可再生能源项目的至少5%现金流量。

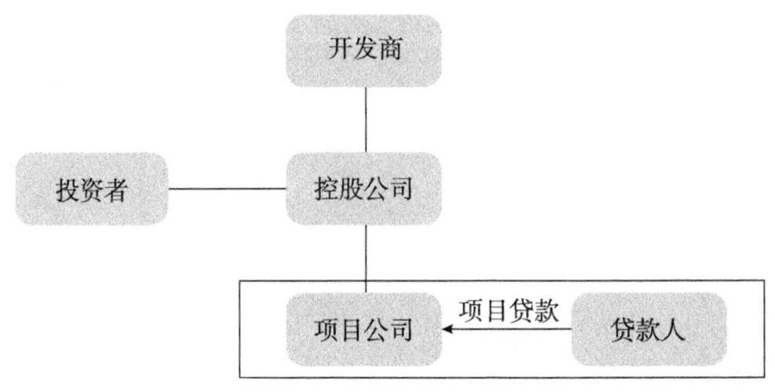

图 6.1　翻转合伙制融资结构示意图

大多数税收股权投资者会调整年度现金分配额度，以使项目使用年限（通常为25年）内的税前现金内部收益率至少为2.0%。为了计算税前内部收益率，应同时考虑现金分配和税收抵免，并将其视为现金。对于这些投资的IRR要求，IRS并没有提供具体指导，因此，发起人和税收股权投资者可以通过沟通实现双方满意的结果，以获得2%的税前IRR。最后，大多数税收股权投资者要求项目期（通常为25年）内的税后内部收益率项目应至少比目标内部收益率高50个基点。同样，在该问题上IRS也提供了特定的指南，但税收权益投资市场对该指标的要求一直表现得相当一致。在默认交易日之后税收权益投资者应获得至少5%的现金分配基础上，通过调高或调低可分配给税收权益投资者的现金比例，以实现较税后内部收益率高50个基点的目标。因此，发起人希望将可分配给税收权益投资者的现金比例尽可能保持在接近 5%，因为税收权益投资者的前期投资通常与他们在交易日之后被分配的现金分配无关。换句话说，在交易日之后，税收权益投资者会收到所有现金，并且是“免费”获得。

在成立税务合伙企业之初，交易结构就被设计帮助税务权益投资者在某一特定日期（目标交易日）实现目标 IRR。如果税务权益投资者在交易日之前没能实现目标内部收益率，则合伙企业章程允许税务权益投资者最多可获得合伙企业 100% 的现金，直到税务权益投资者实现目标内部收益率。从融资的角度来看，这是一个重要的考虑因素，因为现金清理条款限制了发起人的反向杠杆贷款，并且可能增加其他债权人之间关系的复杂性。

税务权益投资者的投资内部收益率是使用联邦企业所得税的最高边际税率计算的，未考虑州企业所得税税率。因此，如果税率发生变化（类似于 2017 年施行 TCJA），税务权益投资者不能享受低税率带来的税收优惠。具体来说，如果税率的变化减少了可分配给税收权益投资者的净折旧优惠，则交易日将被延迟。这将导致该项目可获得的现金 100% 被转移给税收权益投资者，后者将因为获得更高的现金流量分配以实现回报。该收益将在目标交易日之后通过现金清理实现，因为税收权益投资者可能不得不在交易中停留更长的时间，以弥补税收损失。请注意，未来税率调整的时间非常重要。如果税率变化发生在税收权益融资的后期，大多数折旧优惠收益已经实现，则交易日可能提前，并早于目标交易日期。

翻转合伙制融资结构的权益购买

通常来说，发起人可以选择在交易日之后的预定时间间隔内，以“公允市场价值”（由独立评估师认证）购买项目税收权益投资者的权益。在另一个情景下，决定购买期权的公允市场价值在交易开始时固定为由独立评估师提供的公允估计数。通常，税务权益投资人将购买期权的行权价定为这种固定购买价格估计数的 102% ~ 105%，以保证能够完成交易，也可以避免 IRS 的进一步审查，因为 IRS 可能会认为购买期权为税务权益投资者的退出合伙关系提供了确定性①。

翻转合伙制融资结构的变体[13]

合伙制融资结构存在一种变体，期初交易日期是固定的，被称为固定翻转交易（fixed flip）结构。在这种结构中，税收权益投资者在固定的时间段内（固定翻转交易期）按优先顺序获得的与其原始投资 2% 等额的现金，剩余现金按权益比例分配。一旦固定交易期结束，项目发起人可以在预定时间内行使购买期权。但是，如果项目发起人选择不行使期权，则税务权益投资者通常可以选择撤销该期权，即在两年内，该投资者从合伙企业获得预定水平的现金，术语为提现（withdrawal cash）。但是，在固定交易期结束后的前两年内，如果没能从项目可用现金中实现全部提款价格，则税务权益投资者可以接管该项目。

可再生能源发起人通常更喜欢“固定交易”结构，因为该结构允许他们保留大部分现金，以此来增加债务融资（以“反向杠杆”的形式，将在后面部分进行讨论）。该结构还具有一些类似债务的特征，从而确保税务权益投资者在固定交易期结束时退出合伙企业。

---

① IRS 允许根据IRS 2009-69通知固定购买期权价格（https://www.irs.gov/pub/irs-drop/a-09-69.pdf）。

在合伙企业融资结构的另一种形式中，税务权益投资者分两部分进行投资，即初始投资和递延现收现付（称为 PAYGO）投资，后者与项目享受的 PTC 优惠相关。如果项目发电量低于融资时的预期，则 PAYGO 率会根据预定比例自动向下调整。税收权益投资规模应确保先期投资和现收现付总额的 75%，以便符合 IRS2007-65 税收程序。这种具有 PAYGO 递延缴款的结构可以降低税务权益投资者与项目直接相关的风险，因为他们贡献的金额与项目享受的 PTC 优惠相关，而这些 PTC 与发电量直接相关。从税收权益权投资者的角度来看，这种结构有助于解决由于输电限制而导致的潜在业绩不佳状况。

合伙制融资结构的要求

在合伙企业融资结构中，税务权益投资者可获得三类好处，包括合伙企业的现金分配、税收抵免以及可以用于应税收入抵扣的税收优惠或损失。税务权益投资者基于对未来收益流的现值（扣除任何潜在纳税义务）确定前期投资金额。一个典型的合伙制融资交易结构可以为光伏 ITC 交易筹集项目资本投资的 35% ~ 50%，为风能 PTC 交易募集项目总资本投资的 50% ~ 80%。[①] 合伙企业结构通常记录在 LLC 协议（合伙企业章程）中，该协议确定了每个合伙人的角色和责任，以及收入分配和未来现金分配等事项。该文件还指定发起人为常务理事，此人将保留对项目的日常控制权。税务权益投资者是被动投资者，因此不必将其投资合并到其财务报表中。投资者确实有一定的同意权，以确保项目的审慎运行。税务权益投资

① 随着PTC和ITC在《PATH法案》中被取消，资本化率有望发生变化。

者还会收到月度运营报告和定期财务报表。如果税务权益投资者有理由认为该项目是在违反监管文件的情况下运行的，或者发起人犯有故意的不当行为或重大过失，则他们通常有权罢免发起人的 LLC 常务理事职位。

合伙制结构已经存在了很长时间，并被防范用于风电行业的早期交易中。但是，关于如何组织交易的共识有限，税务权益交易市场仍然是分散的。一些发起人曾与 IRS 沟通，以获得一封私人信件裁定其税务权益融资结构有效。因此，IRS 于 2007 年发布了《收入程序 RP2 007-65》，为风电项目的合伙融资结构建立了避风港[①]。2009 年，IRS N2009-69 号公告进一步澄清了避风港规则[②]。若满足以下要求，则IRS通常不会对风能项目公司作为合伙企业进行审查，也不会将投资者作为合伙人进行审查。

（1）在项目公司存续期间内，发起人持有合伙收入、损益、抵扣额和贷款的至少 1% 权益；每个税务权益投资者应该在每个应纳税年度的至少持有合伙收入、损益、抵扣额和贷款的 5% 权益。

（2）在风电项目投入使用或投资者获得项目公司权益之日中的较晚日期当天或之前，投资者必须完成对项目公司最低且无条件的投资。投资者的最低投资额必须至少等于固定资本支出和合伙协议要求投资者承担的合理预计的或有资本出资之和的 20%。通过直接或间接与发起人、任何其他投资者、涡轮机供应商、电力承销方或其他任何子公司签订的协议，保护投资者免受最低投资额的任何损失。

（3）投资者固定资本出资总额的至少 75%，以及投资人就项目公司权

① IRS收入程序2007-65（https://www.irs.gov/pub/irs-drop/rp-07-65.pdf）

② 国税局公告2009-69（https://www.irs.gov/pub/irs-drop/a-09-69.pdf）

益应出资且合理预计的或有资本出资（即 PAPGO），必须是固定的且可确定的义务，与任何付款的金额或确定性无关[①]。

（4）无论发起人、税务权益投资者，或是任何关联方，均无合约权利在任何时候以低于其公允价格的价格购买该风电项目及其中任何财产或项目公司的权益。该市场公允价是行使购买期权时确定的市场价值。此外，在风力发电场投入运营后的 5 年内，发起人可能没有购买风力发电项目和项目公司权益的合同权利[②]。

（5）项目公司可能没有要求任何一方从项目公司购买风电场或风电场中的任何财产的合同权利。投资者可能没有合同权利要求任何一方购买其在项目公司中的合法权益。

（6）没有人可以保证或以其他方式确保税务权益投资者享受 PTC 的权利。项目公司必须承担风力资源规模低于预期的风险。项目发起人、涡轮机供应商或任何电力承购方都无法保证一定水平的风能可用。如果项目公司或税务权益投资者支付了费用或溢价，则与发起人、涡轮机供应商以及任何电力承购方或任何其他项目参与方无关的第三方就可以提供风能可用性的保证[③]。项目公司与任何无关方之间的长期购电协议并不构成保证。关联方之间的照付不议购销合同也不能构成担保。发起人不得将任何税务权益投资者提供资金以获取税务权益投资者持有项目公司的任何部分权益或债务担保。

---

① 2007-65年税收程序中指定的IRS避风港规则掩盖了前面描述的PAYGO结构。

② IRS 2009-69号通知澄清，如果收购期权是独立评估师提供的善意估计，则管理收购期权的公平市场价值可能在交易开始时确定。

③ 例如，项目公司和保险公司之间的天气衍生品合同是可以接受的担保。

在 2015 年的备忘录中，IRS 明确指出，上述避风港规则指南不适用于申请 ITC 的光伏交易或其他可再生能源项目。该备忘录指出，一般合伙制原则应适用于测试税收权益投资者是否确实是合伙制合伙人。IRS 尚未发布有关 ITC 交易中合伙制融资结构的任何准则。但是，税收权益投资界已逐渐适应从 PTC 到 ITC 合伙企业的大多数结构要素。合伙企业融资结构是税收抵免货币化的常见结构。近年来，近 80% 的太阳能 ITC 交易和近 100% 的风能 PTC 交易都采用了合伙企业融资结构。

合伙制融资结构的结构性考量①

合伙企业模式在交易时机、会计、反向杠杆和其他因素方面限制了融资交易的结构。

交易时机

对于风能项目 PTC 交易，税务权益投资者可以在项目已准备好开始建设后立即承诺投资。尽早做出这样的承诺，使发起人确信项目在商业运营时将获得税收权益资金。此外，一旦适用税收抵免，贷款人就会放心地增加建设期贷款，以桥接一部分税收抵免承诺（通常为 95%）。法律文件规定了在要求税务权益投资者提供投资资金之前必须满足的条件（“先决条件”）。这些条件类似于贷方通常要求将建筑期贷款转换为定期贷款的条件，主要包括：项目进入商业运营，项目公司拥有所有有效的重要文件，项目公司未违约或未开始破产程序，项目符合税收抵免和折旧优惠的要求等。

① 就本节而言，“簿”和“公平”等术语从税务角度指“税簿”和“权益”。这些术语不要与财务会计角度使用的类似术语混淆。

满足条件后，发起人可以通知税收权益投资者证明所有先决条件均已满足，此时税收权益投资者可以为投资提供资金。除了一个重要的例外情况，官方 ITC 项目的税收权益交易通常以相同的方式进行。税收权益投资者通常在商业运营时进行风电项目投资，并且对于税收权益投资者在投资时机的选择中并没有严格的规定。然而，对于光伏 ITC 交易而言，在项目投入使用之前就需要建立这种合作关系，并且税收权益投资者需要成为这种合作中的一员①。为了保守起见，大多数税务权益投资人在项目就位时或之前进行投资②。尽管规模很小，但如果该项目从未实现商业运营，那么税收权益投资者也不会愿意在项目完工时为它们提供全部资金并承担风险。因此，税收权益投资者通常分两期为投资提供资金：第一期发生在机构完工时或之前（至少占总税收权益投资的 20%），第二期发生在商业运营时或之后③。

承担投资与购买模式

构建合伙翻转结构的方式有两种。税务权益投资者可以承担一定份额的初始投资，以换取项目公司的权益（即税务权益合伙）。或者，税务权益投资者可以直接向发起人“购买”项目公司权益。两者之间的选择取决

① 如前所述，“投入使用”是税法下的技术术语，通常指相关资产有资格获得税收抵免和折旧的时间。在确定一项资产是否已投入使用时，需要进行五因素检验，该检验基于是否满足以下五个条件：（1）必要许可均已获批；（2）设施的控制权已转移给纳税人；（3）完成关键测试；（4）日常或常规运营开始；（5）已供应至电网并产生收入。参见IRS私人信件裁决PLR144，688-12（2013年6月28日）；另见Moran、Gambino，Chase和Ludwig，《可再生能源电力设施：投入使用问题》中的税务说明（2016年5月23日）。

② 机械竣工是EPC合同中定义的又一个里程碑，通常发生在所有机械设备安装完成后，项目变电站通电前。

③ 大多数税务权益投资者的第一期付款比例为20%，这是依据IRS收入程序2007-65所确立的避风港规则。然而，少数税务权益投资者认为第一期付款比例可以降低至5%。

于资金的预期用途、税务考量等。在承担投资模式中，投资者的出资可以分配给发起人，但是，如果项目公司可以使用这笔资金支付建设投资，则更有意义。在此模式中，项目发起人可以避免必须就税务权益投资者的出资缴纳税款，前提是该交易遵守“变相出售”的避风港规则，这实质上表明，发起人可以将税务权益投资者的出资视为对项目之前两年资本支出的报销。为了符合避风港规则并避免征税，与税务权益投资者建立合伙关系时，该项目的价值不得超过该项目税基的 120%。这会限制项目的税基递增，可能会影响项目公司的 ITC 和适用的折旧优惠。在购买模式中，税务权益投资者的资金直接汇给发起人，被视为发起人将项目的部分权益出售给税务权益投资者。因此，发起人必须就其权益出售收益缴纳税款。但购买模式也可能有一定好处，税基增加可享受更多 ITC 和折旧优惠。较高 ITC 和折旧收益的潜力使购买模式更适合申请 ITC 的项目。对于申请 PTC 的那些风电项目而言，该模式适用性不强，因为折旧带来的增量收益意义不大。

应该注意的是，基于 ITC 交易，税务权益投资者最终承担所有税基递增风险。IRS 可能在定期税收审计时对 ITC 基础提出异议。现在仍有几宗诉讼悬而未决，IRS 的理由是，ITC 基础不合理，应该减少项目公司的税收抵免金额[①]。

---

① 一个此类案例是2018年Alta风电项目一期（Alta Wind I）所有者Lessor C等人的诉讼案。另一个案例是加州岭风能有限责任公司和因夫能源风能有限责任公司诉讼案，诉讼结果有利于政府，但在本出版物发表时，意见尚未公布。见，加州岭风能，California Ridge Wind Energy，LLC & Invenergy Wind，LLC v. United States，No. 14e250 C（Fed. Cl. filed Jan. 7, 2019）。

IRS 的指导意见表明，约 15% ~ 20% 的开发投资加成比例是可以接受的。因此，如果评估项目的公平市场价值是合理的，那么税务权益投资者通常会将递增基础幅度限制在项目成本的 15% 至 20% 之间。作为一项额外的保护措施，税务权益投资者通常要求发起人根据 IRS 关于 ITC 基础成功判例赔偿 ITC 减少的损失。发起人通常被要求采用信用良好的母公司担保方式以保证赔偿。如果母公司没有足够的信誉或不能提供额外担保，则在任何赔偿要求仍未兑现的情况下，税务权益投资者可能会要求现金清理。该条款允许税务权益投资者寻求额外的补偿，直到所有 ITC 缺口全部被支付为止（就税款和货币时间价值进行适当调整）。在后面的内容中可以看到，如果发起人利用他们持有的项目公司权益担保的反向杠杆贷款，关于现金清理条款经常会产生摩擦。

资本账户和赤字恢复义务

在合伙交易中，税收规则要求合伙人跟踪他们投资的资本账户和外部税基。资本账户记录了合伙企业中每个合伙人的股权。合伙企业成立之初，每个合伙人的资本账户都记录了其权益投资。此后，账面收入的增加以及每个合伙人的出资，将增加资本账户余额，而账面损失和现金分配将相应减少资本账户余额。如果某个合伙人的资本账户余额变为零，则任何更多的账面损失会计入其他合伙人的资本账户中。在给定税务权益交易的结构下，税务权益投资者的资本账户余额通常最先达到零。之后，所有账面亏损和税收抵免都重新分配给发起人。由于税务权益交易的主要目的是有效利用税收优惠，将账面损失重新分配给发起人并不理想。

但是，如果税务权益投资者同意承担赤字恢复义务（DRO），则其资本账户余额可能为负数，绝对值对应 DRO 金额，并且投资者可能继续承受损失。如果合伙企业清算，税务权益投资者承担DRO资金[①]。DRO是一种或有负债，只有在合伙企业清算这一罕见情况下才会具体化。如果合伙企业要求奖励折旧或100%费用化（根据TCJA），则赤字金额可能会更高，因为账面损失已预先以索赔计入交易中。同样，前面解释的PAYGO交易也可能导致更高的赤字。在此结构中，税务权益投资者以递延方式承担25%资本投资，这导致税务权益投资者前期资本账户余额减少。考虑到可能出现更高的赤字金额，税务权益投资者可能需要签字确认更高的DRO。

税务权益投资者通常对承诺高额DRO持谨慎态度。典型的市场交易将DRO负债限制为前期出资的40%。对于PTC交易，DRO相对较为麻烦，因为一旦达到DRO上限，除非提高上限，否则折旧收益和PTC都会重新分配给发起人，如果发起人的纳税能力有限，这通常会损害发起人的经济效益。对于ITC交易，通常是申请ITC后才允许重新分配，这实际上将分配给税务权益投资者的收入由99%降低至更低的比例。为了避免回缴ITC，税法要求在5年回缴期内，分配给税务权益投资者的收入不得低于67%。还有一个普遍共识是，由于担心IRS可能会认为99%的收入分配只意味着适时申请税收抵免，且收入分配会随着获得利润而变化，税务权益投资者应在该项目投入运营后的一段有意义的时期内将其收入分配比例保持在99%。有时，还可以对税务权益交易结构进行调整，在投入运营一周年之后的四年内，将税务权益投资者的收入分配比例减少至67%，以便将DRO降至较低水平。所有这些考虑因机构而异，这可能使得设计税务权益

① 来自艾金・岗波律师事务所的大卫・伯顿，发布的LLC和合伙企业交易中赤字恢复义务的商业内容（https://www.akingump.com/images/content/4/1/v2/41603/DROCommercial-Aspects-Project-Perspectives-Article.pdf）。

交易结构非常具有挑战性。

如果税务权益投资者在翻转日的资本账户余额为负（或出现 DRO），则税务权益投资者通常寻求获得最大可能的收入分配。在这种情况下，合伙企业可能不在税收损失状况之内，并应产生应税收入。相应地，任何额外的收入分配（超出 LLC 协议中约定的最低 5% 的翻转后分配比例），都会导致减少 DRO（或资本账户余额的绝对值降低）。但在翻转日之后，为"解决"DRO 进行的任何此类分配都会触发税务权益投资者的纳税义务（金额等于额外收入分配乘以现行联邦税率）。因此，税务权益投资者经常被分配额外的现金用以支付增加的纳税义务。

最终发起人的资本账户余额可能会出现负数。在这种情况下，税务权益投资者可能会要求发起人签署 DRO。这种情况很少见，可以在 LLC 协议中处理。

作为前期结构的一部分,"管理" DRO 的一种方法是引入"免现金期"，即按合同约定，在初始 5 ~ 7 年内，税务权益投资者无现金收入。这样，由于任何现金分配都从资本账户余额中扣除，税务权益投资者可以应对资本账户的压力。免现金期结束后，税务权益投资者将在目标翻转日之前获得更高的现金分配比例（50% ~ 100%）。

管理 DRO 的另一种方法是在项目层面增加无追索权债务融资。这样的杠杆式税务权益交易仍然很少见，因为税务权益投资者会极力避免违约情况下项目取消而未能享受税收优惠的可能性。到目前为止，讨论仅限于无杠杆税务权益交易，在这种交易中，项目层面不存在无追索权债务。简单起见，此处不讨论杠杆式税务权益交易。但是，一旦根据《PATH 法案》开始减少税收抵免，加杠杆的交易将变得更加普遍，尤其是在光伏行业。

内部和外部税基的说明

与资本账户一样，合作伙伴也必须跟踪其“内部”和“外部”税基。合伙人的初始外部税基通常等于其初始资本账户余额；但是，在超出本书的范围某些情况下，可能外部税基与其资本账户余额不同。内部税基通常是合伙人在合伙资产税基中所占的份额（即此类资产的成本通过折旧而减少）。

一旦合伙人的外部税基降至零，将暂停分配给该合伙人任何税收损失。此类被暂停的损失只能由分配给该合伙人的未来收入抵消。处于暂停亏损状态的合伙人可能会继续收到“过多的现金分配”，因为这些现金分配超出了合作伙伴的外部税基；这些必须作为资本利得报告并缴税。由于外部税基导致的亏损限制，尽管已同意较高的 DRO，税务权益投资者可以吸收的税收亏损是有限度的。应当指出的是，由于这种暂停的亏损对税务权益投资者并无任何经济价值，在对税务权益交易进行建模时，不应将它计入税务权益投资者的内部收益率计算中。此外，内部收益率的计算应考虑超额资金分配的应缴纳的资本利得税。

表 6.7 展示了使用税务权益投资模型，其中应用的假设参数与表 6.3 一致。但是，该示例已被修改为含 PTC，以增加与当前市场的相关性。该模型包含了前面各节所讨论的资本账户和内部、外部税基概念。在该实例中，税务权益投资规模为 1.760 亿美元，税务权益投资者的目标内部收益率为 6.50%，投资产生的全周期内部收益率为 7.19%。税务权益投资者的最高 DRO 为 6000 万美元（约占前期投资的 35%），项目发起人的 DRO 为 3000 万美元（约占前期投资的 15%）。

表 6.7 合伙制结构的抵税权融资模型

实例模型

抵税权与合伙制结构

项目容量	202.4
选定生产量	P50
升级率	2.5%
税率	21%

因子	NCF	（MW·h）
P50	33.6%	595736
P75	32.2%	570914
P90	30.4%	538999
P95	28.6%	507085
P99	27.3%	484036

	现金发放		收入分配	
抵税权权益	20%	5%	99%	5%
开发商	80%	95%	1%	95%

	收入分配限制	
抵税权权益	最多分配	99%
抵税权权益	最少分配	5%
开发商	有效分配	95%

	赤字恢复义务		
抵税权权益	% of Contribution	35%	60,000
开发商	% of Contribution	15%	30,000

翻转（FLIP）的目标年限（年）	10
CPI 通货膨胀率	2%
2018 PTC 比率［$/(MW·h)］	24
抵税权要求 IRR	6.50%
税后全时期抵税权 IRR	7.19%
反向杠杆 Term	10
反向杠杆 Sizing DSCR	1.50x<<--- 简单起见，将反向杠杆的偿债备付率定为 P50 生产量的 1.3 倍

合伙制现金流																									
时期	1	2	3	4	5	6	7	8	9	10	11	12	13	14	15	16	17	18	19	20	21	22	23	24	25
主营业务收入																									
产量（MW·h）	595736	595736	595736	595736	595736	595736	595736	595736	595736	595736	595736	595736	595736	595736	595736	595736	595736	595736	595736	595736	595736	595736	595736	595736	595736
PPA 比率	55.00	56.38	57.78	59.23	60.71	62.23	63.78	65.38	67.01	68.69	70.40	72.16	73.97	75.82	77.71	79.66	81.65	83.69	85.78	87.93	90.12	92.38	94.69	97.05	99.48

续表

收入	32765	33585	34424	35285	36167	37071	37998	38948	39922	40920	41943	42991	44066	45168	46297	47454	48641	49857	51103	52381	53690	55032	56408	57818	59264
经营费用																									
经营权取得费	-983	-1008	-1033	-1059	-1085	-1112	-1140	-1168	-1198	-1228	-1258	-1290	-1322	-1355	-1389	-1424	-1459	-1496	-1533	-1571	-1611	-1651	-1692	-1735	-1778
风电机	-3723	-3816	-3912	-4010	-4110	-4213	-4318	-4426	-4537	-4650	-4766	-4885	-5007	-5133	-5261	-5393	-5527	-5666	-5807	-5952	-6101	-6254	-6410	-6570	-6735
BOP	-1191	-1221	-1252	-1283	-1315	-1348	-1382	-1416	-1452	-1488	-1525	-1563	-1602	-1642	-1684	-1726	-1769	-1813	-1858	-1905	-1952	-2001	-2051	-2102	-2155
运行	-238	-244	-250	-257	-263	-270	-276	-283	-290	-298	-305	-313	-320	-328	-337	-345	-354	-363	-372	-381	-390	-400	-410	-420	-431
项目管理费	-745	-763	-782	-802	-822	-843	-864	-885	-907	-930	-953	-977	-1001	-1027	-1052	-1079	-1105	-1133	-1161	-1190	-1220	-1251	-1282	-1314	-1347
保险费用	-596	-611	-626	-642	-658	-674	-691	-708	-726	-744	-763	-782	-801	-821	-842	-863	-884	-906	-929	-952	-976	-1001	-1026	-1051	-1078
资产税	-1191	-1221	-1252	-1283	-1315	-1348	-1382	-1416	-1452	-1488	-1525	-1563	-1602	-1642	-1684	-1726	-1769	-1813	-1858	-1905	-1952	-2001	-2051	-2102	-2155
其他开销	-596	-611	-626	-642	-658	-674	-691	-708	-726	-744	-763	-782	-801	-821	-842	-863	-884	-906	-929	-952	-976	-1001	-1026	-1051	-1078
应急费用	-463	-475	-487	-499	-511	-524	-537	-551	-564	-578	-593	-608	-623	-639	-654	-671	-688	-705	-722	-740	-759	-778	-797	-817	-838
经营费用总计	-9727	-9970	-10219	-10475	-10737	-11005	-11280	-11562	-11851	-12148	-12451	-12763	-13082	-13409	-13744	-14087	-14440	-14801	-15171	-15550	-15939	-16337	-16746	-17164	-17593
EBITDA	23039	23615	24205	24810	25430	26066	26718	27386	28070	28772	29491	30229	30984	31759	32553	33367	34201	35056	35932	36831	37751	38695	39663	40654	41671
折旧与摊销（税）	-67731	-106478	-66003	-40445	-40248	-21064	-1975	-1975	-1977	-1975	-1977	-1975	-1977	-1975	-1977	-1218	-461	-461	-461	-461	-94	-94	-94	-94	-94
合伙应税收入	-44693	-84864	-41798	-15635	-14817	-5002	-24743	-25411	-26093	-26797	-27514	-28254	-29007	-29784	-30576	-32149	-33740	-34595	-35472	-36370	-37657	-38601	-39549	-40560	-41577
PTC 比率 $/（MW·h）	24	25	25	26	26	27	28	28	29	29	30	30	31	32	32	33	34	34	35	36	36	37	38	39	39
通过合伙制获得的 PTCs 收入	14298	14893	14893	15489	15489	16065	16681	16681	17276	17276	0	0	0	0	0	0	0	0	0	0	0	0	0	0	0
分配给抵税权投资者的收入	99%	99%	99%	99%	99%	99%	99%	99%	99%	99%	5%	5%	5%	5%	5%	5%	5%	5%	5%	5%	5%	5%	5%	5%	5%
分配给开发商的收入	1%	1%	1%	1%	1%	1%	1%	1%	1%	1%	95%	95%	95%	95%	95%	95%	95%	95%	95%	95%	95%	95%	95%	95%	95%
分配给抵税权投资者的现金	20%	20%	20%	20%	20%	20%	20%	20%	20%	20%	5%	5%	5%	5%	5%	5%	5%	5%	5%	5%	5%	5%	5%	5%	5%
分配给开发商的现金	80%	80%	80%	80%	80%	80%	80%	80%	80%	80%	95%	95%	95%	95%	95%	95%	95%	95%	95%	95%	95%	95%	95%	95%	95%
抵税权投资者的应税收入	-44246	-84015	-41380	-15479	-14669	-4952	-24496	-25157	-25832	-26529	-1376	-1413	-1450	-1489	-1529	-1607	-1687	-1730	-1774	-1819	-1883	-1930	-1977	-2028	-2079
开发商的应税收入	-447	-849	-418	-156	-148	-50	-247	-254	-261	-268	-26138	-26841	-27557	-28295	-29047	-30542	-32053	-32865	-33698	-34552	-35774	-36671	-37572	-38532	-39498

续表

抵税权收益																										
现金发放		4608	4723	4641	4962	5066	5213	5344	5477	5614	5754	1475	1511	1549	1588	1628	1668	1710	1753	1797	1842	1888	1935	1953	2033	2064
抵税收益 / 损失		9292	17643	8690	3251	3081	(1040)	(5144)	(5283)	(5425)	(5571)	(289)	(297)	(305)	(313)	(321)	(338)	(354)	(363)	(372)	(392)	(395)	(405)	(415)	(426)	(437)
PTCs		14155	14744	14744	15334	15334	15924	16514	16514	17104	17104	0	0	0	0	0	0	0	0	0	0	0	0	0	0	0
总收益		26054	37111	28275	23547	23501	20097	16713	16706	17293	17287	1166	1215	1245	1275	1507	1331	1356	1390	1424	1460	1492	1529	1568	1607	1647
抵税权投资贡献	171569																									
开发商收益																										
现金发放		18431	18802	19364	19848	20344	20853	21374	21900	22456	23018	26017	28717	29435	30171	30925	31608	32491	33300	34136	34980	35604	36700	37679	38621	30587
抵税收益 / 损失		94	178	88	33	31	(11)	(52)	(53)	(55)	(56)	(5489)	(5637)	(5787)	(5942)	(6100)	(6414)	(6731)	(6902)	(7077)	(7256)	(7513)	(7701)	(7894)	(8092)	(8295)
PTCs		143	149	149	156	155	161	167	167	173	173	0	0	0	0	0	0	0	0	0	0	0	0	0	0	0
总收益		18665	19219	19601	20036	20530	21003	21489	22022	22574	23134	22528	23081	23648	24229	24825	25285	25760	26401	27059	27733	28351	29060	29756	30530	31292
开发商贡献	195028																									
开发商反向杠杆																										
用于反向杠杆的现金流		18431	18892	19364	19848	20344	20853	21374	21909	22456	23018	28017	28717	29435	30171	30925	31698	32491	33303	34136	34989	35864	36760	37679	38621	39587
用于偿债的现金流		12287	12504	12909	13232	13563	13902	14249	14606	14971	15345	0	0	0	0	0	0	0	0	0	0	0	0	0	0	0
反向杠杆数量	107965																									
开发商杠杆现金流	87074	6144	6297	6455	6616	6781	6951	7125	7303	7405	7073	28017	28717	29435	30171	30925	31698	32491	33303	34136	34989	35864	36760	37679	38621	39587
704(b) 资本账户和外部税基																										
时期		1	2	3	4	5	6	7	8	9	10	11	12	13	14	15	16	17	18	19	20	21	22	23	24	25
合伙制 704(b) 资本账户																										
注：忽略 734(b) 的设定																										
期初余额	0	366597	296566	190387	124385	83939	43692	22628	20653	18679	16702	14727	12750	10775	8798	6823	4846	3628	3168	2707	2247	1786	1692	1598	1504	1410
加：税基资产	366507	0	0	0	0	0	0	0	0	0	0	0	0	0	0	0	0	0	0	0	0	0	0	0	0	0
加：收入（损失）分配	0	(44693)	(84564)	(41798)	(15635)	(14817)	5002	24743	25411	26093	26797	27514	28254	29007	29764	30576	32149	33740	34596	35472	36370	37657	36601	39569	40560	41577
减：现金发放	0	(23039)	(23615)	(24205)	(24810)	(25430)	(26066)	(26718)	(27386)	(28070)	(28772)	(29491)	(30229)	(30084)	(31750)	(32553)	(33367)	(34201)	(35056)	(35932)	(36831)	(37751)	(38605)	(39663)	(40654)	(41671)
期末余额	366597	296566	190387	124385	83939	43692	22628	20653	18679	16702	14727	12750	10775	8798	6823	4846	3628	3168	2707	2247	1786	1692	1598	1504	1410	1316
抵税权权益 704(b) 资本账户																										
注：忽略 734(b) 的设定																										
期初余额	0	171569	122715	33977	12243	32684	52440	52701	33548	13869	6349	27124	27026	26913	26800	26687	26573	26497	26458	26418	26378	26337	26314	26290	26266	26242
	171569	0	0	0	0	0	0	0	0	0	0	0	0	0	0	0	0	0	0	0	0	0	0	0	0	0
	0	(4606)	(4723)	(4841)	(4962)	(5066)	(5213)	(5344)	(5477)	(5614)	(5754)	(1475)	(1511)	(1549)	(1588)	(1628)	(1668)	(1710)	(1753)	(1797)	(1842)	(1888)	(1935)	(1983)	(2033)	(2064)
	0	(44246)	(84015)	(41380)	(15479)	(14669)	4952	24496	25157	25832	26529	1376	1413	1450	1489	1529	1607	1687	1730	1774	1819	1883	1930	1978	2028	2079
期中余额 #1	171569	122715	33977	12243	32684	52440	52701	33548	13869	6349	27124	27026	26913	26800	26687	26573	26497	26458	26418	26378	26337	26314	26290	26266	26242	26217

续表

	0	0	0	0	0	0	0	0	0	0	0	0	0	0	0	0	0	0	0	0	0	0	0	0	0	0
	0	0	0	0	0	0	0	0	0	0	0	14	14	15	15	15	16	17	17	18	18	19	19	20	20	21
	0	0	0	0	0	0	0	0	0	0	0	0	0	0	0	0	0	0	0	0	0	0	0	0	0	0
收入（损失）分配	0	(44246)	(84015)	(41380)	(15479)	(14669)	4052	24496	25157	25832	26529	1362	1399	1436	1474	1513	1501	1670	1712	1756	1800	1864	1911	1950	2008	2058
期中余额 #2	171569	122715	33977	(12243)	(32684)	(52440)	(52701)	(33548)	(13869)	6349	27124	27012	26899	26786	25672	26558	26451	26441	26401	26360	26319	26295	26271	26247	26222	26196
DRO 贡献 / 分配	0	0	0	0	0	0	0	0	0	0	0	0	0	0	0	0	0	0	0	0	0	0	0	0	0	26196
期末余额	171569	122715	33977	(12243)	(32684)	(52440)	(52701)	(33548)	(13869)	6349	27124	27012	26899	26786	25672	26558	26451	26441	26401	26360	26319	26295	26271	26247	26222	0
抵税权投资的赤字恢复义务																										
抵税权 DRO 上限	60000	60000	60000	60000	60000	60000	60000	60000	60000	60000	60000	0	0	0	0	0	0	0	0	0	0	0	0	0	0	0
DRO 上限 %	35.0%																									
余额		0	0	12243	32684	52440	52701	33548	13869	0	0	0	0	0	0	0	0	0	0	0	0	0	0	0	0	0
最大余额	52701																									
最大余额（%）	30.7%																									
开发商 704(b) 资本账户																										
注：忽略 734(b) 的设定																										
期初余额	0	195028	176150	156410	136528	116624	96131	75329	54202	32547	10352	(12398)	(14262)	(16124)	(17988)	(19849)	(21712)	(22853)	(23273)	(23694)	(24113)	(24533)	(24600)	(24673)	(24743)	(24812)
	195028	0	0	0	0	0	0	0	0	0	0	0	0	0	0	0	0	0	0	0	0	0	0	0	0	0
	0	(18431)	(18892)	(19364)	(19846)	(20344)	(20853)	(21374)	(21909)	(22456)	(23018)	(28017)	(28717)	(29435)	(30171)	(30925)	(31698)	(32491)	(33303)	(34136)	(34989)	(35564)	(36760)	(37679)	(38621)	(39587)
	0	(447)	(849)	(418)	(156)	(148)	50	247	254	261	268	26138	27557	28295	29047	30542	32053	32666	33606	34552	35775	26671	37590	38532	39496	39496
期中余额 #1	195028	176150	156410	136528	116624	96131	75329	54202	32547	10352	12398	14275	16138	18002	19864	21727	22869	23290	23711	24131	24551	24622	24692	24762	24832	24901
	0	0	0	0	0	0	0	0	0	0	14	14	15	15	15	16	17	17	18	18	19	19	20	20	21	21
	0	0	0	0	0	0	0	0	0	0	0	0	0	0	0	0	0	0	0	0	0	0	0	0	0	0
	0	0	0	0	0	0	0	0	0	0	0	0	0	0	0	0	0	0	0	0	0	0	0	0	0	0
收入（损失）分配	0	(447)	(849)	(418)	(156)	(148)	50	247	254	261	268	26152	26855	27571	28310	29062	30558	32070	32083	33716	34570	35793	36090	37610	38562	39518
期中余额 #2	195028	176150	156410	136628	116624	96131	75329	54202	32547	10352	(12398)	(14262)	(16124)	(17968)	(19849)	(21712)	(22853)	(23273)	(23604)	(24113)	(24533)	(24603)	(24673)	(24743)	(24812)	(24880)
DRO 贡献 / 发放	0	0	0	0	0	0	0	0	0	0	0	0	0	0	0	0	0	0	0	0	0	0	0	0	0	24880
期末余额	195028	176150	156410	136628	116624	96131	75329	54202	32547	10352	(12398)	(14262)	(16124)	(17968)	(19849)	(21712)	(22853)	(23273)	(23604)	(24113)	(24533)	(24603)	(24673)	(24743)	(24812)	0
开发商赤字恢复义务																										
开发商 DRO 上限	30000	30000	30000	30000	30000	30000	30000	30000	30000	30000	30000	0	0	0	0	0	0	0	0	0	0	0	0	0	0	0
DRO 上限 %	15.4%																									
余额		0	0	0	0	0	0	0	0	0	12398	14262	16124	17968	19849	21712	22853	23272	23694	24113	24533	24603	24673	24743	24512	0
最大余额	24812																									
最大余额 %	12.7%																									

反向杠杆

由于担心在发生违约时贷款人会赎回项目资产，并导致回缴税收抵免，因此税务权益投资者反对在项目层面进行债务融资。对于ITC交易，这种风险更为明显，如果发生控制权变更，须回缴投入运营后前五年的税收抵免额。有时，为了避免回缴，项目层面债务的贷款人可能会同意在回缴期内同意不赎回资产。但是，项目层面债务仍然是这些交易的稀有特征，因为由于税务权益资金供不应求，税务权益资者能够在设定交易条件方面保持强势地位，这使得无杠杆的合伙制成为税收抵免货币化的主要交易结构。当发起人需要额外的资金时，反向杠杆交易就变得更加普遍。如图6.2所示，反向杠杆交易是由发起人持有的项目公司股权为担保的债务融资交易。

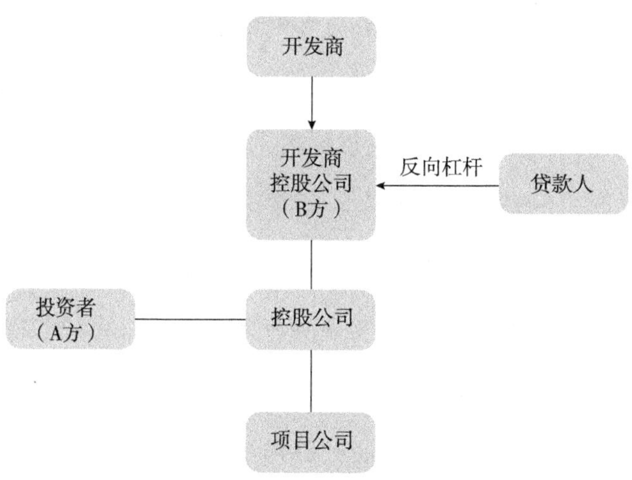

图6.2　项目融资中的反向杠杆

在支持性杠杆贷款中，贷款人距离项目公司资产仅一步之遥。具体来说，如果反向杠杆贷款违约，贷款方可以剥夺发起人在项目公司的股权，而不是项目本身。因此，与项目层面的债务相比，反向杠杆债务融资被认为并不安全，而且成本更高。

其他风险分配问题

从结构和风险分配的角度来看，税务权益交易可能会更加复杂。首先，如前所述，如果实现目标内部收益率的时间推迟到目标翻转日之后，或者如果发起人无法履行其赔偿义务，则税务权益投资者需要获得合伙翻转交易中可分配给发起人的现金（例如，IRS 审计后减少 ITC 金额）。如果触发了现金清理，则用于偿还债务的现金较少，这可能会削弱偿债能力。其次，如果反向杠杆存在违约，贷款方可能会取剥夺发起人持有的项目公司股权。税务权益投资人通常对各方参与者的运营经验有较高要求，以便发起人可以转让权益，以管理运营风险。直到融资结束，这两组问题都可能导致发起人、税务权益投资者和反向杠杆交易贷款人之间的持久的三方谈判。

最后，如前所述，税务权益投资者通常希望分两期进行投资，因此 ITC 项目交易时机的选择较为复杂。通常来说，第一笔款项，即前期投资的 20%，不足以偿还建设期贷款，因此，在此阶段，建设期贷款人不太可能放弃担保资产。随后，在项目实现商业运营之前，将税务权益投资者将有效地投资于加杠杆的税务权益交易中。此外，如果项目未能实现商业运营，则税务权益投资者几乎不能收回任何第一期款项。在这种情况下，税务权益投资者面临着两难境地，要么承担第一期投资可能永远无法收回的风险，要么在 IRS 准则的指引下制定缓解措施。现在对于如何解决债权人之间的棘手矛盾已经达成了一种共识，因此可以在合理的时间内完成融资。例如，税务权益投资者可能将现金清扫限制在为债务还本付息留下足够现金量的范围内。在发生支持型贷款债务违约的情况下，就控制权的改变而言，税务权益投资者可能要求增加条款，列明支持型贷款的贷款人能够通过聘请符合最低资格要求的第三方运营商以满足运营经验要求。保险公司也在加紧推出ITC损失保险，被保险人可获得的赔付等于IRS审计后的ITC损失（取决于商定的免赔额）。根据保险单，保险费用可能占最高应付金额的2%至5%。以税务权益投资者的名义发布的结构合理的保险单可以说服投资者同意对ITC损失设定较低现金清扫限额。

售后租回结构

数十年来，售后租回结构已应用于各类融资中。适用于可再生能源项目的基本售后回租结构很简单。发起人开发并建设一个项目，当该项目投入商业运营时，就将其出售给税务权益投资者。税务权益投资者又立即将项目租回给发起人，以获得定期支付的租金。该结构如图6.3所示。

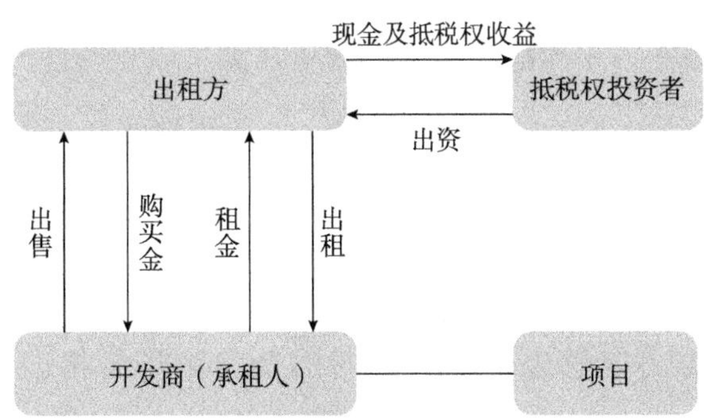

图6.3　租售/回租基本架构

租约的有效期限不超过项目期限的80%，但是发起人会获得定期以公允市场价格回购该项目的选择权，该价格通过独立评估确定。如果出于税收目的将交易结构合理地构造为“真实租赁”，则税务权益投资者是项目的真正所有者，并享受税收抵免和折旧优惠政策，因此这些因素也会影响投资者的融资利率。发起人应该就项目售价高出成本的部分支付资本利得税。

项目发起人通常要预付一定租金，一般是售价的15% ~ 20%，这样就减少了项目投资者应支付给发起人的交易价款。租金的预付必须遵守美国税法第467条，将预付款视为承租人向出租人提供的隐性贷款，并将“第467条款利息”作为收入的一部分进行评估。

除了对467条款的考虑之外，可能还需要针对“租金不平等测试”约束条件优化税务权益融资。该测试实质上限制了年度租金分配模式（与具体项目的现金流量模式无关）。在出租之前，出租人可以使用无追索权债务融资以收购该项目。此类交易称为“杠杆租赁”交易。IRS发布了《收入程序2001–28》，该协议取代了与杠杆租赁交易相关《收入程序75–21》。新的收入程序可作为避风港，表明IRS将在满足以下条件的情况下将售后租户交易中的出租人视为财产的所有者，并受租约的约束①：

（1）在租赁期内，出租方必须完成对资产的最低限度的无条件“有风险”投资，金额等于资产成本的20%。

（2）承租方不能够以低于行权时的公允市场价格向出租方购买该资产。

① IRS收入程序2001–28（https：//www.irs.gov/pub/irs-irbs/irb01-28.pdf）。

（3）承租方不得就资产进行任何提升性能进、优化或增加资产。但是，日常维修、保养和保险的费用可由承租方承担。

（4）承租人不得向出租人借出购买资产所需的任何资金，不能担保与出租人购置项目资产有关的任何债务。

（5）除了交易产生的税务收益外，出租人必须陈述并保证预期从租赁交易中获得的利润。

（6）关于整体利润，承租人在租赁期内支付的总金额加上残值必须大于与资产所有权和权益投资相关的应付给出租人的总支出之和，包括就权益投资融资的任何直接成本。

（7）关于正现金流量，在租赁期内，需要向出租人支付的总金额超过出租人要求的，与资产所有权相关的总支出的合理金额。

租赁期结束时，出租人需要陈述和证明与公允市场价值和预计资产剩余使用寿命有关的事实。该规定旨在一定程度上确保出租人基本上不会在使用年限的大部分时间内将资产的使用转让给承租人。

与合伙制翻转交易不同，《2001–28 年收入程序》不允许使用固定价格的购买权，该价格是独立评估师在签订租赁协议时对公允市场价值的估计。但是，在某些判例法中，最高法院对带有固定购买权的租赁交易给予了厚望，这使得严格遵守《收入程序》并不切实际[①]。

售后租回结构的优缺点

售后回租结构比合伙制交易结构更具优势。首先，合伙制融资结构本质上是复杂的，导致交易既耗时又昂贵，售后回租模式已经存在了数十

① 大卫·伯顿撰写的《基础：销售回租》（https://www.akingump.com/images/content/3/5/v2/35209/ Sale–Leasbacks–Feb–2015–D–Burton.pdf）。

年，并且更易于执行。

其次，与翻转合伙制融资结构不同，售后租回可以在项目投入运营后的 90 天内开始，并且仍可享受 ITC 优惠政策，这是重要的好处，因为在项目实现商业运营之前，发起人不会陷入寻求税收抵免的困境。税务权益随时可以加入交易的灵活性也简化了分期进行税务权益筹资的复杂结构。

第三，售后租回结构可以更有效地货币化税收优惠。由于不需要考虑结构，例如资本账户、外部税基等，加速折旧的优惠（例如 100% 支出或奖励折旧）可以被更有效地吸收。

第四，售后租回交易为发起人带来了更高的预付款率。理论上，售后租回交易最多可筹集到与 100% 公允价值等额的资金。即使考虑了《内部税收法》第 467 条的预付租金规定，售后租回交易也可以为项目发起人筹集大量资金，从而减少或消除了对杠杆交易或其他债务融资的需求。发起人可以更有效地回收资金。

第五，由于资本要求条款有吸引力，金融机构倾向于采用售后租回结构。因此，金融机构可以为售后租回交易提供更具竞争力的融资利率①。[14]

尽管存在这么多优势，但售后租回交易不如翻转合伙制交易普遍。如前所述，几乎所有风能 PTC 交易和超过 80% 的光伏项目交易都是通过翻转合作制交易融资的。售后租回交易主要应用于小型商业或工业设施项目。翻转合伙制融资是首选的交易结构主要有两个原因。

首先，虽然售后租回结构比翻转合伙制结构具有更好的贷款率，但在这种结构中，发起人实际上是将项目出售给税务权益投资者。尽管有早期

① 如果在售后租回中使用杠杆，上述优势将会更明显。然而，杠杆租赁带来了与反向杠杆类似的风险。

买断权利，但是IRS规定了“至少20%残值”规则，因此此类权利成本非常高。而翻转合伙制融资交易中的剩余权益接近5%。因此，一旦到了翻转日，发起人便可以买断税务权益投资者的权益，并以更有效且更便宜的债务融资对项目公司进行注资。当翻转期限较短时，对于光伏项目来说可以采用更有吸引力的资金重组策略。

其次，税务权益投资者在售后租回交易中的投资时间更长，在获得与合伙制结构基本相同的税收收益的同时，投入的资本被锁定更长时间。由于税务权益资金有限，经济上没有吸引力。

逆向租赁结构[15]

逆向租赁结构在住宅太阳能安装行业很受欢迎，这种结构仅适用于符合ITC资格的项目。与售后租回结构不同的是，发起人和税务权益投资者的角色是相反的。在这里，发起人通过主租赁合同将项目出租给税务权益投资者，而税务权益投资者申请ITC。ITC的计算是基于项目的公允市场价值，且不考虑项目成本。发起人仍适用折旧优惠。然后，税务权益投资者可以通过购电协议出售电力或将项目转租给客户。租期届满后，项目将被退还给发起人（图6.4）。

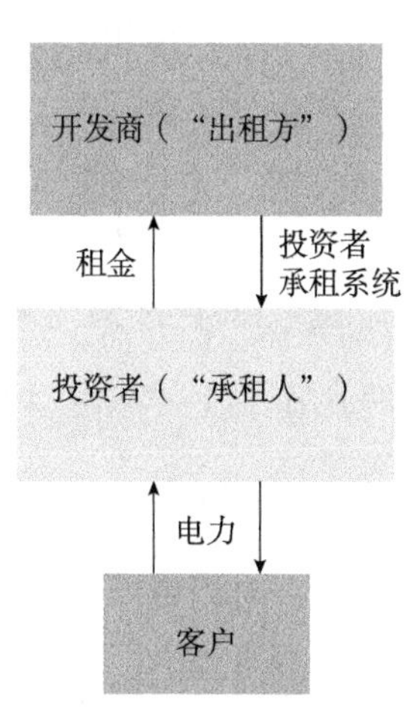

图6.4 逆向租赁结构

发起人通常认为逆向租赁结构比销售租回结构更具吸引力，因为租赁期满时，发起人即可轻松获得项目（而不是在售后租回交易中必须以市场价值购买）。此外，尽管ITC是基于项目的公允市场价值，但对于已实现的资本利得无须缴税。但是，该结构取决于项目发起人吸收折旧收益的能力，这可能是一个限制因素，因为并非所有项目发起人都具有纳税能力。

对于逆向租赁结构，暂时并没有与之相关的 IRS 避风港规则指南。但是，IRS 在 2014–12 号通知中承认，ITC 项目的逆向租赁结构与税收抵免中常见的结构类似。参考该指导原则，税务权益投资者需要证明同时具有上行和下行风险，以便覆盖商业尾部风险（merchant tail）。解释此要求的一种方法是，主租赁协议（发起人是对手方）比客户协议或客户转租的租赁时间至少长 20%。但这可能是有问题的，因为标准购电协议通常长达 25 年。或者，某些税务权益投资者要求承租人预付至少 20% 的租金，以符合真实租赁要求。还应该考虑租赁付款的结构。构造逆向租赁的最保守方法是让税务权益投资者支付固定租金，这是投资者的必要义务。在另一个极端，租金支付可以视项目的产量或现金流量而定。但是，这种创造性的结构可能会使税务权益投资者遭到 IRS 的审查。逆向租赁结构的挑战是资金如何从承租人（即税务权益投资者）转移到出租人（即发起人）。构造逆向租赁的最保守方法是将此类付款描述为预付租金。但是，某些税务权益投资者很乐意为作为出租人向持股 49% 的 LLC 出资，而发起人则拥有 LLC 剩余的 51% 权益。该结构还有一个好处，税务权益投资者可以凭借其在 LLC 的所有权来获取折旧收益的 49%。但是，由于这种结构可能会导致国税局进行审查，可能会增加税务权益投资者的税收风险。

逆向租赁结构在三类税务权益结构中占最小比例。因为没有明确的避风港规则，所以很难在不增加税收风险的情况下推进交易。此外，税务权益投资市场还没有发展出规范的结构。如前所述，可以采用几种不同的融资结构，但根据结构的不同，可能会引入其他税收风险或商业风险。鉴于可再生能源市场可利用的税务权益投资资金有限，税务权益投资者通常不会轻易接受这些额外风险。

对税收抵免激励机制的批判性评估

如第二章所述，作为激励机制，税收抵免比直接补贴更有效。但是，纵观美国可再生能源行业历史，从融资角度来看，税收抵免作为激励机制效果并不理想。

首先，如前所述，税收抵免政策经历了多次延期、到期、再次施行的周期，给市场参与者带来了极大的不确定性。这导致行业经过了一个繁荣－萧条周期，特别是风能行业周期变化与税收抵免政策调整非常吻合。

其次，使用项目融资结构为大型能源项目提供资金既费时又复杂。税务权益结构使这项工作更具挑战性。尽管 IRS 避风港规则和随后发布的指南提供了一定的确定性，但税务权益投资者和发起人都不确定如何对这些交易进行。这导致每笔交易都需要根据自身的优点进行结构设计，这会增加执行时间和交易费用。

第三，税务权益投资者数量非常少，仅限于少数几家金融机构，通常这些金融机构都有一定规模的税基且具备利用项目融资进行相应投资的专业技能。2012 年，奥巴马政府邀请财富 100 强公司到白宫，并鼓励这些公司开展税务权益投资。但自那以后，市场反应是冷淡的。只有少数公司，如英特尔、星巴克和脸书，能够以任何规模参与税务权益投资市场。如此惨淡的反应主要是由税务权益结构的复杂性造成的。甚至一些渴望进入市场的地区性银行或保险公司也因相应产品的内部复杂批准程序而受挫。这是因为税务权益是一种股权产品（与债权产品相对应），且银行的各个部门，包括税收、会计、监管、司库、信用、风险管理等部门，都需要对税务权益结构进行实质性的审查。多德－弗兰克法案和沃尔克规则的应用也进一步增加了复杂性[①]。

第四，IRS 指示税务权益投资者是真正的股权所有者，这导致融资成本昂贵（相对于项目融资贷款）。因此，税务权益投资实质上是作为优先股权工具构建的，并不享有贷款人在典型的无追索权贷款中可能拥有的止赎权。因此，在项目面临违约的情况下，税收权益工具的定价需要反映有限的回款前景[②]。增量风险以及投资者数量有限使税务权益投资变得越来越昂贵。另一个相关的问题是，与项目融资贷款相比，税务权益投资并非真正无追索权。发起人需要向税务权益投资者赔偿与项目相关的风险（典型的收购方会向卖方提出要求）和额外的税收赔偿。此外，此类赔偿需要由

① 沃尔克规则禁止银行实体获得担保基金的所有者权益。沃尔克规则中的担保基金（covered fund）被定义为发行人，即1940年《投资公司法》所界定的投资公司，但该法案下第3（c）（1）和3（c）（7）节的情况除外。然而，就沃尔克规则下的税务权益投资问题，银行业得出了自己的结论，即银行投资的LLC不符合投资公司资格。由于发行人不是投资公司，也不适用例外情况，因此，并不构成担保基金。另外，与本章所讨论类似的能源税务减免货币化交易的监管当局以1994年发布的OCC裁决为前提，该裁决规定，国家银行可以通过购买能源在产项目的形式为税金减免货币化提供资金。在2006年2月致加州联合银行的一封信中，OCC确认了其1994年信中关于其投资风电项目在产税金减免。另见OCC解释函1139（2013年11月），关于光伏项目在产税收抵免。

② 业内认为税务权益投资非常昂贵的看法有错误。如本章所述，税务权益投资的税前内部收益率低至2%。这实际上是发起人通过税收抵免和现金流量分配货币化所支付的实际费用。尽管投资者获得的税后内部收益率确实不高（由于如果在目标截止日期之前未达到目标内部收益率，则有现金清算规定），但税前内部收益率和税后内部收益率之间存在差异通过折旧收益增加，如果没有税务权益投资，发起人就无法进行货币化。

信誉良好的实体进行担保。赔偿和信用标准导致税务权益投资对资产管理公司（例如私募股权公司和对冲基金）构成挑战。从公共政策的角度来看，税收抵免作为一种激励机制确实具有一些优势。

首先，政府可以限制其在制定政策、设计激励机制以及通过审计对补贴计划进行监督方面的作用。因此，私人投资者决定哪些项目“应得”补贴。这种方法更加具有资本主义色彩，因为在尽职调查和监督环节为政府节省了大量资源，并且避免了选择赢家和输家。

其次，由于补贴是以税收抵免的形式实现的，只能减免同一国家的应付税款，因此补贴和补贴的直接或间接收益都保留在同一国家。而在欧洲实施的直接补贴和其他机制（例如上网电价机制）却起到了负面的效果，这是因为任何国内或国外的项目发起人本都有资格获得收益，但是，这些补贴和收益可能会因为外国投资者的参与而流出国界。

第七章

分布式发电项目融资

分布式发电简介

现代电力系统的设计依赖于大型的输配电线路（T&D）连接大型发电电源与负荷。输电线路以高压远距离供电，而配电线路以较低电压直接供电至负荷中心（即住宅、商业场所等）。常规发电电压通常为 34.5 千伏或 69 千伏。电压通过升压变压器进行升压，然后输入至高压传输线路。当电能通过配电线到达负荷中心时，其电压通过降压变压器进行降压，这是因为住宅、商业和工业场所使用的电气设备的额定电压绝大多数都被设计为低压。当电能通过传输线时，一些电能会以热损耗和无功损耗的形式而损失，这些损耗被统称为传输损耗。根据 EIA 估计，输配电损耗约占美国电力系统发电量的 5%。

分布式发电（DG）改变了电力系统原有的设计理念，其理念是直接在用电现场（即在负荷中心）以配电电压进行发电。常规发电厂是集中式的，需要足够大才能实现规模经济。但是，风能和太阳能本质上是按照模块化来设计的，这使得可再生能源项目（尤其是屋顶光伏）能够在城市区域实现经济性开发，为当地提供电力。分布式发电的潜在好处是减少了

T&D 损耗。

尽管分布式发电的概念已经存在了好几十年，但该类项目在绝大多数国家进行推广则是在大约 10 年前。分布式发电的起步主要是由于光伏组件成本的快速下降。虽然光伏安装成本的降低使分布式光伏更具成本竞争力，但分布式发电技术的实施并非如此简单。现代配电系统设计有继电器和断路器（统称为开关设备），在发生电气故障等极端情况时用来保护电力系统。传统开关设备是依据如下前提设计的——电力从高压输电线路向单独配电网和终端单向流动。如果使用分布式发电技术，电力则可以实现双向流动；这是因为分布式发电产生的电能可能永远不会与现场电力负荷完全相等。如果分布式电源产生的电能超过负荷单元的需求量，则多余的电能必须反输回配电网为其他用电单元提供电能。因此，分布式电力系统必须配置新型开关设备，允许电流反输以防止正常运行的系统受到损害。除了开关设备需要重新设计之外，分布式电力技术还面临其他技术上的挑战，例如电压控制、谐波、配电网的稳定性以及可靠性等问题，这些问题主要源自可再生能源间歇性的特征以及固态电子设备的使用。

为了匹配分布式发电，配电网需要重新设计，而这项工程的耗资十分巨大。输配电网络的成本通常受到政府监管，而分布式电力系统的改造成本则需要由广大消费者进行分摊，这将引发不同客户群之间的电力分配问题。

净计量

除了应对技术挑战之外，分布式电力的成功实施还必须解决一项重要的政策挑战，即如何更好地消耗分布式发电产生的多余电力。在许多国家，监管机构为此采用了净电量计价方法。简单来说，消费者可以在净计量机制下安装分布式电源（比如风力发电机或屋顶光伏装置），并将其多余电力反输回配电网。配电公司被要求以监管机构所批准的电力售价补偿给分布式电源的所有者。对于多余发电量的定价尚没有特定的基准或市场标准，但电力的价格可以参照一个最低标准，或按照目标客户电力消费总量的平均价格定价，或由监管机构指定的边际价格即批准的零售价执行。净计量程序会设置一定的资格条件，以确保配电网络的完整性和可靠性。

对于装有光伏装置和净计量表的房屋，用来测量实际用电量的电表可能会反向用于测量多余发电量，以此用于抵消该用户在当地的电力消费量。因此，电力用户将被收取其家中“净”电力消费的费用。根据太阳能工业公司（SEIA）的数据，光伏系统平均有 20% ~ 40% 的发电量都流向了电网，这部分电力被它周边的客户使用。

虚拟净计量

为了取得使用净计量计费的资格，监管政策要求将电力的终端用户与分布式电力所在地保持一致。例如，若一所房屋或者商用建造楼顶安装光伏发电装置，其在使用该装置的电力时可以享受净计量办法所带来的收益。由于空间或其他限制，这种发电和用电在同一地址的规则也不一定适用于所有情况。所以，在某些管辖区，政策制定者也出台了其他规则拓宽了地址范围，允许分布式电源与电力终端用户分处不同位置。但此项政策可能还有其他限制，例如，分布式电源可能需要与用户位于同一电网区域中。除了规定分布式电源的地理位置之外，虚拟净计量的工作方式与实体净计量相同。

屋顶光伏一直是净计量规则的主要受益者，因为它非常适合用于抵消用户在现场的用电量。监管机构还经常通过制定特殊政策为屋顶光伏创造有利的环境。因此，本章会专门介绍屋顶光伏装置。

美国分布式发电的税收抵免

在美国，屋顶光伏装置的所有者可以拥有 ITC 的资格，税收抵免适用于个人纳税人以及那些旗下拥有多个户用光伏设备的商业公司。户用 ITC 的申请规则略有不同且其日落时间表也有所不同，但《PATH 法案》使家庭申请 ITC 的方式与公司申请的方式接近一致。

分布式发电商务模式和融资结构

在美国，零售发电装置的所有者具有申请 ITC 的资格；他们可以在安装屋顶光伏装置的第一年申请 ITC 用于抵扣税收。但是，为了从税收抵免补贴中受益，发电系统的所有者需要清楚了解他们当年的预计纳税义务。如果给定年份的纳税义务少于税收抵免，则可以选择递延该纳税抵扣额，但是如果选择递延，则税收抵免额度的经济价值会因货币的时间价值关系而显著降低。

第三方所有权模式

在美国安装的屋顶光伏项目的最初浪潮主要是由那些希望在自己的住宅使用太阳能的个人电力消费者推动的，其资金来源主要靠私人融资。个人消费者可以直接或通过分销商购买分布式发电必要的设备，并负责该系统的日常维护。除需要个人融资外，消费者还需要负责采购、建造、安装和运行等相关的工作并承担相应的信息获取成本，这种自筹资金的模式流程复杂烦琐，因此并未获得广泛支持。

当引入第三方所有权（TPO）业务模式后，美国的户用光伏行业取得了突破。在 TPO 模式下，光伏开发商在广阔的地理区域中建立了大量的对于安装光伏设备感兴趣的零售客户群。开发商通过与客户签订长达 20 年的长期合同为客户提供具有吸引力的电价。合同通常会依据当前零售电价为零售客户提供优惠折扣，并提供比历史浮动电价更加优惠的新的浮动电价。随后，光伏开发商会为光伏项目建设、反向融资和抵税股权安排第三方机构予以融资支持。

TPO 商业模式对户用光伏产生了立竿见影的影响，并使 SolarCity 等公司得以快速发展。下图 7.1 展示的是 SolarCity 在 2010—2015 年期间的增长情况。在被特斯拉（Tesla）收购之前，SolarCity 既服务于住宅领域，又服务于商业与工业（C & I）领域。但是，公司大部分的增长来自户用光伏领域。

TPO 商业模式的流行是有原因的。首先，客户无须进行任何采购或安装工作即可使用光伏系统，开发商将会承担这部分工作并且负责系统整个使用寿命期间的运行维护任务。其次，客户能够在前期锁定当时电费的 15% ~ 20% 优惠，以及较低并且固定的浮动电价。第三，光伏开发商能够从规模庞大的潜在客户群中取得庞大的安装量，从而实现规模经济效益，并将相关的收益转移给客户。第四，开发商能够将光伏设备汇总到投资组合中，从而使他们能够获得有利的融资条件并采用创新的融资工具，例如资产证券化。第五，开发人员能够从其庞大装机量中获取重要的税收收益，并通过预先的零售价格折扣将一些收益转移给客户。因为开发商申请 ITC 时候是基于其装机容量的市场价值，而不是基于单个户用光伏系统的安装成本，所以在某些情况下开发商会获得税收收益。此外，由于这些资产池归特殊目的有限责任公司所有，因此这些有限责任公司能够申请 MACRS 折旧优惠，而其他个人或纳税单位则无法获得这类收益。

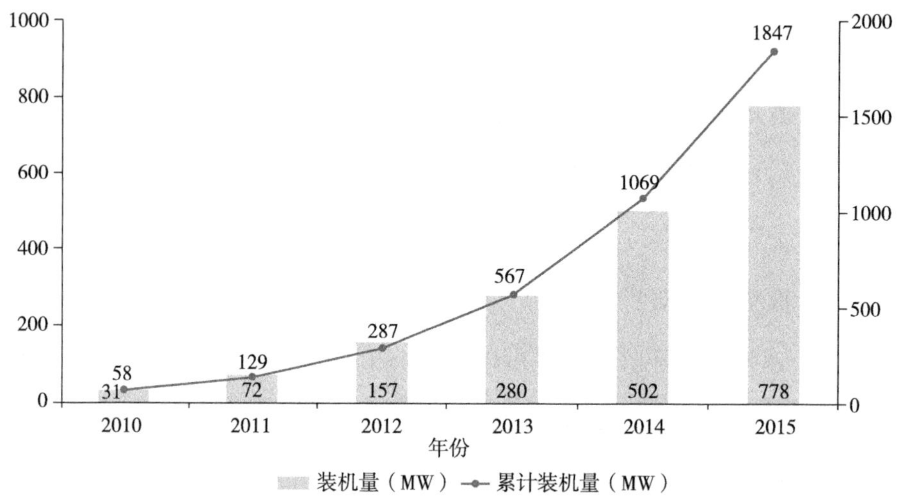

图 7.1　SolarCity 装机容量增加趋势[①]

图 7.2 显示的是户用光伏系统资金池融资结构，该结构遵循无追索权项目融资的原则，但有几个重要区别。第一，零售电力客户群是承购人，而不是通常的通过投资等级评级的公用事业公司承购人或企业；每个零售客户与当地公用事业公司都有各自的净计量方案，并继续由公用事业公司

① SolarCity公司年报（截至2015年12月31日）。

提供供电服务，以防光伏设施发电量无法满足的用户的电力需求。第二，融资方依靠大量零售客户的多样化特点来达到信用评级，而不是传统的通过承销商的信用等级进行评级。此类承购人组合结构很适合资产证券化的承销方式，而不是传统的项目融资承销流程。

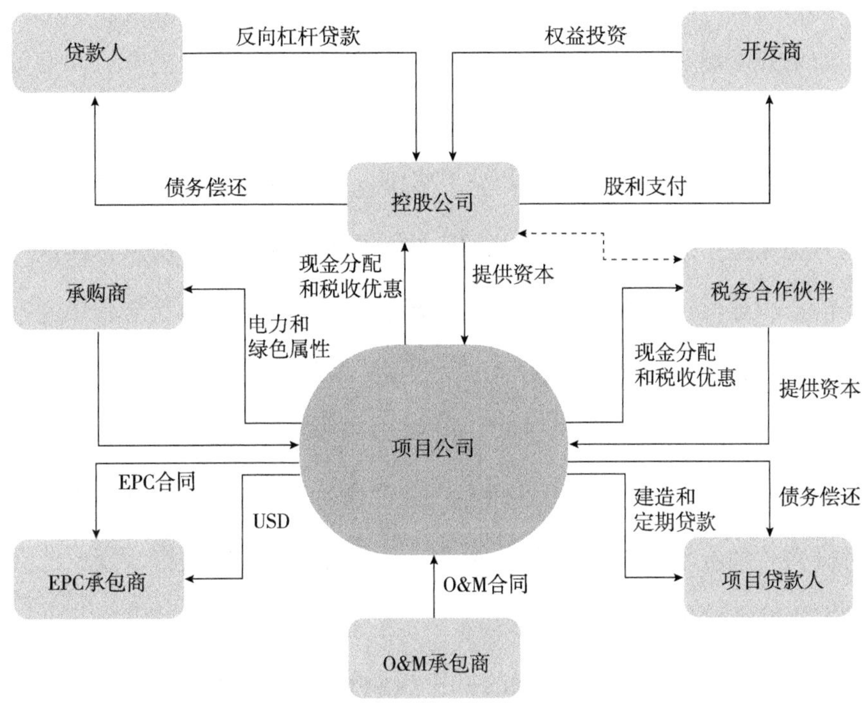

图 7.2　第三方所有太阳能系统的融资结构

尽管可以有效地利用资产证券化来促进户用光伏的大规模融资，但在美国的户用光伏市场却一直发展缓慢。评级机构对迅速发展的市场反应迟钝，更重要的是，抵税权份额是一个重大问题。如第六章所述，合伙企业融资结构中的一项重要规定是，如果美国国税局（IRS）不承认 ITC 的申请，则开发商必须向抵税权投资者赔偿 ITC 的投资损失。如前所述，ITC

是基于户用光伏装机池的市场价值，这种价值可能大大高于系统的实际安装成本。两个值之间的差异越大，则 IRS 越有可能发起对户用光伏系统的审查和审计工作。通过补偿机制，可以保护抵税权投资者免受部分 ITC 申请被驳回而造成的潜在经济损失。如果开发商没有履行义务或不能履行该义务，则抵税权投资者有权“清偿”或获得那些本该分配给开发商的现金。如果开发商利用那些来自抵税权投资者的现金流用于提升反向融资金额，特别是通过资产证券化的方式进行反向融资，在这种情况下，这种现金清偿方式会造成结构性问题。为了解决这个问题，某些保险公司开发了一种 ITC 保险产品，在 IRS 审计驳回 ITC 申请之后可以为投保者提供一定的补偿金。虽然这类保险产品具有复杂性，但现在的市场参与者认为它可提供足够的保护并为资产证券化铺平道路。资产证券化市场已经从 2013 年（第一笔 SolarCity 交易的当年）的 5440 万美元增长到了 2018 年的超过 22 亿美元[16]。大多数保险的目标客户是符合《证券法》第 144A 条规定的合格机构。随着越来越多的投资者倾向于采用这种融资结构，资产证券化市场有望继续增长。

关于 TPO 模式的户用光伏的抵税权融资过程与集中式项目的融资过程相似。唯一的区别是，抵税权投资者如何与较短的户用设备安装施工时间表互动。如第六章所述，抵税权投资者若想通过合伙成本回收结构工具进行投资则必须在光伏项目投入服务之前成为融资伙伴；换句话说，抵税权投资者需要对计划性投资做出承诺（俗称抵税基金）。当抵税基金承诺到位后，开发商可以签署股权承诺，并设计多个股权层级以满足越来越多的新住宅用户参与需求。但是，这种结构需要开发商和抵税权投资者额外的时间和资源投入，因为双方都需要事先就投资组合的条款达成协议。由于抵税收入对于大多数抵税权投资者来说都是稀缺资源，因此，他们需要采取保护措施以确保开发商能履行承诺，投入承诺的资本并完成光伏设备的安装。

光伏贷款融资模式

尽管 TPO 商业模式取得了成功，随着贷款结构的出现，近年来家庭自有模式已越发受到关注。在这种结构中，第三方安装或开发人员负责安装并维护光伏系统，而房主则实际拥有该系统。房主可以申请 ITC，这与自筹资金的户用光伏所有权模式类似，户主可以通过开发商获得长达 30 年的长期贷款。户主需要首先填报其纳税申报表，以便开发商提前提供预期的税收抵免额，在此之后户主才能申请 TIC。在最初的形式中，这种贷款结构要求户主偿还与税收抵免额相等的贷款。但是，正如下所述，最新的贷款融资业务模式为户主提供了还贷方面的灵活性。

贷款的还款期限通常最长为 30 年。一旦当地公用事业公司发出运营许可（PTO）信，便开始偿还贷款。房主有 18 个月的时间申请其个人纳税申报表上的 ITC 并预付相应的金额。房主可以选择预付比 ITC 要求高或者低一些的金额。因此，户主每月按期付款计划金额可以相应设置较低或较高水平。如果房主选择不预支付与 ITC 申请额相同的贷款，则光伏贷款不存在违约事件。此外，房主通常可以在贷款期限内的任何时间偿还部分或全部贷款。与 TPO 业务模式相似，系统由光伏开发商负责安装和维护。

开发商通常利用组合贷款池在资产证券化市场为户用光伏系统的安装进行融资。由于户主申请了 ITC，因此可以避免 TPO 业务模式中与抵税权融资相关的冲突。

面向户主设计的贷款产品有一个重要缺点是它可能会影响户主的信用评分。但是，个体户所有模式在贷款产品的推动下越来越受到大众欢迎，有以下几个原因：

（1）越来越多的户主更愿意选择完全拥有光伏系统，而不是通过第三方所有权渠道。光伏系统成本的降低使得直接购买该系统变得更容易。此外，户主的 ITC 已经因为系统价格的下降而降低，这使房主的税收筹划更加容易。

（2）消费者认为贷款比第三方拥有更具成本效益。

（3）融资方式之间差异的透明度已经提高，这为户主提供了更多融资决策方面的选择和舒适度。

（4）户主对光伏系统的操作和性能越来越满意，这使他们愿意承担贷款产品的风险。

（5）开发商发现贷款产品具有吸引力，因为该产品不依赖于受限制的抵税权市场。此外，贷款产品依靠基于服务的业务模式，因此可为用于向家庭出售的户用光伏系统提供即时现金，因为大多数贷款可以相对容易地进行证券化。

PACE 融资

美国家庭还可以使用另一种形式的贷款融资，即财产评估的清洁能源融资（PACE）。此贷款融资产品可通过对某些合格的清洁能源项目（例如能源效率和户用光伏）进行财产税评估来获取。贷款通过财产税评估进行偿还。因此，PACE 贷款的利息无须在州或联邦一级缴纳所得税。也就是说，2017 年的《减税与就业法》限制了州和地方税（SALT）的免税范围，从而减少了 PACE 融资所产生的利息税盾带来的好处。

房主进行 PACE 融资的另一个好处是，它不会影响信用评分，因为该融资具有无追索权的特征。但另一方面，如果房主选择出售房屋，在无追索权融资情况下，贷款将通过财产税评估转移给新的户主。历史资料表明，这种转嫁可能会影响财产的出售，因为潜在买家会要求户主在出售前全额偿还 PACE 贷款或降低要价[17]。联邦住房金融局（FHFA），作为联邦国家抵押贷款协会（Fannie Mae）和联邦住房抵押贷款公司（Freddie Mac）的管理机构，已对 PACE 融资表现出了对抗性立场，反对 PACE 贷款相对于抵押贷款的优先权，因为此项举动会恶化现有抵押贷款出资人的状况。因此，FHFA 指示代理银行拒绝向附带 PACE 融资的财产提供任何抵押贷款。对于一个典型的家庭，PACE 融资的价值远低于抵押贷款融资，因此至少有一些代理银行并没有遵循 FHFA 的指导意见。通常情况下，尽管 PACE 融资是优先于抵押贷款的，但在进行 PACE 融资时，抵押贷款出资人甚至都不会被告知融资所涉及的金额，这通常可能会带来一些麻烦。

PACE 融资通常比传统的融资来源（例如房贷或房屋净值信贷额度）成本要高，但与信用卡贷款和个人信贷额度相比可能更具竞争力。PACE 融资的承保过程是由财产信息（主要是财产评估历史）驱动的，而不是由用于评估零售信贷的典型信贷指标（例如信贷评分）驱动的（详细信贷标准见图 7.3）。结果就会产生法律上的担忧，即 PACE 融资可能会向偿还能力不足的户主提供贷款。

因子	评价标准
FICO 分数和贷款价值分析	· FICO 版本 2 是最常用的 FICO 模型，它使用 10 种不同的记分卡来预测借款人是否会进行 90 天的拖欠 · 得分大于等于 700 分的申请人会被系统批准 · 分数为 680 ~ 699 的申请人如果存在以下情况则可以进行评估和批准： – 贷款与房屋价值比率为 75% 或更少（通过增加第一笔抵押贷款的余额和房屋净值贷款的最高余额和使用 Zillow 除以房屋估计价值的比值来确定） – 注册 ACH 自动付款 · 一般来说，有三个单位都进行了抽样。评价标准因开发人员而异（例如三个中最好的、三个中最差的、最先报告的等）
破产审查	· 在过去 5 年内申请破产的申请人信用风险较高，应被拒绝
抵押贷款审查	· 信用报告中逾期还贷的申请人信用风险较高，应被拒绝
产权审查	· 通常通过抵押贷款审查
预防欺诈和身份盗用	· 防范欺诈、身份盗用、SSN 滥用等

图 7.3　住宅太阳能客户的典型承保标准

鉴于上述标准的复杂性以及对 PACE 融资实践的担忧，加利福尼亚州作为最活跃的住宅 PACE 融资市场，已经引入了新的法规来规范 PACE 融资市场。

截至 2016 年 9 月，能源信息署（EIA）已发布了全美光伏系统不同所有权结构的明细。EIA 报告指出，截至 2016 年 9 月，分布式光伏装置包括：它们定义为所有小于 1 兆瓦的光伏装置，总计 12.3 吉瓦，其中约 30%（或 3.7 吉瓦）是 TPO。

NREL 报告说，在 2012 年至 2014 年期间，TPO 户用光伏系统占美国市场的 62% ~ 72%，但到 2015 年初 TPO 的市场份额有所下降，而光伏贷款和现金购买量有所增长 [18]。到 2017 年，TPO 的市场份额已降至年度安装量的 41%，而贷款占 33%，其余部分则来自直接购买。

尽管在许多地方户用光伏的经济性很强，但是户用光伏系统模式在很大程度上仅限于在高收入家庭和社区普及。这主要是因为出资方（尤其是抵税权投资者）被要求保持其基础零售客户的较高信贷质量，并且在较小程度上是由于屋顶较大而产生的规模经济。为信用较低的零售客户提供住宅系统融资一直很困难。

不论出资方对信用评分有多高的要求，与户用光伏产品相关的零售信用风险可以说比与其他零售信用产品（如汽车贷款、信用卡贷款等）相关的风险更低。如图 7.4 所示，家庭往往比其他信贷产品更优先考虑为公共事业类商品进行付款。除了求助于收款公司以收回费用，开发商通常可以选择在客户拖欠费用情况下将其系统关闭。这两个因素进一步限制了零售客户不付款的动机。

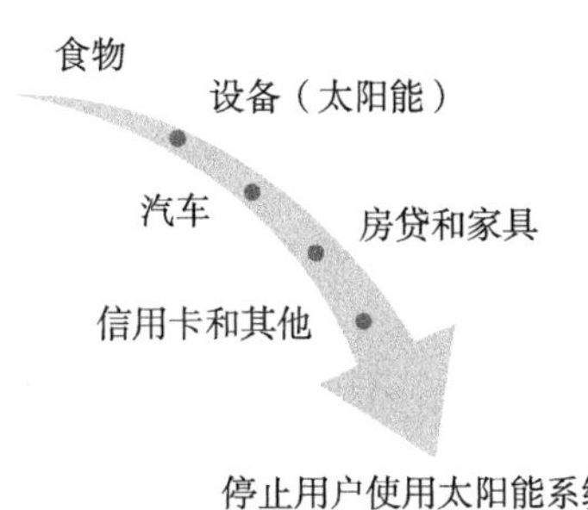

图 7.4 典型的美国家庭的付款优先级

尽管有关户用光伏行业的消费者违约和回收率的公开数据有限，但历史资料支持上述有关户用光伏客户违约率较低的论点。NREL 在 2018 年研究了 6770 笔涵盖多个出资方且贷款金额超过 1.86 亿美元的贷款案例，其得出的结论显示户用光伏系统所支撑的贷款表现良好。但是，这些结果必须考虑到出资人的高信贷质量、贷款的早期状态特点以及最近的强劲经济环境[18]。

先前提到的获取户用光伏的不平等现象引发了特殊的公共政策问题[19]。具体来说，尽管输配电的成本是固定的，并且与实际用能没有显著相关性，但美国监管机构已允许公用事业公司根据实际的用能量单独收取费用以收回输电和配电的投资。因此，向拥有户用光伏的家庭收取的输配电费用要比没有安装户用光伏的用户少，因为一旦安装了户用光伏系统，该客户的净用电量就会减少。随着越来越多富裕的家庭开始使用户用光伏系统，输配电的成本逐渐转移到了没有安装户用光伏的家庭身上。这就引发出一个对于没有安装户用光伏家庭的公平性问题，特别是对于低收入家庭而言，对拥有户用光伏的家庭进行补贴是否公平。在亚利桑那州，这个主题的争论最为火热，而这一州对住宅及商业光伏发电设施征收费用，因此成了第一个为缓和光伏发电对非光伏发电用户消费者影响而出台相应政策的州。而随着户用光伏设施的日益流行，这一问题应得到更多关注。

社区太阳能

社区光伏指的是一群零售电力用户共同订购位于社区一处集中式的光伏设施，他们分别为各自使用的那部分光伏设施电力付费，并同时从他们的电费账单中扣除他们所支付的那部分费用。这种模式与户用光伏相似，因为用户与系统签约后（签约用户）所消耗的那部分电力被签约用户购买的集中式系统所产生的部分电能所抵消。所有用户必须位于光伏系统附近，并使用相同的配电网络，这样该网络才能为用户提供服务。因此，管理与签约用户有关的信用和其他风险至关重要。

由于不同的州有不同的监管政策，社区光伏模式在美国各地的实施方式有所不同。最简单的形式是，开发商按照通常做法从事光伏项目的开发和建设。在此过程中，开发商直接或间接地通过渠道合作伙伴为该项目征集签约用户，并与当地公用事业公司合作为每个签约用户建立账单积分机制。一旦签约用户签订合同，他们当地的公用事业公司就会在其正常的电费账单上计入光伏项目产生的电力份额。签约用户还会从光伏项目的所有者那里收到账单，根据他们从光伏项目中消费的电量来开具账单。

同时，其实还存在一个更简单的模式，在该模式中，签约用户仅从公用事业收到一张账单，然后公用事业公司按比例将收入转给开发商。这样的安排可以为开发商节省管理成本，简化融资过程，并避免向签约用户收取多张账单。但是，并非所有公用事业公司或州监管机构都接受这种商业模式。

通常，签约用户可以搬家，只要他们没有搬离出社区范围，这些签约用户可以保留其签约资格。如果签约用户实际搬离社区，则光伏项目所有者必须寻找具有类似信用质量的签约用户以填补该签约用户的空白。项目所有者及其渠道合作伙伴通常会维护一个签约用户排队列表，以降低因签约用户搬离而可能造成无人填补所带来的收入下降的风险。然而，尽管实施了保障措施，用户搬迁风险也一直是社区光伏项目融资的主要障碍。

社区光伏用户签订的 PPA 有多种定价模式。签约用户可以选择支付固定的能源款项，但该费用可能会随着时间的推移逐步升高；或按照零售价叠加一笔固定配用的形式付款；或按照零售价格一定比例的折扣付款；或支付零售价格同时划定底价。合同条款也可能有所不同，最短为 6 个月，最长为 20 年。签约用户更喜欢与零售价挂钩的短期合同，但这种合同难以进行融资，因为出资方更倾向为锁定固定价格的长期合同出资。

通常来说，为了管理好签约用户的搬迁风险并提高社区光伏项目的融资能力，开发商可能会寻求大型商业或工业客户作为项目签约用户为项目消纳锁定重要客户。

社区光伏已在短时间内得到了普及。SEIA 估计，到 2018 年为止，美国已安装 1387 兆瓦的社区光伏。SEIA 还指出，至少有 19 个州以及哥伦比亚特区认可社区光伏的益处并已实施政策以鼓励光伏项目的发展。

社区光伏的商业模式解决了那些通常无法使用光伏的客户却对光伏电力的存在需求的问题。这种情况尤其适用于租赁房屋的零售客户以及仅缺乏足够的屋顶面积来用于光伏设备安装的户主。在这方面，社区光伏使希望通过使用光伏而获得经济和环境收益的客户得到平等待遇。此外，由于社区光伏项目是集中的并且通常是大型的设施，因此可以在保持分布式光伏优势的同时实现实质性的规模经济。与前面描述的户用光伏模式实际消除了公用事业公司的作用不同，公用事业公司在社区光伏模式中可以发挥有效作用。因此，公用事业电力用户可以更平均地分担输配电成本。

尽管受到强劲推动，但社区光伏的增长仍然受到当前不足的政策驱动力和为社区光伏项目融资复杂性的制约。

社区选择汇总机构

社区选择汇总机构（简称 CCA）是一个市政机构或一组市政机构成立的非营利性公共机构，旨在满足其管辖范围内居民和商业企业的能源需求。一旦建立了 CCA，本地公用事业公司就不再有义务为 CCA 服务的客户采购电力，但仍提供传输、分配和计费服务。CCA 实体是根据州立法机构创建的。马萨诸塞州是 CCA 模式的先驱者，并于 1997 年通过了立法，旨在成立“海角之光协定”，以服务于科德角和玛莎葡萄园岛的城镇。自马萨诸塞州通过法律以来，CCA 模式已在加利福尼亚、伊利诺伊州、新泽西州、纽约、俄亥俄州、罗得岛州和弗吉尼亚州应用。此后，又有五个州出台了批准 CCA 的立法，使它成为在全国推广可再生能源的主要机制工具。

CCA 模式有助于降低客户的能源成本。东北俄亥俄州公共能源委员会（NOPEC）为超过 50 万个客户提供服务，据估计，自 2000 年成立以来，其客户在 2016 年节省了超过 2.15 亿美元。在某些市场中，因为有集体议价能力，消费者所获得的电价甚至比公用事业公司采购的可再生能源价格更低。横跨多个市县的较大的 CCA 可能还会鼓励当地项目的建设，这可能会带来当地就业机会和经济发展。

CCA 计划的主要功能是选择退出条款。在 CCA 模式存在的地方，CCA 是该适用服务区域中电力客户的默认能源提供商；一旦 CCA 开始提供服务，居民和企业就会自动从公用事业服务切换到 CCA，除非客户选择退出 CCA 并继续使用公用事业公司的服务。提供可再生能源的退出计划的最低参与率约为 75%，而选择参与此项计划（需要取得正式同意）的最高参与率约为 25%。而且，全国平均退出率只有 3% ~ 5%。以上的统计数据解释了 CCA 模式为何能迅速传播。

尽管 CCA 背后有强劲的势头，但 CCA 商业模式（主要是 CCA 信贷配置文件）的增长仍然存在障碍。市政机构组建 CCA 实体但不提供任何担保。此外，在大多数情况下，CCA 是直通实体，其收入包括从客户收取的收据和费用。因此，金融机构很难为 CCA 支撑的项目提供资金。为了规避融资困难，如果 CCA 实体未能满足某些信贷指标，金融家即可将某些现金清算条款纳入最近的交易中。截至 2019 年 6 月，穆迪已对两个 CCA 实体包括位于加利福尼亚的海洋清洁能源（等级为 Baa2）和半岛清洁能源管理局（等级为 Baa2）进行了评级。

与社区光伏业务模式相似，CCA 模式可以帮助客户获得可再生能源。有了地方政府的积极政策支持，CCA 模式还可以提高可再生能源在美国的渗透率。

商业和工业应用的屋顶太阳能装置

商业和工业（C&I）公司的屋顶是光伏安装的理想选择。随着美国各地公司提升对可持续发展的承诺，为这些公司安装屋顶光伏可能会产生极大的经济价值。然而，如图 7.5 所示，与公用事业公司和住宅领域相比，C&I 屋顶光伏的增长一直停滞不前；而这种情况在近期内也不太可能改变。形成这种现象的原因有以下几个：

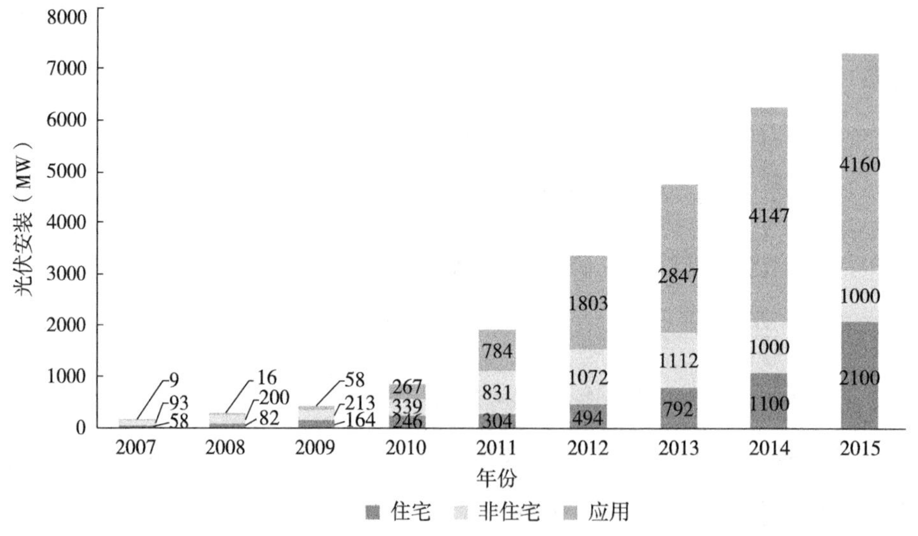

图 7.5 美国光伏安装增长趋势 [20]

（1）电力购买协议和融资合同未标准化。户用光伏避免了这一障碍，因为各个设施之间存在同质性。然而，每个 C&I 安装都必须经过个性化的设计、构造和融资，从而增加了大量的时间和资源投入。

（2）C&I 托管人的信用状况可能会有很大差异。融资方通常会对光伏项目承购人的信用等级进行要求。对于集中式项目而言，这不是问题，因为大多数承购方（包括公用事业公司）都经过了正式评级，即使未评级，信用担忧也会缓解。户用光伏避免了信用问题，因为零售消费者的信用情况已被充分掌握。但是，许多 C&I 承购人既缺乏信用评级，也缺乏对未评级 C&I 实体背后潜在影响的理解。然而，对 C&I 光伏系统的最旺盛的需求却来自未评级的 C&I 承购人，例如学校、教堂、购物中心、仓库等，但是评级机构和开发商都没有建立信用标准来向这些 C&I 承购人提供融资服务。

（3）C&I 屋顶太阳能的经济性通常受到限制，因为尽管 C&I 承购者对可持续性发展做出了承诺，但他们仍对价格十分敏感。由于缺乏用于建造和融资 C&I 屋顶光伏的标准化流程，加上低 PPA 费率和昂贵的融资，项目总体融资成为一项重大挑战。

（4）C&I 市场中开发商的空间仍然是零散的。没有一家开发商或资助方能够在全美范围内取得垄断地位。这种情况不太容易改变，因为 C&I 屋顶太阳能的进入壁垒可能高于户用光伏。

第八章

电力市场中的可再生能源

可再生能源项目如风力发电场、光伏发电设施、地热和水力发电都是专门用于发电的。从历史上看，许多国家的电力部门都属于纵向一体化的大型公用事业公司，并且受到严格的监管或是归于国有。在纵向一体化垄断模式中，一个公司或实体将负责一个地区的发电、输电和配电，并由消费者支付一个捆绑的价格。

许多国家电力工业的重组为发电部门创造了竞争的空间，使独立发电企业（不属于纵向一体化的公用事业公司或政府机构）得以存在。这些发电企业可能是传统的化石燃料发电（例如煤或天然气）或者可再生能源发电（例如风电场和地热发电厂）。许多可再生能源发电项目经过融资后都是在这种重组环境和竞争性的电力市场中运作的。因此，对电力市场运行原理的基本了解对于理解可再生能源项目在实践中如何运作及其市场风险至关重要。

电力市场是有史以来最复杂的市场之一。关于这些市场的经济学和实践可以轻松写成一本书。因此，本节的目的仅仅是对可再生能源项目如何在这些市场中运作提供一个深度理解，以帮助认识项目经济、风险和合同结构。

图 8.1 表示的是重组后电力行业的运行架构。多家发电公司基于长期合同或在现货市场上竞相出售电力。一家受监管的输电公司拥有高压输电网，可以在地区间输送电力。最后，受监管的配电公司负责运营当地的配电系统（例如沿街道运行的电线），将电力输送给用户。

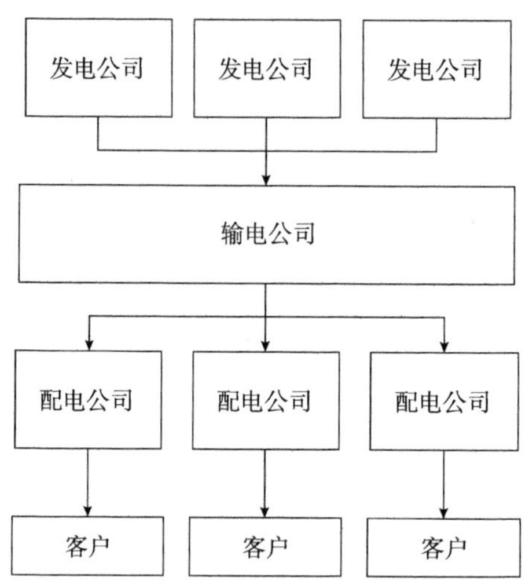

图 8.1　重组后电力行业的职能分离

当然，这是对复杂监管结构高度简化的描述。例如，在许多国家，输电公司只是实质上拥有并负责维护高压输电网，而短期运营和规划可能委托给“系统运营商”，独立于其他市场参与者。这些运营商在美国通常被称为“独立系统运营商”（ISO），在欧洲则是“输送系统运营商”（TSO），但该角色在两个地区并不完全相同。这种运营商除了负责确保系统运行可靠，通常还经营着一个电力现货市场，持续地使市场供给和需求平衡。如图 8.2 所示。

同样如图 8.2 所示，商业设计并行运行。客户从电力零售商那里购买电力（在某些系统中具有竞争性，而在另一些系统中则受到管制）。这些零售商根据合同从发电厂购买电力，或从由系统运营商运营的现货市场购买电力。如果对可再生能源有要求（如第二章所述的可再生能源组合标准），零售商采购的电力中至少有一定比例必须来自合格的可再生能源发电机。

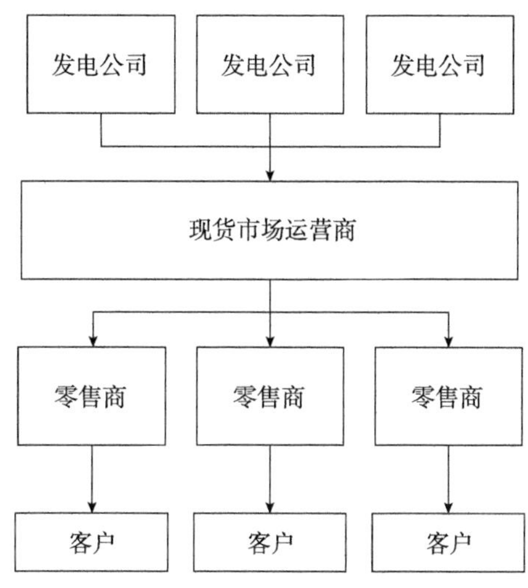

图 8.2　重组后电力部门的资金流动

电力市场设计基础

电力需求根据时间（夜间较低、白天较高）、天气（如空调负荷）和其他因素的变化而不断变化。在最小的个人尺度上来说，总电力需求随着个人用户打开电视或关灯而发生着变化。

由于电力不易储存，并且一天内的需求变化很大，电力市场在设计时必须考虑电源与负荷的平衡。在没有其他限制的情况下，首先使用边际成本最低的能源，然后转向成本更高的能源，以满足更高的需求，这是合理的。电力市场实行最低成本调度，以确保电力生产的效率。

在电力市场中，发电的效益顺序从边际成本最低的能源开始（如有风时的风电场和太阳照耀时的光伏设施），再到具有可定量燃料成本的传统发电，顺序如图 8.3 所示。所以，举例来说，当有风时风电场的边际成本几乎为零，也就是发电不会产生额外的成本；核电站的建造成本可能很高，但每兆瓦时发电的边际成本非常低，因此它在效益顺序中也很低。而在另一端，许多系统有天然气燃料涡轮机，每发电 1 兆瓦时消耗的燃料相对较多，因此其边际成本高。为了使总成本最小化，电力市场通常首先调度成本最低的电力，根据需要再使用更多的高成本电力，来满足每个时期的需求。

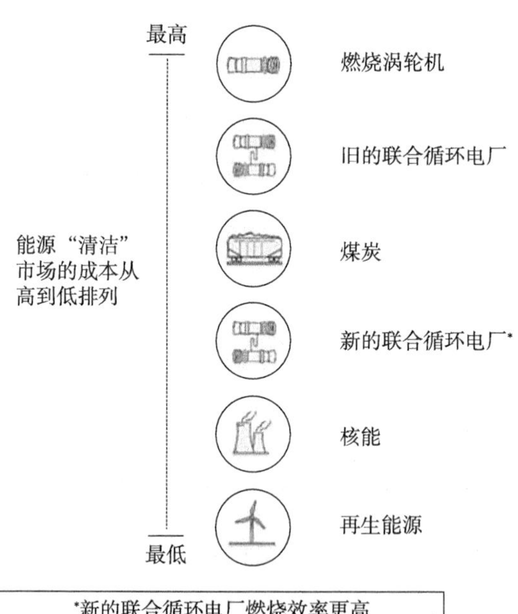

图 8.3　发电的价值顺序

电力市场还必须了解针对电力系统如何运行的其他工程上的限制，其中包括传输约束，它限制了单个线路上的电流。其他约束还包括单个发电机的运行特性。例如，许多发电机不能立即启动或关闭，而是需要时间（和燃料）来启动。系统运营商必须确保市场运行中所有这些约束都得到满足，从而保护电力的可靠性。

电力市场的运作就像逆向拍卖，在短期内（比如一小时）进行竞价，然后利用竞价形成市场交易。简而言之，一段时间内（例如一小时或更短时间内）的结算价格为该期间内满足需求的最高出价。由于需求变化频繁，电力市场价格往往在一天之内频繁波动。

在较长时期内，电价不仅会随着需求变化，还会随着发电厂进入或退出市场时燃料价格（尤其是许多市场中的天然气价格），以及一系列其他因素的变化而变化。如果没有对冲，可再生能源项目的收入会随着天然气和其他价格的变化而发生巨大变化，即使像风电场这样并不直接使用燃料的项目也是如此。因此，某种形式的价格风险对冲对新项目的融资来说通常是必要的。

当然，大多数可再生能源的来源也取决于外部因素，比如日照（到达地面的阳光量）、风速或河流中可利用的水量。它们不能按需使用，因此许多可再生资源被认为是“不可调度的”。在大多数系统中，可再生能源可用时往往就会运行，不受输电的限制或需求不足的影响。

图 8.4 以高度程式化的方式说明了电力市场时间的范围。输电和可靠性规划（确切地说并不是市场的功能）必须提前做好，可以提前几年完成以确保大容量电力系统能够满足未来的需求。临近运行时间时，系统运营商协调例行停运的发电厂，以确保电量足够，同时允许有需要的工厂进行维护。

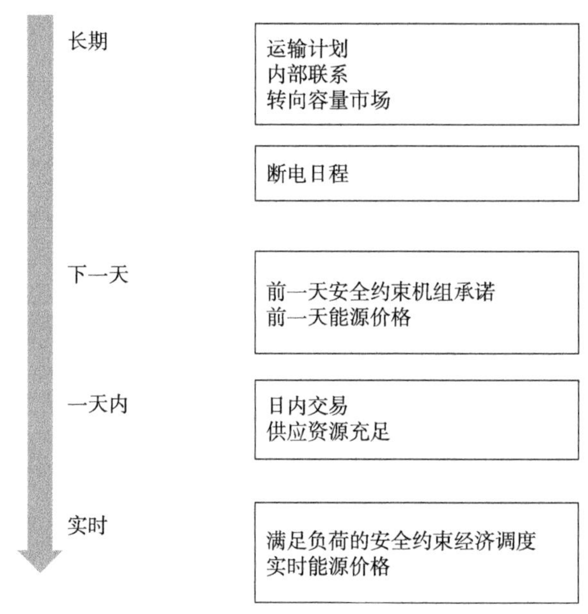

图 8.4 电力市场的时间轴

考虑到机组的动态约束，大多数电力市场都有下一天调度流程，这样机组可以确定在第二天运行以满足负荷需求，并为机组的启动、提产等提供时间。通常这是与下一天能源市场相结合的，在市场中发电厂进行投标，并将产生第二天的每小时结算价格。系统通常需要确保输电安全的要求得到满足，例如发电厂不会受输电限制而不能运行。在一个完全的地方性边际定价（LMP）市场中，这一过程被称为安全限制机组承诺（SCUC），这使得发电厂可以按照下一天的 LMP 的价格在计划时间内运行。

在下一天市场交易后，系统运营商可能会进行资源充足性评估，以确保有足够的设备来满足可靠性要求。这可以选择是否在市场的基础上完成（附加发电厂投标）。如果系统运营商发现这个阶段没有足够的发电量，就可以安排额外的机组为发电做准备。

最后，安全约束调度（SCD）是由对电力系统可靠性有最终控制权和责任的系统运营商进行的。在实时运行中，系统操作者必须根据效益顺序动态调度机组，从而精确平衡供需，同时也要保证当时输电约束的有效性。

输电阻塞和 LMP

前面部分集中在电力市场运营的时域方面，系统运营商需要非常精确地匹配供应和需求，并立即了解阻止发电机开断（并限制发电机从一个水平转向另一个水平）的限制因素。本节的重点是研究重要的地理位置因素及输电限制造成的定价问题。

输电阻塞的概念

阻塞作为一个经济概念时，意味着当前对稀缺资源的需求超过了容量。因此，一个用户利用这部分容量会给其他用户带来外部成本。在电力系统中，阻塞是指使用输电系统的容量。

图 8.5 表示的是一个双发电机双负荷，由单一线路连接且无限容量的电力市场。1 小时总负荷为 160 兆瓦，因此（发电机 A 和发电机 B 的）总发电量必须为 160 兆瓦 · 时。根据效益顺序，首先使用成本最低的发电机 B 的全部容量（100 兆瓦），然后使用发电机 A 的 60 兆瓦。由于此时假定线路具有无限容量，因此发电的位置并不重要。在这个简单系统的每个节点上，由于任何额外一单位发电量必须来自发电机 A（因为发电机 B 已经满负荷运行），所以边际供应成本（或价格）等于 10 美元 / 兆瓦 · 时。

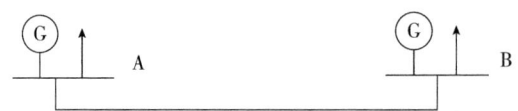

总线A（节点A）
负载：100MW
发电成本：$10/（MW · h）
发电量：100MW

总线 B （节点B）
负载：60MW
发电成本：$5/（MW · h）
发电量：100MW

图 8.5　一个没有拥塞的双节点示例

现在考虑同样的情况，但节点 A 和节点 B 之间的输电线最大容量为 20 兆瓦，如图 8.6 所示。发电机 B 仍然是最便宜的供应源，但节点 B 的负载只有 60 兆瓦，并且输电线只能输送 20 兆瓦来满足节点 A 的额外负载。因此，发电机 B 的输出被限制为 80 兆瓦，其他的 80 兆瓦只能以更高的成本从发电机 A 获得。

总线A（节点A）
负载：100MW
发电成本：$10/（MW · h）
发电量：100MW

总线B（节点B）
负载：60MW
发电成本：$5/（MW · h）
发电量：100MW

图 8.6　双节点示例与拥塞

由于输电阻塞，节点之间的价格会出现分歧。在节点 A 每一单位兆瓦 · 时的电力增量将花费成本 10 美元 / 兆瓦 · 时，因为任何额外的电量必须来自高成本发电机 A。在节点 B 每一单位兆瓦 · 时的电力增量将花费成本 5 美元 / 兆瓦 · 时，因为任何额外的电量供应可以来自成本更低的发电机 B。所以，这两个位置的边际价格分别为 10 美元 / 兆瓦·时（节点 A）和 5 美元 / 兆瓦 · 时（节点 B），两个节点之间的阻塞成本差异为 5 美元 / 兆瓦 · 时，计算方式为 10 美元 / 兆瓦 · 时 –5 美元 / 兆瓦 · 时。

只有两个节点的阻塞很简单，一旦增加到三个节点，边际定价效应就会变得复杂得多。在图 8.7 中的三节点示例中，依然有两个发电机，但现在在第三个节点上有一个负载。

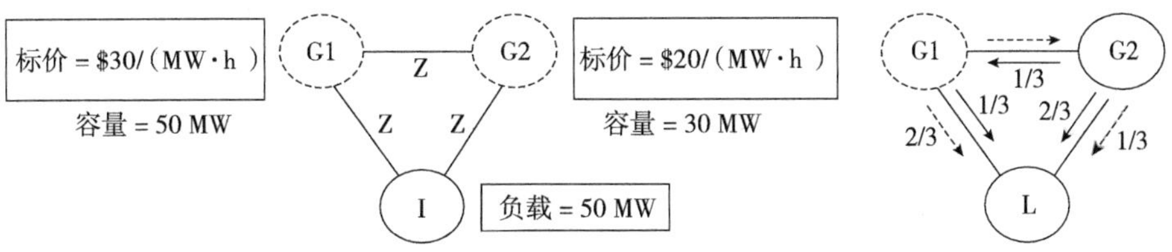

输电线路均为等阻（Z），无输电限制，损失为零。

从G1出发的电流：2/3直接到L，
1/3先到G2后到L
从G2出发的电流：2/3直接到L，
1/3先到G2后到L

图 8.7　三节点示例

在电网中，电能不仅在最短路径上流动，还会在整个网络中传播。例如在图 8.7 的右边，我们假设所有电线具有相同的阻抗。这样，从发电机 1 到负荷的电流不只在直线上流动，而且也经过发电机 2 的节点。在本例的简单假设下，2/3 的功率直接从 G1 传输到负载 Lm，而 1/3 通过 G2 节点传输。对于 G2 则相反，2/3 的电量直接传输给 L，而 1/3 通过 G1 节点传输。

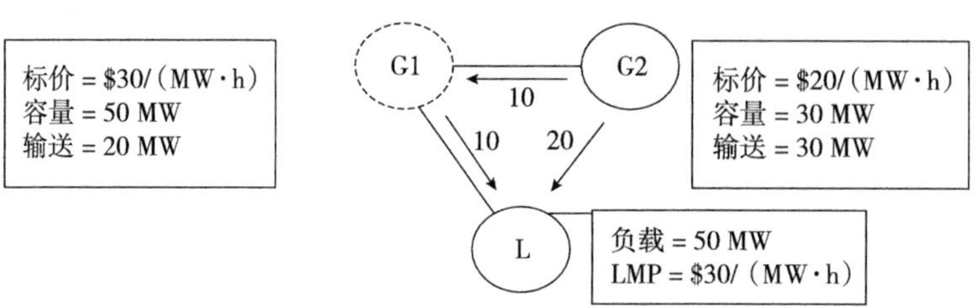

图 8.8　3 节点示例中的无约束调度

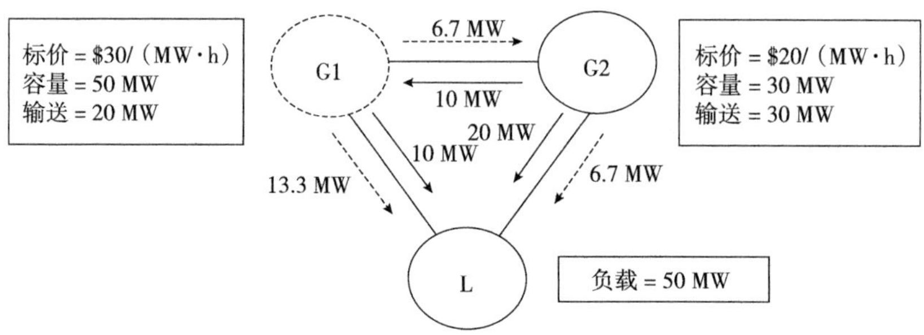

From G1			From G2			Net Line Flow		
Total	To L	To G2 to L	Total	To L	To G1 to L	G1 to L	G2 to L	Total
20.0	13.3	6.7	30.0	20.0	10.0	23.3	26.7	50.0

图 8.9　无约束调度示例中的电源流动

图 8.9 展示了这种简单无约束情况下的电力流动。正如之前所讨论的，G1 的 2/3 的电量直接传输到 L（2/3 × 20MW=13.3MW），而 1/3 流经 G2（1/3 × 20MW=6.7MW）。从 G2，2/3 直接到 L（30 MW × 2/3=20MW），而 10 兆瓦通过 G1。该表显示了每条线上的总电量。

假如对流经每一条线路上的电力施加一个限制，情况会如何？这种情况如图 8.10 所示。

G2–L 线上的限制为 20 兆瓦，小于图 8.8 无约束情况下的 26.7 兆瓦。由于 50 兆瓦的负荷仍需满足，显然发电模式需要改变（即“重新调度”），以缓解 G2–L 线的阻塞。

考虑图 8.11 所示的发电量的变化，其中 G2 少发电 1 兆瓦（下降到 29 兆瓦），G1 多发电 1 兆瓦（上升到 21 兆瓦）。尽管总发电量约束仍然得到满足（50 兆瓦的发电量与 50 兆瓦的负荷匹配），但这种变化不足以解决输电限制问题。在这种重新调度下，G2–L 线上的电流量仍为 26.3 兆瓦，大于该线路的 20 兆瓦容量。因此，需要进行更大规模的重新分派，以将更多的输出转移到 G1（具有更高的边际成本）。

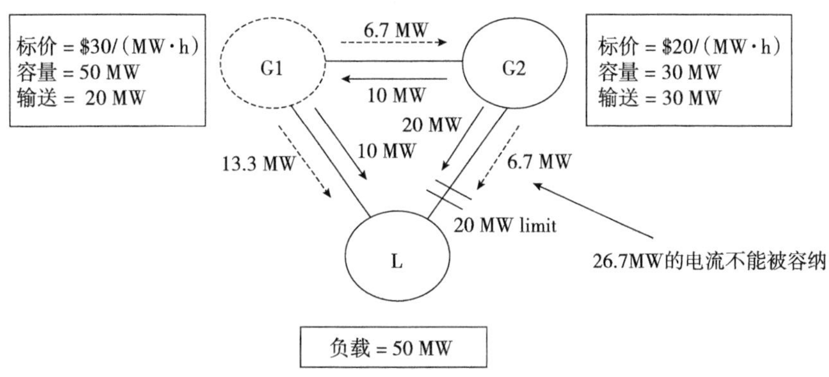

图 8.10　3 节点示例中的传输约束

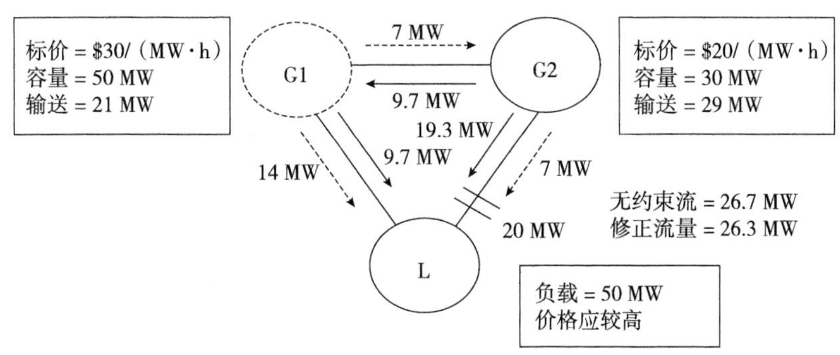

图 8.11　转换发电以缓解拥堵

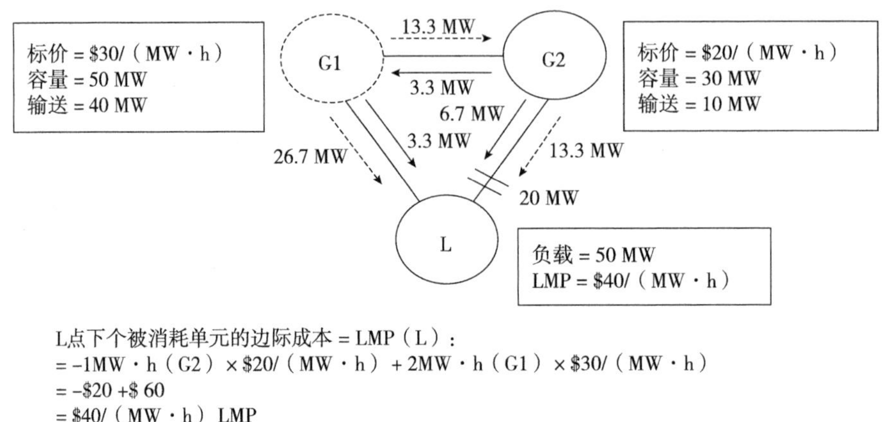

图 8.12　LMP 反映了解决拥堵的边际成本

在没有输电线路限制或损耗的情况下，每个位置的边际价格（即“节点边际价格”，或 LMP）在每个节点上都是相同的。如图 8.8 所示，首先使用所有最便宜的电量（G2），增量则以 30 美元 / 兆瓦 · 时的边际成本来自 G1。因此，节点 L（和其他地方）的 LMP 是 30 美元 / 兆瓦 · 时。G2 将发电 30 兆瓦，G1 将发电 20 兆瓦，以满足 50 兆瓦（全部位于节点 L）的总需求。

图 8.12 给出了一种可行的调度方案，既满足负荷，又满足 20 兆瓦的传输约束。在该调度下，G2 只发电 10 兆瓦，而成本更高的 G1 现在发电 40 兆瓦。与图 8.8 所示的无约束情况相比，总发电成本明显大幅增加。

每个节点的 LMP 等于该节点一单位输出（例如 1 兆瓦）的成本，同时反映所有的能量平衡和传输约束[①]。因此，节点 L 的 LMP 必须考虑到总发电量增加 1 兆瓦。然而，考虑到线路 G2–L 的传输限制，G1 需要多发

① 为便于说明，这里提供的所有示例都未考虑损失。

电 2 兆瓦，G2 则少发电 1 兆瓦。因此，在节点 L 供应 1MW 的边际成本为［2×$30/（MW·h）］–［1×$20/（MW·h）］=$40/（MW·h）。

注意，L 处的 LMP 高于系统中最昂贵的发电机的边际成本。这是因为 LMP 不仅反映了供应一个额外单位电量的边际成本，也反映了系统重新调度的边际成本。通过这种方式，市场价格捕获了输电阻塞的外部成本，从而产生一组效率更高的经济结果。

在实践中，完全 LMP 市场设计不仅能获取输电阻塞的边际成本，还能得到额外单位电量的边际损失。例如，在由长输电线路连接电网的偏远地区，边际损失分量（MLC）可能会很大，从而降低节点边际成本（LMP）①。在高需求地区，MLC 可能较高，从而增加 LMP。

因此，LMP 反映了整个系统能源边际成本（MEC）、不同位置的阻塞边际成本（MCC）和边际损失分量（MLC）。边际损失，比如边际阻塞成本，也因地点而异，可以是正的，也可以是负的。

任意位置的 LMP 为边际能量、阻塞和损失分量的总和，即：

$$LMPi = MEC+MCCi+MLCi$$

这里的下标 i 表示电网上的位置。不同的 LMP 系统有时对阻塞和损失有不同的标识约定，因此在分析任何特定分量之前，确定 LMP 在该市场中如何定义是很重要的。

LMP 市场的例子

实际上，一个大型的互联电网由数百个甚至数千个节点和许多输电线

① 边际损失部分可以是正的，也可以是负的。在这种情况下，在通常的符号约定下，LMP的边际损失分量将为负，从而降低这个远代节点上的总LMP。

路组成。例如，图 8.13 以电压数表示了美国东部 PJM 市场的一些主要输电线路[21]。还有许多其他线路没有表示出来。在 PJM 电力市场中，连续计算了超过 3000 个位置的单个节点的 LMP。

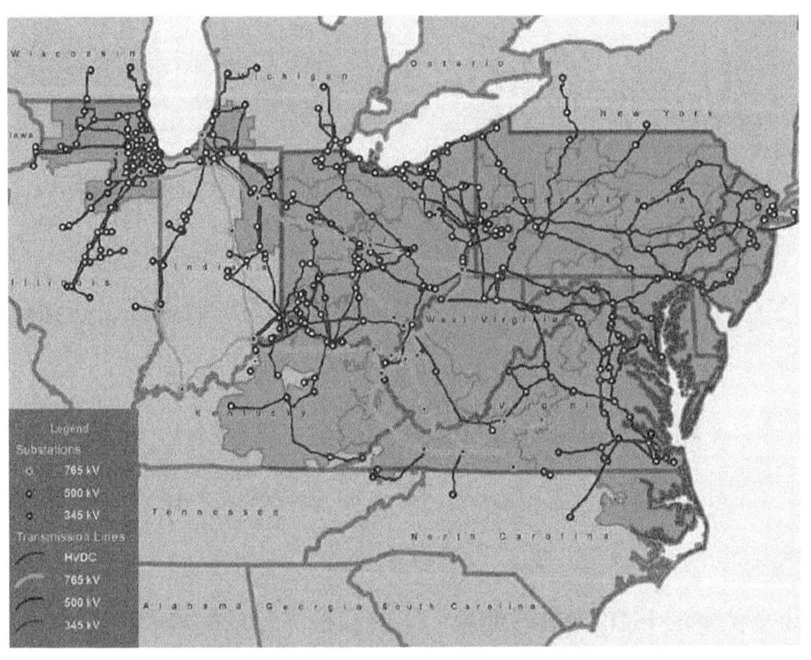

图 8.13　PJM 电力市场主要输电线路

资料来源：PJM 互联（经许可使用）

在 LMP 市场中，价格是用复杂的约束优化软件计算的，该软件利用发电机和负荷的出价在市场中清算，以类似于上一节中介绍的简单三节点示例的方式来表示线路上的最大电量。

在完全 LMP 市场设计中，每个节点根据下一天出价和下一天安全约束单元承诺（SCUC）过程计算每小时 LMP。这个过程在发电厂调度过程中实时重复，在每个节点产生 5 分钟的实时 LMP。根据供求状况的不同，价格也会在一天内发生很大的变化。图 8.14 展示了高需求地区一个需求高峰日的 LMP 的三个组成部分，高 LMP 出现在炎热夏季的需求高峰期。

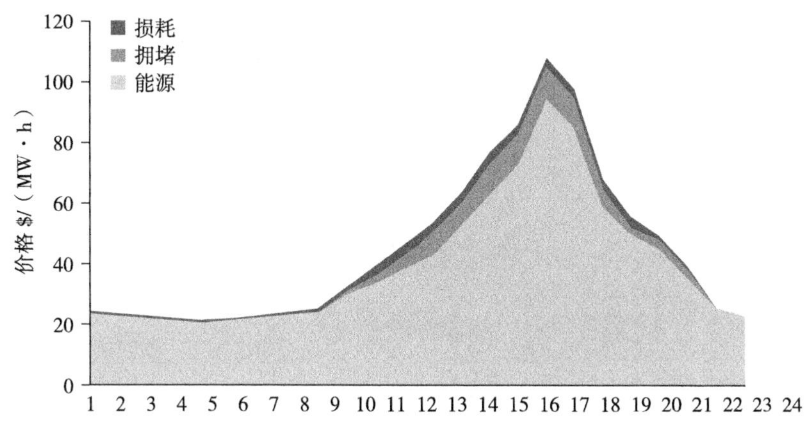

图 8.14 LMP 价格和组成成分在高峰日的例子

LMP 的定义也存在空间差异。有些需求较高且输电受限的地区，其价格较高。在发电过剩的地区由于也受到输电限制的影响，LMP 可能变得非常低，甚至为负值。

如图 8.15 所示，LMP 市场设计以 PJM 方式运行在美国已被广泛接受，其中包括纽约（NYISO）、新英格兰（ISO 新英格兰）、得克萨斯（ERCOT）、美国中部（MISO 和 SPP）和加州。基于 LMP 的市场设计也在新西兰和其他国家使用。

美国的其他地区（如东南部和西部大部分地区）继续采用传统的垂直整合模式，使用物理输电权，在 FERC 的授权下开放输电网。在这些地区，有一些批发层面的双边贸易，但没有出清现货市场。

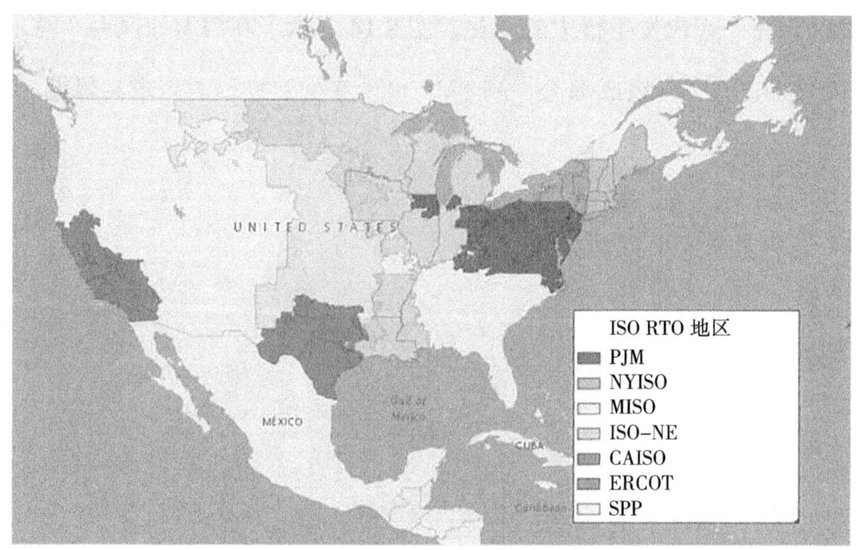

图 8.15 美国 LMP 市场

欧洲和其他地区的区域市场

LMP 市场设计试图捕捉电力传输的短期边际成本，并反映重新调度成本、可靠性约束和边际损失。然而，许多电力市场在调度和市场定价方面依赖于简化的输电电网版本。

例如，一些市场作为单一定价区，在定价时忽略了传输限制。在这些情况下，供应和需求投标可以直接出清，尽管在实际系统中几乎总是有一些传输限制，为了在成本中反映这个因素，系统运营商必须提供一个改变机组组合和调度的程序。在存在传输限制的情况下使用单一定价区域会产生一系列激励问题，但在某些系统中仍被广泛使用。

在公认的具有传输限制的大系统中，区域系统将节点组合成区域组，从经济方面将它们视为处于同一位置。如图 8.16 所示，将简化的互联系统划分为四个区域。这简化了管理，但也有一定的代价。例如，若约束条件存在，位于节点 A 和节点 B 的发电机不太可能在同一个电网中对线路 A–C 产生相同的电量影响。但是，如上面的三节点示例所示，能够有效处理阻塞的重新调度逻辑依赖于系统运营商根据受约束线路中后流入电量确定哪些机组需要重新调度。

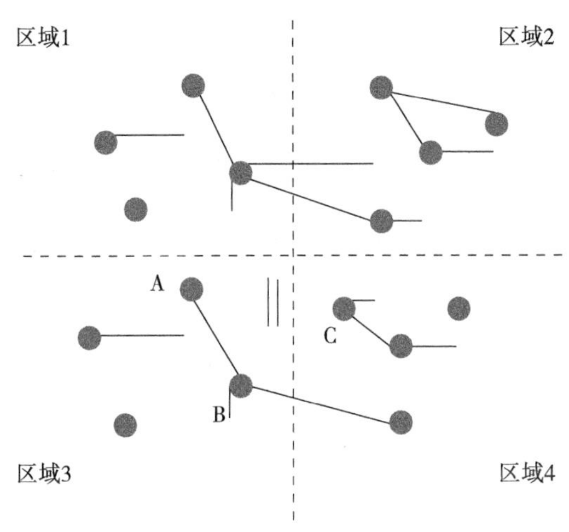

图 8.16　网络中的分区定义

在欧盟区可以找到一种区域市场模式，它将许多国有的或以系统运营商为基础的市场结合在一起。大多数欧盟国家都有各自清算市场，并将所有电源和负荷视为位于同一点位。市场耦合机制可以计算各单个区域市场之间的电量。虽然欧盟市场耦合机制在经济上优于欧盟以前使用的直接输电拍卖机制，但区域简化仍然造成输电效率低下和激励问题。随着间歇性可再生电源的普及，这些问题可能会日益增多。

尽管这种市场耦合系统确实促进了国际贸易，但也存在着局限性。

第一，单一的 TSO 必须有机制来解决无法在区域系统中反映出来的残留阻塞问题。第二，一个区域系统无法有效地定义一组能够完全使用所有输电能力的输电权。如果历史接受度是区域系统的优势，那么低效率输电分配的经济成本仍然是一个明显的缺点。

容量和辅助服务市场

为了保证电力系统的可靠性，电力系统需要在不同时间段内有足够的装机容量。这包括在长时域拥有足够的装机容量来满足负荷（因为发电容量不能立即增加），以及各种灵活的储备，从而在短期内平衡供需。这些市场高度复杂，因此本节仅从融资的角度对这些问题进行简要概述。读者可参阅参考资料以获得对这些市场更完整的了解。

资源充足机制

容量市场和支付机制寻求的是确保有足够的容量供应，使得未来的负荷能够被可靠地满足。这可以通过可交易市场结构或拍卖（通常称为容量市场）来实现，在这个过程中可以实现容量产品的买卖（通常基于远期），也可以通过向提供发电容量的发电厂付款购买，特别是在高峰时期。在英格兰和威尔士地区最早的竞争性电力市场之一就拥有这样的容量支付方法，即当计算负荷损失概率（LOLP）因素很高时，可向拥有可用容量的发电厂支付额外费用。这样做的目的是确保发电厂有动机在最被需要的时候（例如需求高峰时期）提供产能，但这也造成了市场电力问题[22]。

目前，许多电力市场都有可交易的容量产品，由电力负载服务实体

（例如负责向终端客户提供电力的公用事业公司或零售商）购买。著名的例子包括 PJM 可靠性定价模型（RPM）和 ISO 新英格兰的远期容量市场（FCM）[23]。在欧洲，英国为本国系统（在英格兰、威尔士和苏格兰）设计了一个容量市场，但由于欧洲国家援助规则相关的问题，其实施一直被推迟[24]。欧洲其他国家也建立了容量市场机制。

容量通常进行远期交易，这样供应商能够利用尚未建成的项目提供新的容量来满足预测的未来需求。例如，在 PJM 中，相应容量须提前三年以拍卖形式进行获取。在 PJM（区域系统下），拍卖价格根据地区而有所不同，这有助于激励电厂在电力被需要的时候发电，也反映了电网的约束。

许多可再生资源（如风能和太阳能）是间歇性的，它们的产出取决于外部因素（如风速）。因此，它们往往不能像许多传统能源（如燃气轮机）那样，在最需要电力的时候产生电能。考虑到这一点，大多数容量市场设计都会根据历史上间歇性资源如风能和太阳能在需求高峰时期的可用性，以此来降低这些间歇性电源的上网容量。举个简单的例子，这样的降额可以解释一个事实：一个光伏电站在高峰时期的平均发电量是其最大发电量的 50%，而一个风电场（在非高峰时期的发电量可能更高）的降额幅度会更大①。在一定程度上一个项目由 PPA 协议提供保障，来自该单元的任何容量价值通常与能源、可再生能源税收减免以及其他属性捆绑销售，并且该项目将免受容量市场价格变化的影响。

在其他一些没有容量市场机制的市场中，通常依靠高峰时期的稀缺性定价来为投资发电提供激励。得克萨斯州的 ERCOT 市场就是一个著名的

① 这些只是简单的例子，在建立可再生能源和其他资源的容量等级方面，各种市场都有复杂的规则。

纯能源市场例子[25]。其他能源市场可以在澳大利亚（国家电力市场）、欧洲和新西兰找到。

辅助服务市场和支付

为了使电力系统可靠地运行，电网运营商需要能够调用灵活电源来满足停电时的用能需求，改变输出特性以反映短期供需变化，同时也需要满足其他技术要求。在电力市场中，这些通常被称为辅助服务。在一些市场中，电网运营商根据合同采购这些辅助服务，然后从负载的输电成本中回收这部分费用，这种方法在欧盟很常见。在美国 ISO 市场中，这些辅助服务产品的采购和定价会通过成熟的市场来进行（与前面讨论的下一日和实时能源市场并行），其中包括调控（机组可以根据自动发电控制 AGC 信号来增加和减少产出以调整其输出水平）和运营储备。运营储备中有转动储备，又称同步储备，它们可以主动发电，并根据需要改变其产量；还有非转动储备，它处于待机状态，可以在规定的短时间内（例如 10 分钟）开始发电。

大多数大型可再生能源项目并不适合提供这些辅助服务。因此这通常不是可再生能源项目的主要收入来源。不过，我们在第十二章中将要讨论某些形式的储能技术，它们非常适合提供这些辅助服务以及为这些服务提供相应合同，这可能成为这些储能项目的主要收入来源。

能源市场的未来

从以上的讨论可以明显看出，电力市场在很大程度上是围绕着化石燃料发电厂的特点来设计的。随着可再生能源以及储能的普及率提高，影响电力市场设计的制约因素（例如阻塞的重新调度成本）将会改变，新的问题将会凸显，例如利用大量间歇性可再生能源发电系统的可靠性规划问题。在许多系统中，分布式发电（如屋顶太阳能）的数量可能也将大幅增加。未来许多市场参与者将在使用电力的同时也进行发电，市场定价、结算和监管系统都将需要适应这样的场景。

第九章

可再生项目输电成本及风险的管理

大规模的可再生能源项目，如风力发电场和集中式的光伏设施，必须连接到输电网才能将产品输送给客户。接入电网是大型可再生能源项目的一项主要成本，通常花费在数百万美元。一旦连接了电网，可再生能源和其他发电机也会带电，以在电网中输送电力。因此，可再生能源项目的投资者应该了解这些成本以及它们如何随着时间的推移而变化，这包括了一系列复杂的工程、监管和经济性的考虑。本章试图对输电过程中常常出现的复杂问题进行简要介绍，这些问题在不同的地区和时间范围可能存在很大的差异。

输电部门几乎在所有国家都受到高度管制。政府和监管机构制定复杂的规则，由输电系统运营商实施，一个新的或现有的可再生能源项目的成本和风险往往会受到这些规则的影响。鉴于这些规则的复杂性和不断变化的性质，本章仅介绍一些关于输电监管的核心概念及它们对可再生能源项目的影响，并通过介绍一些在全球范围内具有展示性的系统来说明这些规则是如何实施的。

将新的发电项目接入电网

一个新项目将如何连接到电网，而这项工作将花费开发商多少钱是首先需要关注的问题①。作为项目开发商，他们对项目的电网连接成本会比较敏感，因此在新项目选址上，电力上网的可行性和成本将成为主要考虑因素。除了要有土地和资源（如风能或太阳能）之外，还要以合理的成本连接到现有电网（并具备获得监管部门批准的可能性）。出于这个原因，可再生能源项目开发商经常雇佣具有电网配置专业知识的工程师和顾问，以便从输电的角度分析最可行的新项目地址。

提出新的上网计划

例如，假设一个风电开发商为一座新的风力发电场选择了一个有吸引力的地点。该地区的客户希望与新的风力发电场签署 PPA，该地区风能资源很有吸引力且选址环境相关问题看起来也能解决。附近有一条主要的输电线路，距离仅 10 公里（6.2 英里）。然而，项目开发者不能仅按照自己认为合适的方式接入电网。当地输电公司或公用事业公司必须先确定该项目上网的技术可行性，并明确在该项目上网对电力系统可能会造成何种影响或代价。这些代价往往远远高于将该项目连接到与它最近的电网所用成本，可能还包括对在输电网上远端组件及相关单元的升级成本。由于在许多国家新发电厂需要负责支付这些联网费用，这可能是项目经济性的主要驱动因素。

---

① 在一些国家，一些较小的项目可能只需要在配电网层面上网，但也需要进行同样的经济性考量。

确定联网成本

一般来说，开发者的第一步是提出联网申请，随后电网运营商则将进行初步工程可行性研究，以确保电网在这一区域能实现互联①。可行性研究可能包括初始功率流和可靠性研究。最初的应用还会将项目加入“输电队列”，即在输电运营商负责区域中计划上网的一组项目。由于新发电项目需要支付因项目上网而增加的相应费用，该项目在输电队列中的位置就显得十分重要，因为互联容量是有限的——如果这一地区的互联容量已由更早期的项目使用，新项目可能需要支付额外的费用。可行性研究通常可以为开发者提供互连可能性及其成本的初步评估。

如果开发者希望项目进入下一阶段，就需要进行系统影响研究。在此阶段，输电运营商将会对因发电机组加入所引起的系统影响进行详细评估，确定本地附属设施及其所需升级改造项目量，以及大电网系统升级工程，以确保新建风电场能够成功接入。在这个阶段，开发者将得到一个更为精确的成本和交付周期估算，这对资本预算来说十分重要。

最后，如果项目继续实施，输电运营商将需要进行详细的工程和设计工作，并制定完成新发电厂联网的时间表。所有这些研究都需要项目开发者签署协议来实施分析和设计工作。如果项目继续进行，项目开发者或赞助商将需要签署一份包括授权建设发电设施及包含详细付款条款的协议。

对于新的可再生能源项目来说，电网互联的成本可能是相当巨大的，

---

① 本讨论大致基于PJM新发电机的互联过程，该过程由PJM公司提供了详细描述（2018年7月26日）（PJM manual 14A：New services request process. Other transmission system operators will have different processes.）。

有时每千瓦要花费数百美元（甚至更多）。考虑到这些成本的大小（及通常不在项目开发商的直接控制范围之内的潜在变动性成本），对这些成本进行预算并适当考虑偶发事件对于确保项目经济性至关重要。

持续的输电成本

一旦可再生能源项目建成并联网，它就会像其他发电机一样面临持续的输电成本。例如在几个欧盟国家中，总输电成本中的一小部分是通过税收方式从发电厂商那里收取。这些费用可能很小（在法国只占总成本的几个百分点），也可能很大（在一些斯堪的纳维亚国家高达 30% 或更多）。在一些国家，输电费用因季节和一天中的不同时间而不同，从而反映着电网的高峰使用情况。在一些国家，如英国和挪威，固定发电成本也因地区而异[26]。

英国区域系统

举个具体的例子，英国对发电机组有一个相对复杂的地域输电电价，旨在激励发电厂选址在需要更多电力供应的地区，而不是发电量过剩的地区。这种结构与英国电力市场的总体设计是一致的，英国电力市场的总体设计不包括直接的地域电价（如美国的 LMP 电价）。如果不考虑输电网络使用系统（TNUoS）收费的地域因素，则就使得那些选址在最需要发电地方的项目缺乏适当激励。这样一来，在英国就没有必要为了把电力卖给国内市场而设置输电权，因为在短期市场条件下，无论在哪里发电都是一样的[①]。

在英国，总输电成本在发电机和负荷之间分摊，其中很大一部分分配给了大型发电厂。作为英国电网的系统运营商，国家电网（National Grid）ESO 运用一种复杂的方法将输电成本在发电厂和负载之间分配，然后根据位置来分摊这些成本。目前共有 27 个发电收费区。

不同地区的 TNUoS 收费有很大差异。例如，如图 9.1 所示，位于苏格兰北部和其他一些输电受限地区的大型发电厂需要支付较多的 TNUoS 费用。一些发电量少的地区（如伦敦中心区和英格兰西南部），发电上网的费用则是负的，以此在一定程度上认可这些地区的发电上网的价值。发电厂要根据其输电接入容量（TEC）来支付 TNUoS，费用通常每年都是固定的，没有设备升级、退役等情况。

与大多数基于接入容量的系统一样，发电商支付的 TNUoS 费用是由监管机构和系统运营商设定的。然而对于项目投资者来说，了解这些成本如何随时间变化很重要。例如，在英国的系统中，监管机构会定期制定对输电运营商的总体收入要求；随着情况的改变，向发电厂收取的费用也会发生变化。此外，用于分配成本和制定地域 TNUoS 费用的流程和输入参数也会随着时间而改变，而特定发电项目的全生命周期运营中会因此产生额外的成本或节约收益，从而影响项目的现金流。

① 在大多数欧洲国家和一些其他国家（一些大国是例外），所有发电都被视为在单一的市场“区域”，只有在向邻近市场销售时，发电商必须首先获得输电权。

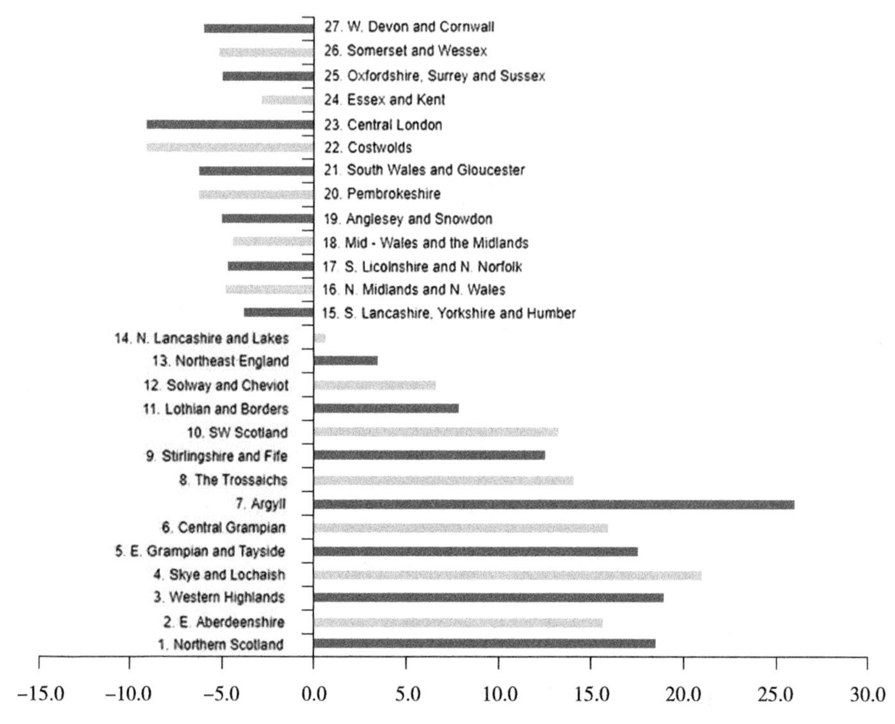

图 9.1　按区域划分的 TNUoS 发电费用（2019/2020 年草案）

资料来源：英国国家电网 ESO

美国基于物理输电权的系统

在美国 ISO 之外的地区为物理输电权系统如何工作提供了示范性案例。在这些地区，一般都有一个输电供应商，它是当地特许公用事业的一部分，但必须在开放接入的基础上向所有系统用户提供输电服务。这是通过获取物理输电权而不是前一章讨论的 LMP 系统来实现的。

简单地说，物理输电权系统基本上在一个开放接入预约系统上运行。例如，为了利用输电网向客户出售电力，发电厂需要在其接入点和客户接收电力的点之间的特定路径上预留容量，这通常被称为合同路径[①]。为了确保容量可用且用户能够接收电力，发电厂（或在本例中进行电力调度的单位）将需要在该路径预留“固定的”输电服务[②]。

图 9.2 为风电场和电力收购公共事业公司（购电通过 PPA 形式）之间的售电交易提供了一个高度抽象化的案例。真正的电力销售可能会在合同路径上不同的地点进行销售。在很多案例中，可再生能源项目公司会在电网介入点上销售电力（有些时候被称为“在母线处”），购电方为负荷端用电做出输电安排。另一种模式是通过 PPA 规定电力会被传输至用户端，而项目方需要供电提供相应服务并且按月支付费用。最后，有时候购电和售电双方会同意让电力输送至一处中间电力市场中心，这里为电力合同交易以及对冲提供了平台。在这种情况下，可再生能源电力企业只用负责将其电力输送至这个节点。

图 9.2　在物理权利 / 合同路径系统中向遥远的用户售电

然而，对于项目开发商和投资商而言依然需要考虑一些风险。第一，如果可再生能源项目不是在这个位置出售电力，则项目需要长期且稳定的输电服务以确保输电到指定位置。在 FERC 规则下，如果在合同线路上的

---

① 合同路径是一个没有实际电力流动基础的监管概念。在一个相互连接的电网系统中，输电网中的电力不会沿单一路径流动。

② 美国的输电供应商也提供“非固定”服务，但这是在“可用”的基础上。

传输容量不足，则输电服务商会为此所必需的工程升级费用。这会增加额外的项目资本支出以及延迟交付时间。

第二，按月支付的输电费用一般与电力传输服务商的 FERC 基于服务成本的支出挂钩。在服务成本的监管下，电力传输服务商可以回收其运营和资本开支（包括因提供服务而投入的资本收益）作为它们受监管的年度营收要求[①]。随着这种年度营收要求的变化，传输费用也会随之改变，这种情况会使项目公司的电力传输费用发生变化，从而影响其现金流。尽管项目公司在签署 PPA 之后除了支付传输费用之外并没其他太多选择，了解传输费用随时间的变化对于项目公司依然很重要。

动态价格机制

在第八章介绍的 LMP 传输费用系统为可再生能源发电传输风险管控提供了最好的例子。在一定简化下，很多类似的情况可以被应用到耦合区域系统的 TSO 间的交易过程中，比如那些在很多欧盟地方得到应用案例。

LMP 系统的传输风险

在一个 LMP 系统中，能源的价格随着电网的位置变化而变化，这反映出电力在电网传输（拥塞）和损耗过程中的动态限制因素。正如“位置边际价格”的名称所示，LMP 的主要目的是在各节点（或者负荷区域）创建一个当地价格，用来反映电网不同位置上新增机组或者需求所带来的边际影响。

在此系统中，一个发电厂通过其发电量来获得在该节点的价格，负荷端负担此价格（或者一个从当地节点价格计算出的区域价格）。当该系统

---

① 若想了解更多关于服务成本管控和美国公共事业融资相关细节，可以参考Morin, R.（2006）. New regulatory finance. Public Utilities Reports.

发生输电拥塞或损耗，LMP 在发电端和负荷端会发生变化，产生基础价格差异。除非进行对冲操作，一方或者另一方（发电侧或者消费者）会承担基础风险，而这个风险会经常变化，从而高度波动。

图 9.3 展示的是一天之内两个节点的拥塞价格组分：一个是具有高风速资源，而另一个接近负荷中心。我们可以看见，拥塞价格差异（是造成 LMP 在两地差异的最主要成分）在一天内的变化十分显著，从上午 9 点大概 1.5 美元 / 兆瓦 · 时上升至晚上超过 7 美元 / 兆瓦 · 时。

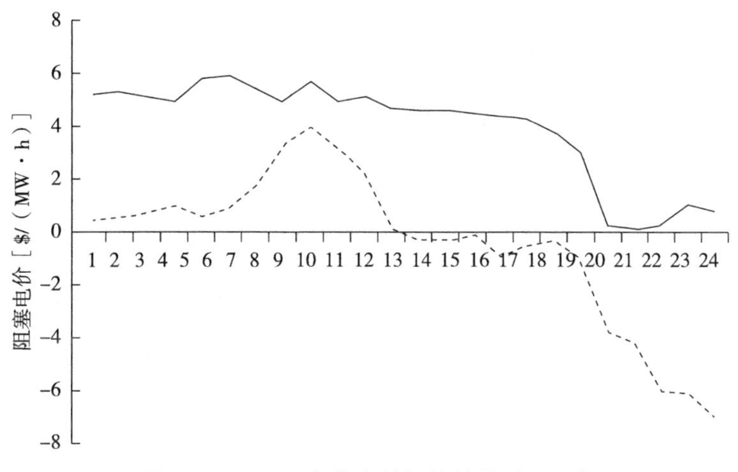

图 9.3　一天两个节点的拥堵价格差异示例

管理 LMP 传输基准

如果 PPA 或者价格对冲是基于发电侧位置（母线）而设置的，用户将承担电力传输的基准风险。由于用户需要在用户侧购买电力以满足其用能需求，其 LMP 与发电侧母线 LMP 有所不同。如果 PPA 或者对冲价格按照用户当地价格设定，则发电侧承担基准价格风险。最后，正如之前讨论，如果 PPA 或者对冲按照中间市场中心设定，则发电侧和用户侧将分别承担其地理位置与市场中心的风险。

在 LMP 市场设计机制下，金融输电权（FTR）① 是对冲这些位置基准风险最主要的手段。FTR 是金融工具，它仅仅是对冲两个位置之间的拥塞价格差异。这种工具并不影响或者为持有者提供物理上的电流能量[27]。

FTR 是通过源节点和汇集点来决定其位置拥塞价格组分。例如，FTR 可以被设定为：在一年内节点 1 和节点 2 之间每小时 100 兆瓦容量。正如图 9.4 所示，FTR 持有者每小时的收益是两点拥塞价格差异乘以 FTR 的容量（即 100 兆瓦）。因此，如果 LMP 拥塞价格组分在节点 1 是 3 美元 / 兆瓦·时，在节点 2 是 7 美元 / 兆瓦·时，则 FTR 的收益是［7 美元 / 兆瓦·时 –3 美元 / 兆瓦 · 时］×100 兆瓦即 400 美元（在那个小时内）。FTR 是长期对冲工具，对于月度或者年度期限有效，其基本概念都是一样的。FTR 的全部收益就是单个小时收益的总和。

值得注意的是，FTR 收益或者信用反映的是拥塞费用（电能从一个节点向另一个节点流动的成本），如图 9.4 所示。对于固定电量，FTR 根据相关节点定义，为位置拥塞价差提供了一个“明确”的对冲手段。

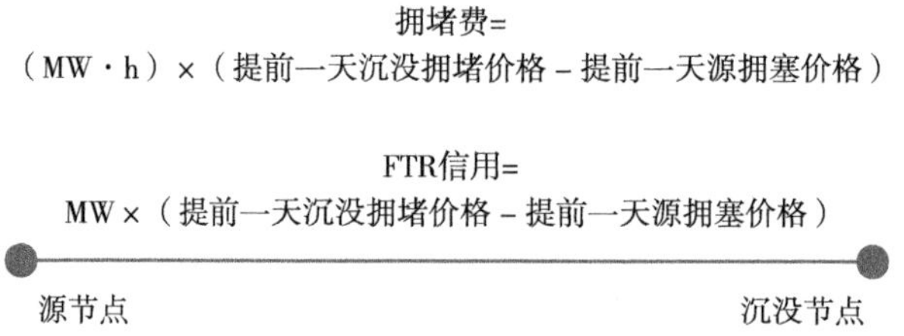

拥堵费=
（MW · h）×（提前一天沉没拥堵价格 – 提前一天源拥塞价格）

FTR信用=
MW ×（提前一天沉没拥堵价格 – 提前一天源拥塞价格）

源节点　　沉没节点

图 9.4　拥塞费用和 FTR 信用

① 在NYISO系统中被称为传输拥塞合约（TCC），而在ERCOT中被称为传输拥塞权。这些基础概念都是一样的。

FTR 由美国独立系统运营商通过集中拍卖的方式出售。发电商、公共事业公司或者交易商可以购买 FTR 以对冲传输风险或者在拥塞价格中投机[28]。随着时间变化，FTR 在拍卖中的售价会逐渐与持有 FTR 所获得的收益趋于一致[29]。

FTR 收益案例

图 9.5 展示的是用 FTR 对冲基准风险的又一个案例。假设风场持续在其位置（源点）以 100 兆瓦功率发电，其客户通过 PPA 协议以 28 美元 / 兆瓦・时的价格在源点购电。客户随后将电力售卖给位于电源侧的 ISO，然后按照小时进行结算，而该节点的价格为 30 美元 / 兆瓦・时。

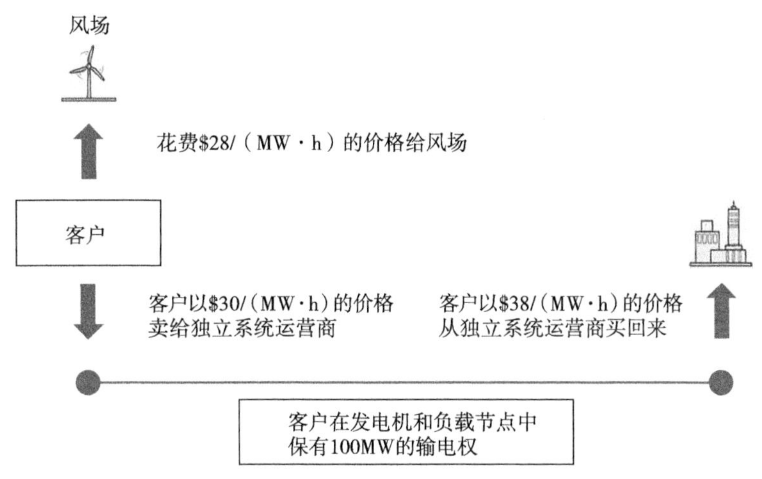

图 9.5　固定输电权套期保值示例

客户实际上在远端节点需要电力供应，但是由于远端节点受拥塞和损耗影响，那里的 LMP 价格会更高，即 38 美元 / 兆瓦・时。由于这种形式是从一个节点购电而在另一个位置用电，用户面临较大的基准风险。为了对冲这种风险，用户可以按照 5 美元 / 兆瓦・时的价格在两个节点之间购买一个 100 兆瓦的 FTR。

图 9.6 展示的是在 PPA 和 FTR 下各方的收益总和。特殊节点是拟支付给位于发电节点的用能客户的 LMP 营收（3000 美元）和该用户在负荷节点用能费用（3800 美元）的差值。该差值并不能完全被 FTR 对冲掉，因为FTR，根据其定义，是拥塞组分之间的差值，也就是7美元/兆瓦·时，而不是 LMP 之间的差值（该值包含边际损耗部分的差异）。

节点边际电价

发电节点：		负载节点：	
边际能量成本	\$35/（MW·h）	边际能量成本	\$35/（MW·h）
边际拥堵成本	–6/（MW·h）	边际拥堵成本	\$1/（MW·h）
边际损耗组件	\$1/（MW·h）	边际损耗组件	\$2/（MW·h）
节点边际电价	\$30/（MW·h）	节点边际电价	\$38/（MW·h）

风场付款：

购电价格 × 输出

\$28/（MW·h）× 100（MW·h） =\$2800

独立系统运营商付款给客户：

发电边际价格 × 输出

\$30/（MW·h）× 100（MW·h） =\$3000

固定输电权清还给客户：

发电边际价格 × 输出

\$38/（MW·h）× 100（MW·h） =\$3800

客户付款给独立系统运营商：

清还{\$1/（MW·h）–［–\$6（MW·h）］}× 100（MW·h）=\$700

成本\$5/（MW·h）× 100（MW·h） =\$500

净付出\$200

图 9.6　固定输电权回报示例

FTR 为对冲基准风险提供了工具，但是针对可再生能源项目而言依然具有一些限制，特别是：根据上面的案例，FTR 仅仅对冲 LMP 中的拥塞部分，并不是边际损耗，因此它们本质上是一个不完全的对冲工具。FTR 仅仅是在输出与 FTR 当量一致时进行风险对冲。这种情况在案例中成立但是在实际过程中很少发生。可再生能源项目通常输出水平并不稳定并且很少在一天中连续工作 24 小时。因此通常以 24 小时为基础制定的 FTR 很难被用来为可再生能源项目对冲输出风险。FTR 在拍卖中会大幅提升传输成本，因此很难定价。

通常情况下，可再生能源项目通过签订长期 PPA 和对冲工具进行建设。但是 ISO 通常不会为长周期项目颁发 FTR，所以对冲工具可能会因为项目的周期而被替换掉，这增加了长周期项目传输价格的风险。

区域系统传输风险

相似的动态风险存在于区域系统中；价格会随着区域的变化而变化，但不会随着节点的变动而变动。所以，处于一个区域的可再生能源发电厂若将其电力售卖给位于另一个区域的用户，它将面临用户所在区域价格升高的风险。动态区域系统也常常拥有区域间对冲合约（与 FTR 的概念相似），它们用来管理这种风险。正如上述所介绍的，FTR 在风险控制方面的限制因素同样适用于区域间传输合约。

第十章

另类承购策略和商业风险管理

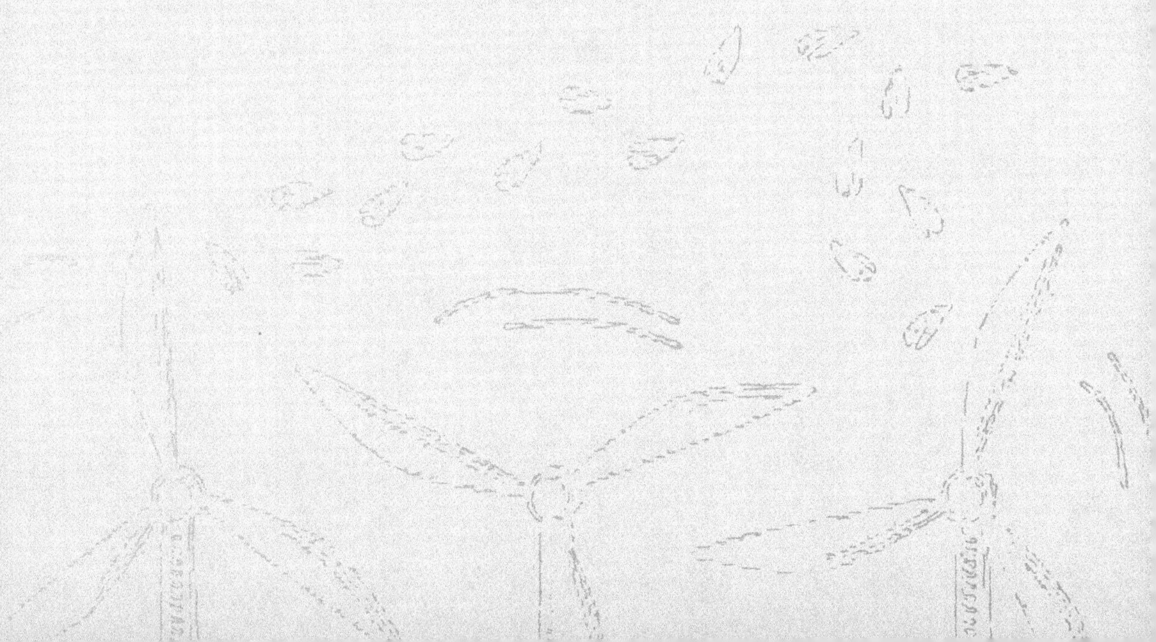

在许多国家中，最常见的可再生能源传统项目的财务结构是基于与公用事业的长期购电协议（PPA）。公用事业的 PPA 已经存在了很多年，这些 PPA 可以为信誉良好的交易方提供稳定的价格，从而为投资提供支持。但是，由于可再生能源市场仍在不断发展，在许多地区，可再生能源发电的普及率已经接近或超过了政府对可再生能源采购的承诺，正如第 2 章中所述的可再生能源投资组合标准。这就使得新的长期 PPA 难以达成。因此，为了满足对可再生能源的新增需求，项目开发商已经将目标转向另类承购策略，以确保他们的项目能够成功得到贷款。

本章探讨了可再生项目中的更为常见的另类承购策略。同时，也将讨论如何在项目融资结构中评价剩余商户风险，针对那些没有通过 PPA 对冲的电力。本章的讨论大多将集中在风力发电。但是，这些概念是通用的，并且同样适用于太阳能项目。

公司购电协议

在过去的几年中，美国和其他地方的大型公司已经增加了对可再生能源的直接购买量。这些企业订单已经填补了传统公共事业公司对 PPA 需求不足所造成的空白。在这种结构下，公司（通常是大型跨国公司）越来越多地通过双边合同从可再生能源项目源头直接采购电力，以满足其自身的电力消费需求。

公司购买可再生能源的战略转变主要受到两种主要因素的驱动。首先，通过购买可再生能源可以帮助实现公司的可持续性发展目标，同时还会鼓舞雇员士气，并提升公司在其合作伙伴和客户之间的品牌形象。其次，可再生能源电力成本已下降到了一定水平，企业从可再生项目购买电力将比从传统公用事业公司购电更加节省成本。

数据中心急速增长的电力需求使电力成本成为科技公司总成本中的一个重要组成部分。大型科技公司通过快速提升可再生能源购买力来应对许多情况。在不到十年的时间里，美国仅公司级的可再生能源 PPA 已经从零增长到超过 13 吉瓦。例如，微软声称它已成为这个市场最大的玩家之一，它在 2013 年就开始开发得克萨斯州 110 兆瓦的风力发电项目，到现在已经拥有包括美国六个州和横跨世界三大洲总计超过 1.2 吉瓦（1200 兆瓦）的可再生能源组合①。

控制电力成本已经成为一些科技公司的重要考虑因素，以至于他们正在将数据中心移至更靠近电源的地点。尽管公司级 PPA 的激增为可再生项目开发商锁定新项目的长期电力购置提供了有利方式，但公司级 PPA 对于开发商而言并非没有额外的麻烦或者风险。

第一，许多公司购买者对于成本十分敏感，并且是出于经济考虑而选

① 微软新闻发布日期为2018年10月16日。

择了 PPA。因此，企业购买者通常不愿意将电价锁定的时间超过 10 或 15 年。这些公司通常担心，如果他们长期锁定电价的话，可能会错过未来因为技术创新而节省一些潜在成本。

第二，公司的信贷状况与传统公用事业公司大不相同。由于公用事业公司受到监管，并且通过监管机制收回购电成本，从信用的角度来看，受监管的公用事业公司通常比具有相同信用等级的典型公司更好。更糟糕的是，公司通常不愿在 PPA 协议下为项目提供公司级的大型信贷担保。根据 PPA，公司购买者提供的信贷支持金额可能仅为一到两年的收入，这与使用交易对方信用风险工具计算出的可再生能源项目的实际风险并不一致。

第三，公司级 PPA 通常是为在中心位置进行交付（和结算）而设计的，而不是在联网位置。对于企业买家而言比较合理，因为他们的电力负荷点通常与可再生能源项目所在地相距遥远。此外，公司购买者在设计将发电侧到用能侧这种的转移合同时，通常没什么经验。在公司 PPA 下使用中心位置而不是项目位置进行能源购买会使项目面临运输风险。

第四，随着时间的流逝，可再生能源的企业购买者已经学会了将许多不必要的风险转移给可再生能源公司。例如，在目前结算机制下，一个公司 PPA 可能更像是领子期权而不是掉期，这意味着如果参考中心的结算价跌至低于地板价格，拥有公司 PPA 的可再生能源项目将失去由固定价格保护所带来的好处；但是，如果结算价格升高到一定水平以上，则该项目将保持其效益。如果发起人的目标是通过公司承购获得固定的价格合同，则领子机制会明显抵消此类 PPA 提供的价格保护。图 10.1 说明了远期或掉期合约生效后的实际价格与领子期权的区别。

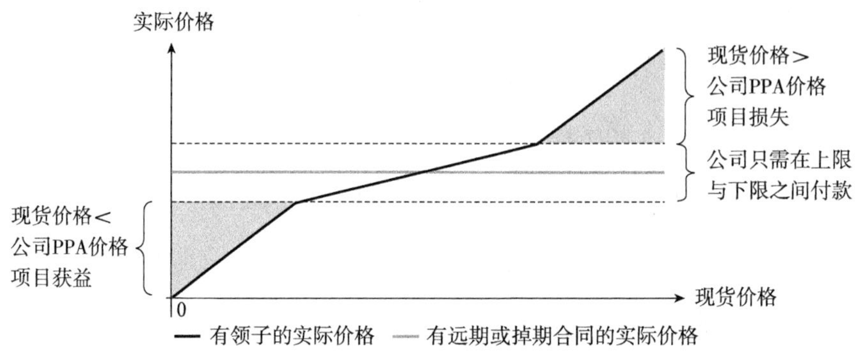

图 10.1　远期合约或互换合约与领子期权的实际价格比较

尽管从项目开发人员的角度来看公司 PPA 存在缺陷，但近年来，它一直是美国可再生能源项目增长的主要驱动力。

图 10.2 显示了 2008 年到 2016 年间美国主要公司购买 PPA 的数量和总容量。

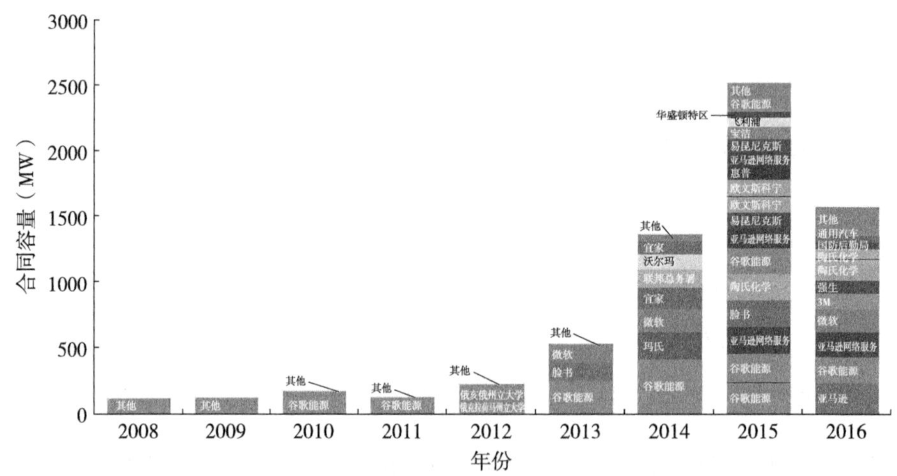

图 10.2　美国公司 PPA 的增长[①]

① 美国风能协会年度报告（2016）。

在欧盟，企业 PPA 用于可再生能源采购的案例也正在增加。在许多欧盟国家中，由于政府补贴或合同变得越来越难以获得，或不如以往那么丰厚，开发商正在转向公司 PPA[30]。

商品对冲

由于项目本身的间歇性输出特性和项目公司的财务结构，为可再生项目设计对冲变得困难。自 20 世纪 90 年代电力部门开始重组以来，银行一直在积极地经营和交易各种电力衍生产品（通常是以远期掉期的形式）。但是这些交易通常具有平缓特征，或将每个小时的输出设定为同等输出（“全天候”合约），或涵盖一组高峰时段（每个小时均具有相同的输出）。

根据天气的不同，如风力涡轮机或光伏设施这样的可再生项目具有可变而且不可预测的输出特性。这使得电力市场中标准的金融对冲产品很难用于可再生能源项目。对冲产品的固定数量与发电厂产量之间总存在不匹配的情况，这带来了规模风险。

大多数商品对冲都是在市场中心进行的，这使银行或其他交易对手有更好的机会来管理其风险。但是，就像前面讨论的公司 PPA 一样，这在项目和中心位置之间引入了基准风险，这种风险本身就很难管理。正如第九章所述，可以通过各种方法（尽管不完善）来管理传输基准。

可再生能源项目也容易受到传输限制的影响①。当严重的运输电网拥塞或其他可靠性问题迫使系统操作员减少一定的发电量来维持系统的可靠性

① 公司PPA和公用事业PPA也都容易受到输电削减风险的影响。但是，由于公用事业公司具有在输电市场的专业知识，它们倾向于承担更大的风险。

时，就会出现传输限制。如果结构设计不当，减少输电可能会使可再生能源项目因不能按照对冲规定的电力进行交付而承担清算损失责任。

商品对冲通常需要大量的信用支持或担保。例如，从提供固定价格对冲的银行前台的角度来看，项目公司的交易对手可能会违约并给银行带来大量风险敞口。但是，无追索权项目公司的资产非常有限，并且已抵押给贷方和其他方。从银行的角度来看，制定商品对冲涉及交易对手的隐性信用敞口。传统的信用支持机制（例如担保）通常不可用，因为担保人通常只能通过自身有限的途径来查阅资本或资产负债表。基于留置权的信贷支持结构可能有它自身的问题，例如，基于留置权的信贷支持必须为税收股权投资者的利益提供宽容度和治愈权，这可能会导致融资变得比较困难。

还有商品对冲的时机问题。担保人需要在项目开始运营和发电时开始进行对冲，但是新项目在开始运行之日的前后总是存在一些不确定性。然而，在这种情况下，银行或其他对冲提供商在对冲的时间方面面临建设风险，这影响了它们抵消或以其他方式管理风险的能力。

最后，正如本章将要讨论的，在项目生命周期的后期通常会存在价格风险，例如，在第一个 10 年期或 15 年期的公司 PPA 即将结束的阶段，对于担保人来说，这些风险特别困难并且代价很高。银行和其他对冲提供者在提供长期对冲时面临流动性限制，因此很少有人愿意提供如此长期的对冲。

对冲类型

尽管存在这些挑战，对冲市场仍处于合理蓬勃的发展之中，投资银行和商品交易公司为可再生能源项目提供电价对冲。市场上提供两种常见的对冲类型：实物对冲和金融掉期。它们具有不同的法律和运营结构，但是都为项目公司提供了可观的价格确定性，可以用来支持项目的融资。

如图 10.3 所示，在实物对冲结构下，可再生能源项目公司签订合同并规定在指定地点对生产的电力进行交付，银行或其他对冲提供商按照固定价格定期为交付电力进行付款。项目公司承担项目所在地和交付点（通常是中心点）之间的基准风险。

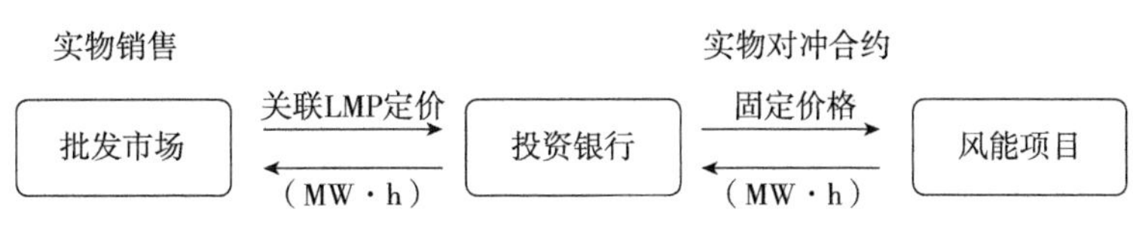

图 10.3 实物对冲合约

金融对冲或掉期交易围绕电力现货市场（例如 ISO 的电力市场）中的付款运行。如图 10.4 所示，在这种安排下，项目公司将其所有电力出售给现货能源市场，并从 ISO 那里收到该价格（例如每小时的价格）。具体而言，项目公司在指定的位置（例如在 LMP 市场的特定节点）向 ISO 出售电力，因此电力以相关的 LMP 为定价。另外，在这种金融掉期合同下，银行或对冲提供商和项目公司将支付款（一种“固定换浮动”的掉期）与项目所在地的实际 LMP 关联。例如，当 LMP 高于固定对冲价格时，项目公司向银行付款，计算方法为 LMP 减去对冲价格乘以对冲数量。当 LMP 低于对冲价格时，银行将差额支付给项目公司。这样，项目公司就可以得到他产出的最终固定价格。

图 10.4 金融套期合约

对冲合约的主要内容

对冲合同通常是在发出“开工通知书”（NTP）的同时执行的，同时还进行税收股权和建设融资的财务结算。对冲合同的执行时间取决于信贷支持要求。在项目建设阶段，金融机构关于交易对手具有较高的信用敞口，如前几章所述，因为在建设阶段违约风险最高。因此，金融机构通常坚持以信用证（LC）形式提供信用支持。一旦项目进入商业运营，金融机构便愿意接受项目公司几乎所有资产的第一留置权以满足信贷支持的要求。如果在进行对冲的同时关闭了建设融资，则项目担保方可以从建设融资中获取信用证。相反，如果在建设融资结束之前执行对冲，则项目担保方将需要自行提供信用证。

对冲合同通常会延迟开始，对冲会到项目开始运行后的几个月才生效。这样可以确保在施工延误的情况下，项目不会因未交付而遭受任何违约赔偿[①]。但是这样就可能会导致一些项目的初始电力产量未获得对冲。

对冲合约（无论是实物合约还是金融合约）通常在流动交易中心以参考价格结算。此外，对冲合约通常按照高峰时段和非高峰时段的发电量

① 如果一个项目无法提供电力输出或提供的电力少于合同规定的电力输出，则会产生违约赔偿金。在这种情况下，对冲方可能会要求对冲交易对手支付相应款项以弥补短缺。根据市场价格，违约金可能会很庞大。

曲线进行塑造。使用流动中枢价格可以使对冲提供者以更好的价格提供对冲，但是通常会留下剩余的基准风险（从项目地点到中枢地点）。这些风险必须由项目承保人和债权人进行建模和管理。

可再生能源项目在给定时间段内不会产生固定量的电力，因此必须根据项目输出的预计可变性来确定对冲的规模。通用的对冲结构将以项目 1 年 p–99 生产水平进行测量，以确保留有余量来考虑发电量的可变性。这一点很重要，因为金融机构想确保该项目能够按照合同约定的电力产量顺利交付。否则，项目公司可能会因未能产生合同规定的发电量而遭受违约赔偿。

根据项目的具体特征，风力发电项目的 1 年期 p–99 产量通常占预期发电量的 75% 至 85%，而光伏发电项目 1 年期 p–99 产量通常占预期发电量的 80% 至 90%。因此，电力对冲很可能会使项目公司面临商品价格风险（即市场电力价格的变化），这种风险可能来自剩余未对冲发电量的 10% ~ 25%。

对冲合约的跟踪账户

即使采用电价套期保值，由于可再生能源发电的间歇性和先前概述的结构复杂性，该项目仍可能面临残余风险。例如，在任何给定的时间间隔（例如分钟、小时、天）中，风电场的实际发电量可能会根据实际风速和项目特定属性而有所不同。因此，在某些情况下，实际发电量输出可能会低于对冲输出，反之亦然。此外，其他事件，如例行维护，强制停机或运输缩减可能会影响产出。因此，可再生能源项目几乎总会出现项目产出低于商品对冲合同规定的发电量的情况。这将使该项目面临因交付不足而产生的违约金形式的经济处罚。

在由于风力发电不足或其他可再生能源的实际情况而发生违约事件情况下，建立一个运转良好的可再生能源项目，对项目发起人或对冲提供者（银行）都是不利的。因此，作为商品对冲的一部分，银行和其他对冲产品提供商通常采用一种被称为追踪账户的融资机制，以缓解可再生能源项目在发电方面的任何暂时性发电缺口。

追踪账户本质上是作为商品对冲合同一部分的附加营运资金工具，可以用来弥补因临时发电不足而造成的任何违约金。在跟踪账户下提取的金额等于给定时间间隔内的发电不足量乘以参考价格（商品对冲结算时的价格）。跟踪账户下提取的任何金额都会增加跟踪账户下的借款。在跟踪账户下提取的借款将在随后的时间间隔内由项目产生的超额收入进行偿还。这些超额收入是由项目的实际发电量与对冲量之间的正差值乘以项目在其所在地获得的实际价格来计算的。

跟踪账户机制以简单的逻辑为前提，即尽管可再生能源设施的产量即使在很短的时间内（例如 1 个小时）也可能会有很大变化，但在更长的时间段（例如一年）内发电量更可容易预测并且较为稳定。换句话说，在更长的时期内，可再生能源的发电量变化将趋于回归到期望值。因此，只要一部分发电输出不进行对冲，则跟踪账户下的借款最终应减少为零。如前所述，商品对冲提供商通常按 1 年期的 p-99 发电量来确定对冲的规模，这视项目的具体参数和可再生能源的资源特点而定，通常占发电量的 75% 至 90%。考虑到对冲期内的冗余量（预期发电量的 10% ~ 25%），跟踪账户下的借款应趋于零。

跟踪账户下的借款以与流动资金融资类似的预定利率计利息。跟踪账户借款仅在对冲合同的期限内有效，并且在对冲期限结束时跟踪账户下的任何未偿还借款金额通常应在对冲期满时到期并支付。但是，商品对冲提供商通常允许可再生能源项目担保人在对冲期满后的 2 至 3 年内，按月或季度等额分期偿还任何追踪账户余额。

简单的跟踪账户机制已成为可再生能源项目商品对冲的组成部分，并有助于提高这些项目的融资能力。近年来，该机制已成功扩展，以涵盖传输基点差异风险。将传输基点差异风险纳入跟踪账户需要大量增加运营资本。例如，仅用于弥补临时的发电不足的话，一个 500 万美元的跟踪账户可能足以应付一个典型的 200 兆瓦风力发电项目，但如果该跟踪账户还用于防范传输基点差异风险，则可能需要将其增加到 2000 万美元。跟踪数量是价格偏离初始预期持续时间的函数，并且这些价格对于传输基点来说可以是持久的，因为新的传输升级（往往会降低传输基点的差异）通常要经过较长的时间才能实现。

为了说明跟踪账户的功能，可以参考一个小型风电项目的案例，该项目的对冲合同覆盖项目规模的 100% 容量，其容量为 200 兆瓦・时 / 月，价格为 100 美元 / 兆瓦・时。假设跟踪账户没有任何上限，并且以每年 5% 的利率计息。为简单起见，还假定电力价格是正态分布的，中心地区的对冲合同结算价格均值为 100 美元 / 兆瓦・时，标准差为 10 美元 / 兆瓦・时。同样，节点价格的平均值 99 美元 / 兆瓦・时，标准差为 10 美元 / 兆瓦・时。假设中心地区和节点价格之间的相关系数为 80%。最后，假设风电场的产出也遵循正态分布，平均发电量为 100 兆瓦・时，标准差为 5 兆瓦・时。

图 10.5 中的表提供了此跟踪账户的每月计算数据。第 1 到第 3 列显示的是使用上述统计参数得到的风力发电量、中心价格和节点价格的随机

序列。

对于第一个月，跟踪账户余额从零开始。该项目的产量为 208.28 兆瓦·时。中心价格和节点价格分别为 105.19 美元 / 兆瓦·时和 91.22 美元 / 兆瓦·时。因此，第一个月的已实现收入为：

可实现收入 = 项目产量 × 节点价格

=208.28 兆瓦·时 ×100 美元 / 兆瓦·时 =19000.17 美元

固定债务是指对冲交易对手在给定月份因项目而支付的固定款项。

固定债务 = 对冲合约数量 × 固定价格

=200 兆瓦·时 ×100 美元 / 兆瓦·时 =20000 美元

该项目第一个月对冲交易对手的浮动债务计算如下。

浮动债务 = 对冲合约数量 × 中心价格

=200 兆瓦·时 ×105.19 美元 / 兆瓦·时 =21307.89 美元

对于没有追踪账户的典型金融对冲，该项目应欠交易对手浮动债务和固定债务之间的正差额。第一个月，该金额为 1307.89 美元。当可实现收入为 19000.17 美元时，该项目第一个月将净赚取 17962.28 美元，这要比没有基准差情况下项目使用对冲赚取的 20000 美元要低得多。但是，使用跟踪账户，该项目将能够“借用”浮动债务和已实现收入之间的正差额——大部分是由接近 14 美元 / 兆瓦·时的基准差引起的。因此，该项目可以在第一个月提取 2037.72 美元，因此总收入为 22037.72 美元。

在第二个月，该项目的表现好于平均值（201.07 兆瓦·时与 200 兆瓦·时）。此外，节点价格也比中心价格高，为 112.40 美元 / 兆瓦·时与 112.32 美元 / 兆瓦·时。因此，该项目产生了超额收入，可以偿还跟踪账户的余额 136.61 美元。请注意，截至第一个月末，跟踪账户的余额为

月份	产出（MW·h）	中心价格[（$/MW·h）]	节点价格[（$/MW·h）]	可实现收入（$）	固定义务（$）	浮动义务（$）	追踪账户期初余额（$）	附加（$）	扣除（$）	利息（$）	追踪账户期末余额（$）	技术援助调整之后收入（$）	追踪账户收入（$）
											0		
1	208.28	105.19	91.22	19000.17	20000	21037.89	0	2037.72	0	0	2037.72	22037.72	17962.28
2	201.07	112.32	112.4	22600.51	20000	22463.9	2037.72	0	136.61	8.49	1909.6	19871.88	20136.61
3	196.82	84.89	91.47	18002.15	20000	16978.73	1909.6	0	1023.41	7.96	894.14	18984.54	21023.41
4	192.74	91.59	85.22	16424.55	20000	18316.16	894.14	1893.62	0	3.73	2791.48	21897.34	18106.38
5	202.96	99.47	96.11	19506.74	20000	19893.55	2791.48	386.81	0	11.63	3189.93	20398.44	19613.19
6	194.94	87.78	90.24	17591.75	20000	17555.15	3189.93	0	36.61	13.29	3166.61	19976.69	20036.61
7	203.54	112.78	106.37	21650.01	20000	22555.51	3166.61	905.5	0	13.19	4085.3	20918.69	19094.5
8	191.39	71.12	86.33	16522.78	20000	14223.4	4085.3	0	2299.37	17.02	1802.95	17717.65	22299.37
9	197.07	96.32	102.34	20168.35	20000	19263.13	1802.95	0	905.22	7.51	905.24	19102.29	20905.22
10	205.82	112.02	108.06	22400.9	20000	22403.38	905.24	162.48	0	3.77	1071.49	20166.25	19837.52
11	200.35	102.57	90.96	18223.78	20000	20513.21	1071.49	2289.43	0	4.46	3365.39	22293.9	17710.57
12	197.42	105.74	109.14	21547.11	20000	21148.9	3365.39	0	398.21	14.02	2981.2	19615.81	20398.21
13	197.5	109.99	107.39	21209.61	20000	21997.23	2981.2	787.61	0	12.42	3781.24	20800.04	19212.39
14	204.92	85.03	86.09	17642.01	20000	17006.63	3781.24	0	635.38	15.76	3161.61	19380.38	20635.38
15	208.75	122	115.64	24140.32	20000	24400.77	3161.61	260.45	0	13.17	3435.24	20273.62	19739.55
16	192.99	92.62	96.03	18532	20000	18524.6	3435.24	0	7.4	14.31	3442.15	20006.92	20007.4
17	191.2	73.8	90.48	17299.51	20000	16760.72	3442.15	0	538.79	14.34	2917.71	19475.56	20538.79
18	199.83	79.53	84.2	16825.76	20000	15906.05	2917.71	0	919.71	12.16	2010.16	19092.45	20919.71
19	195.15	90.01	89.12	17391.46	20000	18002.59	2010.16	611.13	0	8.38	2629.66	20619.5	19388.87
20	201.75	99.21	99.85	20144.96	20000	19842.78	2629.66	0	302.21	10.96	2338.41	19708.75	20302.21
21	198.78	95.89	85.16	16927.82	20000	19178.34	2338.41	2250.52	0	9.74	4598.67	22260.26	17749.48
22	203.48	108.04	107.46	21865.28	20000	21608.69	4598.67	0	256.59	19.16	4361.24	19762.57	20256.59
23	197.64	87.16	89.11	17611.58	20000	17432.17	4361.24	0	179.41	18.17	4200	19838.76	20179.41
24	206.32	118.12	109.77	22648.46	20000	23623.6	4200	975.14	0	17.5	5192.63	20992.54	19024.86
标准偏差				2318.68							1122.39	1124.92	

图 10.5　跟踪账户示例（模拟的价格和数量）

2037.72 美元，按 5% 的利率计算得出的利息为 8.49 美元。

图 10.5 中的其余计算遵循相同的方法。根据表底部计算的标准差，我们可以观察到跟踪账户的有用之处。在没有对冲的情况下，由于生产产量和市场价格的变化，该项目的收入存在较大的不确定性。财务套期可以从实质上减少收入的波动性，而跟踪账户可以帮助进一步消除现金流量的波动性。

图 10.5 的目的是通过利用呈正态分布变化的价格和产出，以一种简单的方式来说明跟踪账户的概念。当然，这种框架可以通过蒙特卡洛模拟进行扩展，根据复杂随机过程来得出输入参数，用以估算跟踪账户的各种统计参数[①]。

代理收入互换

代理收入互换（PRS）实际上是一种天气衍生产品，通常由对天气风险承保业务感兴趣的保险公司提供。由于这些风险（例如风速）通常与投资组合中的其他风险无关，因此该产品可以为保险公司提供具有吸引力的多元化选择。自 2016 年推出以来，代理收入互换产品已在项目担保人中广受欢迎，并且公司承购人已使用多种该类产品来抵消 PPA 组合中的某些天气风险[②]。

---

① Akin Gump提供了一个“跟踪账户”计算器，该计算器展示了商品对冲工具使用“跟踪账户”来实现一次性掉期结算（https://solutions.akingump.com/swapsettlement/）。

② 微软于2016年10月宣布，它与安联公司（Allianz）及其合作伙伴在Nephila签署了三份单独的《体积固定协议》（VFA），涉及美国得克萨斯州、伊利诺伊州和堪萨斯州的三个风能项目，总计近500兆瓦。

代理收入互换的结构

图 10.6 显示了额定输出功率为 3 兆瓦的风力涡轮机的典型 S 曲线，其切入速度为 4 米每秒，切出速度为 15 米每秒。切入速度是阈值风速，在该阈值风速之下，涡轮机保持静止并且不发电。切出速度是指风速过高时，风机停止运转以防止由于高风速引起的过大压力而造成损坏的风速。

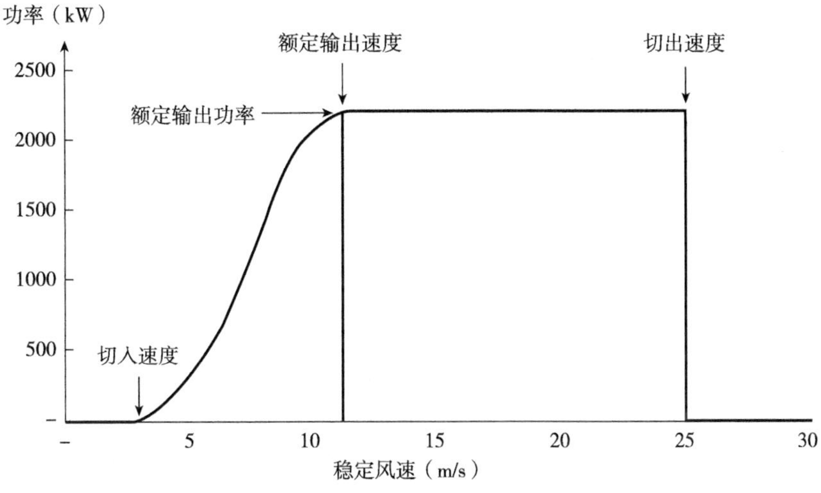

图 10.6 风力涡轮机的 S 形曲线

图 10.7 给出了典型风电场风速的概率形式。在此图中，可以观察到所研究的风场的平均速度为 7.25 米每秒。

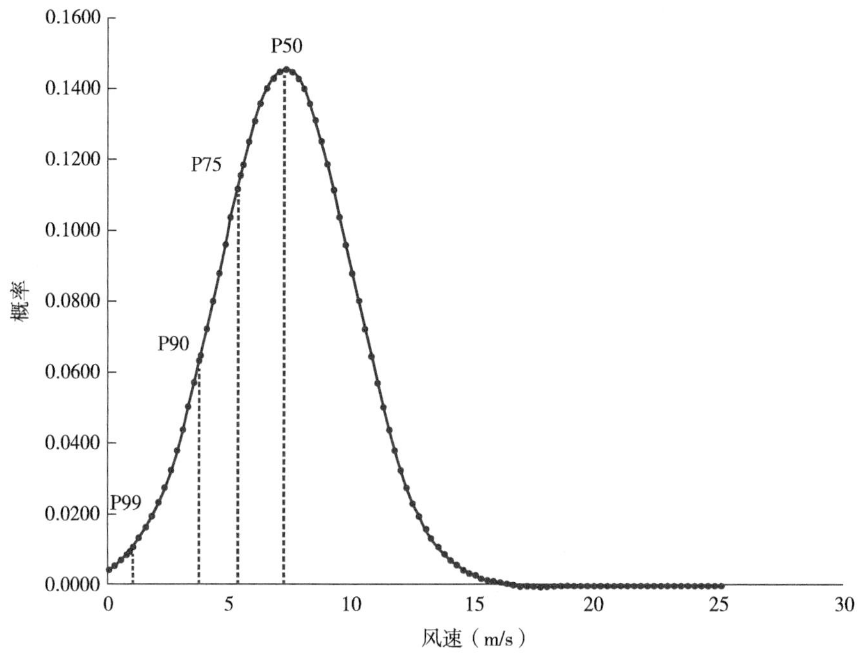

图 10.7 风速的概率分布

结合使用这两个数据，我们发现，一家保险公司可能愿意提供平均速度为 7.25 米每秒的代理发电掉期，相当于每台 1.451 兆瓦功率风机或每台发电 12710.76 兆瓦·时。如果十年期掉期的市场电价为 25 美元/兆瓦·时①，则研究中的风电场在 10 年的年平均代理收入中应可从每台风机中获得 317769 美元。因此，一个拥有 100 台额定功率为 3 兆瓦共计 300 兆瓦规模

① 在所有其他条件相同的情况下，PRS下可用的固定价格将始终低于商品对冲的市场价格，因为商品对冲的合同规定的数量一开始就是固定的。因此，如果项目没有交付合同规定的数量，则会产生违约金。跟踪账户机制可以缓解潜在的性能不佳所带来的压力。但是，PRS的工作原理有所不同，并承担了风力发电的风险。因此，提供PRS的保险公司承担着协方差风险，即当市场价格较高时，风能项目产生的电能可能会较低。因此，对于这种增量风险，PRS下的固定价格必须低于商品对冲下的固定价格。

的风电场，可以创造 3180 万美元的年收入。

保险公司通常会针对进入 PRS 收取前期和定期保费。保费支付可以根据应收保险人的代理收入进行结算。

最终，相对于对冲的数量来说，项目发起人对对冲的收入更加感兴趣。当然，如果对产出进行固定的价格对冲（例如商品对冲或公司 PPA），则数量对冲会直接转化为收益对冲。在完整的代理收入互换结构中，一旦为站点生成了风力发电曲线，保险公司就可以在对冲有效期内，使用电力市场的远期价格来构建风电场所产生的年化“代理收入”。由于仅在中心结算的电力产品具有合理的流动性，代理收入通常由中心结算的电价得出。图 10.8 说明了风能项目的 PRS 的结构。

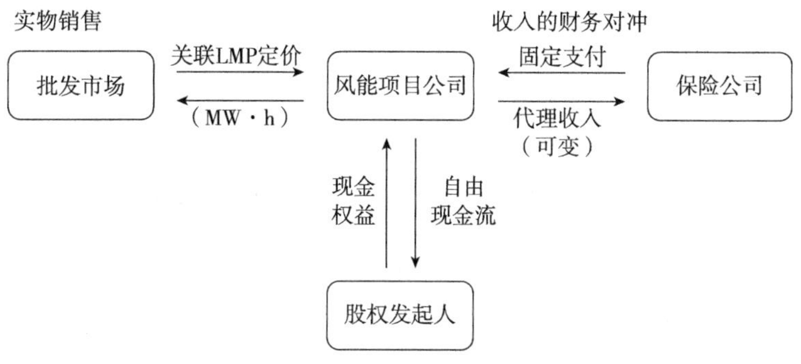

图 10.8　代理收入交换的结构

如图 10.8 所示，风能项目公司将市场中的电力出售给当地市场，并接收当地的 LMP 作为其产出。代理收入（使用制造商指定的 S 曲线、实际风速和在指定时间间隔内指定参考位置的实际电价计算）被定期支付给保险公司。作为回报，项目公司会从保险公司那里收到一笔固定的付款，这是在代理人收入互换合同中确定的。因此，代理收入互换作为项目收入差异的（近似）合同，从而稳定了项目担保人及出资方等单位得到的现金流。

代理收入掉期通常不会完美地对冲该项目的收入。例如，实际S曲线很少会与制造商指定的S曲线完全匹配。另外，由于预定计划或者强制电力中断、传输削减等情况的发生，该项目可能无法实施。最后，代理收入通常使用合同指定位置的市场中心参考价格来计算，而项目的收入则依靠的是项目连接点的电价。这使项目面临传输基点差异风险。尽管存在这些残留风险，代理收入掉期在可再生能源担保商中也越来越受欢迎，因为它们可以对冲风电项目的电价和发电量风险。这极大地提高了那些不具备公共事业性质PPA项目的融资能力，并有可能增加担保商的债务融资能力。

代理发电掉期和看跌结构

考虑到代理收入掉期的受欢迎程度和局限性，保险公司为其客户提供一些替代结构化产品并不让人惊讶。在代理发电掉期下，如图10.9所示，代理收入和支付是使用项目所在地的LMP作为计算依据的（而不是如图10.8所示的标准代理收入掉期中使用的中心价格）。因此，代理发电掉期对互换的两个方向均使用相同的指标价格，并有效地固定了项目的风力发电量。

代理收入基本上可以保证项目产生收入的下限。因此，如果产出市场价格高于地板价，则风能项目公司将从较高电价中获益。相反，如果电价跌破地板价，则项目公司将受到保护。当然，由于保险公司现在承担着非常不同的风险，向保险公司支付的预付保费溢价将非常不同，这些溢价是所有代理收入结构产品中必须加入的。

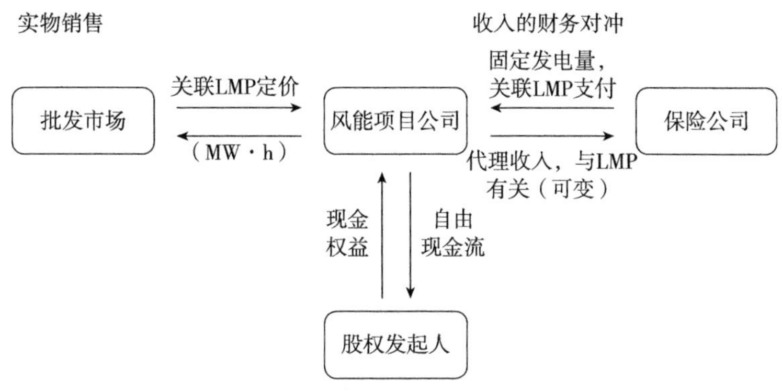

图 10.9　代理发电交换

尽管这里讨论的大多数代理收入掉期最初是为风能项目设计的，保险公司也一直在积极地为太阳能项目推广相同的产品。

比较项目承购方案

本节概述的不同承购结构对项目担保人公司具有不同的特征和残余风险。表 10.1 突出显示了各种承购结构的一些关键特征，并将它们与“传统”公共事业 PPA 结构进行了比较。在传统 PPA 结构中，电力在项目母线上出售给承购人，承购人则承担价格风险。应当指出，代理发电掉期可以与公司 PPA 或商品对冲组合使用，因为该产品解决了风力发电的风险，而其他两种产品主要解决了价格风险。

此处仅针对一些项目和变化做深入概述。

表 10.1　各种承购结构的比较[①]

	公共事业 PPA	商品对冲	公司 PPA	代理收入互换
首次交易时间	20 世纪 80 年代	2007.08	2010	2016
交易对手	公共事业	商品商人	公司	天气风险投资者
实物或者金融	实物	实物（ERCOT）/金融	金融	金融
单位价格	固定	固定	固定	受数量规模影响
结算点	母排点	交易中心	母排点或交易中心	交易中心
基本价格风险	无	有	取决于结算点	有
市场销售	否	是	是	是
收入是否基于风力产量	是	是	是	是
收入是否基于可用性	是	是	是	是
收入是否基于效率	是	是	是	是
固定产量体积	无	每小时（P99）	无	无
最低交货义务	年度最低产量	无	年度最低获得量	无

量化和管理商品价格风险敞口

如前所述，具有项目融资结构的可再生能源项目处理大量电价变动风险的能力有限。这些“商品”价格风险直接影响现金流，进而影响项目偿还债务和履行其他义务的能力。因此，具有较大商品风险敞口的项目通常依靠标准的公司融资结构在资产负债表上融资。例如，这种情况在欧盟相

① 诺顿·罗斯营销报告，由罗伯特·埃伯哈特提供。

对普遍，许多大型欧洲发电集团在资产负债表上建立了新项目。但是，即使是对冲项目（例如具有 PPA 的项目或本章中讨论的另类承购结构的项目）通常也存在一定程度的剩余商品价格风险。例如，对于具有公共事业 PPA 的项目，PPA 可能无法覆盖项目的所有容量，从而使发电量在某些情况下（例如在某些时期内）面临价格风险。使用另类承购结构而造成较大的剩余价格风险是非常普遍的现象。

许多公司 PPA 和公共事业 PPA 都没有涵盖整个可再生能源项目的全生命周期。因此，这些项目未签订合同的使用寿命将面临商户价格风险——一旦 PPA 终止，该项目仍能够继续发电。

例如，对于电力价格对冲，对冲的大小通常为估计的 1 年 p–99 发电水平。由于预计发电量会更高，该项目面临实际发电量与对冲量之间差异所引起的商品价格风险。

如第九章中所述，商品风险的一个子集是传输基点风险。如果承购合同以项目连接点以外的其他地点的价格作为结算价格，则该项目将面临传输基点差异。这个差异是两点位置（中心点与项目地）市场价格的函数。

市场价格预测和分析的用途

对于具有重大商品价格风险敞口的项目，为了预测项目未来的收入，进行未来价格预测很有必要的。预测和分析过程还可以洞悉未来市场价格的驱动因素以及项目担保人面临的长期风险。

（1）商品电价预测可确保在开发项目的尽职调查初期对价格风险进行量化，从而有助于确保在评估过程的早期就筛选出没有吸引力的项目。

（2）商品价格预测可用于协商商品对冲，因为对未来市场价格走势的分析过程基于从下至上的方法且注重基本面分析。

（3）可以量化传输和基点风险，并且可以在项目进入运营阶段、传输升级或者对传输系统进行其他更改时调整预测。

制定商品价格预测的方法

预测未来电价会带来很大的不确定性。如第 8 章所述，电力市场本质上是复杂的，市场价格受发电成本、传输系统条件、需求变化和其他因素的影响。本节对项目融资分析中使用的未来市场价格来源进行简要的概述。

远期市场价格

批发电力市场参与者根据远期合同（例如掉期合约）进行电力交易。就电力而言，与某些商品不同，该交易的大部分都是基于场外交易（OTC）进行的，因此，市场价格的可见性要比流动性更强的期货市场（例如石油和天然气）低。尽管如此，在某些时段和某些市场中心位置，仍可以从像 ICE 这样的交易平台或者价格报告源处获得价格指数。这就可以为未来电力输送的远期市场在何处进行交易提供一些信号，但是依然有很大的局限性。这些交易量通常相对较小且流动性通常仅延续几年。尽管存在这些限制，人们通常还是把远期市场的中枢电力价格作为现货价格走向的一个判断指标。

商业价格预测服务

人们也可以从各个供应商处购买未来电力市场价格的预测产品，并且这些预测通常被用于项目融资以评估商品未来收入。这些数据源的一个缺点是驱动价格预测和方法论的输入参数通常是不透明的。因此，当涉及各个融资方时，通常很难集中于一个数据源和价格预测。此外，由于数据源可被每个人使用，因此无法对一方提供定制化专有的预测服务。

基于基本原理的模型

开发电力市场预测的另一种方法是使用基于基本原理的软件模型，该模型也广泛用于输电拥塞分析、发电和输电资产评估等。市售模型，例如 Aurora XMP、ProMod、GE MAPS 等，可以模拟现货市场的运作，通常每小时进行一次。一些项目融资参与者具有自身基于基本参数的预测能力，但大多数人通过专门的外部咨询公司进行这些预测。

由于这些模型模拟了复杂现货市场的运作，因此数据输入要求很高。一些著名的例子包括：每小时和季节性的用电需求形态以及未来的增长和变化，燃料价格假设（尤其是天然气价格），有关现有发电厂的数据以及预计新增的数据，表示传输系统、约束条件和预期的运输升级，风能和太阳能等可再生能源的资源概况。

一旦针对特定情况的输入参数得到确认，这些程序就可以提供每小时价格预测、传输拥塞、基准差等数据。一些模型用于预测节点 LMP 价格，而其他模型则基于区域运行。

这些模型可以提供市场和单个发电机级别的大量原始输出参数。从这些输出的数据中，项目融资分析师可以预测并模拟所需的收入和其他预测，以补偿市场驱动因素固有的不确定性。

详细的基于基本参数的方法对于数据输入和成本的要求很高，但是这种方法的优点是可以对未来价格和项目收入的驱动因素有更好的理解。因此，建模过程不仅有助于预测价格，而且有助于了解未来市场风险并制定电价风险管理策略。

商品电价风险的风险管理策略

在可再生能源项目的初始阶段，许多剩余的商品电力风险实际上无法对冲，尤其是长期风险（对未来的发电进行对冲）。在这种情况下，为了在可再生能源项目的整个生命周期中对冲这些风险，项目担保人需要设计一种审慎的策略。本节的其余部分将简要介绍几种可以应用的方法。

成堆滚动对冲

电力市场中常见的对冲问题是，长期的对冲交易几乎没有流动性。在这种情况下，一种策略是滚动对冲，在新的对冲合约滚动替换旧对冲合约。尽管这有助于在每个对冲合同期间为收入提供稳定性，但它不能提供长期的价格稳定性，因为定价可能会因每个对冲合同的条款不同而发生变化。

在相关市场进行对冲

如前所述，对电力的长期对冲受到流动性因素的限制，但长期天然气对冲的市场相对较成熟。如果预计电力市场价格将与天然气价格保持关联，则有可能用天然气期货或其他衍生品对冲长期价格风险。例如，在一个市场中，从长期来看，天然气发电的边际收益很小，那么适当规模的天然气对冲（例如天然气期货、掉期交易、领子期权）就可以降低电价风险，即使对于一个不使用天然气的风电场项目也是这样。使用天然气期货或远期交易通常会提供相当“浑浊”的对冲，因为电力和天然气价格并不总能完全相关。

第十一章

项目开发与评估

如前文所述，大规模的可再生能源项目的开发，建设和运营非常复杂，并且该过程的每个阶段都为投资者带来运营和财务风险。本章探讨可再生能源项目的生命周期及不断变化的风险状况，并讨论可再生能源公司和单个项目在运营和开发阶段基本的估值方法。

可再生能源项目生命周期

图 11.1 说明了可再生能源项目典型的生命周期，分为三个基本阶段：开发、建设和运营。在项目使用寿命结束时，可能还需要拆除该项目，但是太阳能和风能项目的拆除成本相对较小。

在开发阶段，项目开发者或赞助者力图确保项目成功所需的所有要素。例如，确保场地的安全，申请并获得环境及其他必要许可，与电网互联以及确保承购安排——如 PPA，这些都是为了项目的产出。初步的工程和项目设计工作也将在此阶段进行，通常在开发阶段结束时，接着开展融资的工作。大型项目的开发可能需要数年时间，尤其是在选址、许可和互联问题复杂的情况下。

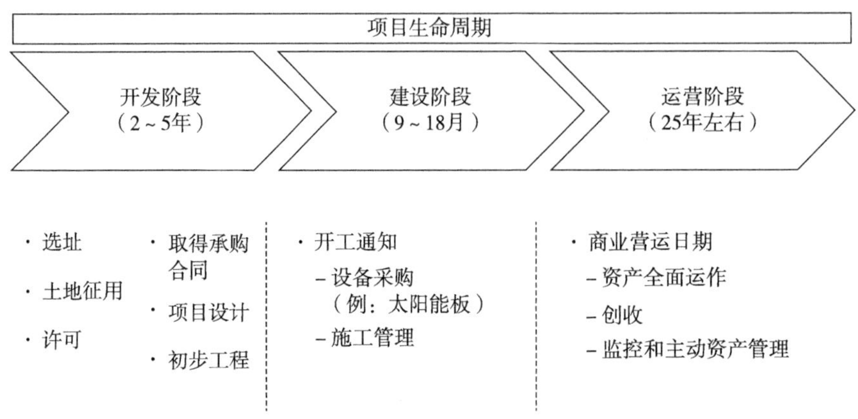

图 11.1　可再生能源项目的生命周期①

在开发过程的最后，如果所有步骤都成功完成并且获得融资，则项目开发商或赞助商可能会发布开工通知（NTP）。NTP 是项目发起人给 EPC 承包商的正式通知，明确 EPC 承包商可以在合同条件下开始工作的日期。通常来说，NTP 与项目的财务结算相吻合。

最终设备采购（例如风力涡轮机或太阳能电池板的交付）、现场准备、建筑和设备安装以及涡轮机或太阳能电池组件与电网的连接都在施工阶段进行。与大型火力发电厂相比，大型电站级的风能和太阳能项目的建设阶段通常相对较短，从 9 到 18 个月不等。

商业运营日期（COD）标志着施工阶段的结束。独立工程师证明，在 COD 日期之前，已按照 EPC 合同的规定建造了可再生能源设施并完成所有必需的性能测试。有时，根据互联协议和 PPA，传输运营商和 PPA 承购者可能分别要求测试或认证要求。在 COD 日期之后，通常认为该项目

① AWEA年度报告（2016）。

已准备就绪，可以投入商业运营。

COD代表着项目运营阶段的开始，该阶段可能持续25年或更长时间。通常，项目公司会聘请O&M承包商来运行项目并确保满足性能要求。同其他重要的项目供应商一样，放款人和其他投资者非常重视O&M承包商的经验和成果。在项目公司或赞助商任命任何新的O&M承包商之前，需要投资者批准项目融资的文件。

项目开发阶段

分析可再生资源并且取得进行中项目所需土地的控制权，标志着可再生能源项目的开发阶段开始。

对于风能项目来说，首先在潜在地点安装风速计以测量各种高度的风速。然后，将数据与附近气象站的风速数据关联匹配。这些气象站通常由政府或准政府机构维护，数据序列更长。之后利用外推技术，用相关性参数估算项目使用寿命内的风能资源。相关性和外推方法容易受偏差和误差的影响。因此，风速测量周期越长，估算的准确性越好。风速计设置在不同的高度，用来评估轮毂在各种高度所能产生的能量，因为通常来说，轮毂越高意味着风力越强。但是，轮毂增高所增加的风力发电量也导致较高的塔架和额外的支撑基础设施成本，因此需要进一步分析利弊。当地的航空交通管制也可能会施加一些限制。例如，在美国，风能开发商需要获得美国联邦航空管理局（FAA）的许可，以确保风电场不会对附近机场的空中交通造成任何阻碍。高于500英尺的结构要获得许可，通常需要美国联邦航空局（FAA）严格审查，以及更长时间的公开征求意见和批准流程。

太阳能项目的资源分析相对简单，通常是案头工作，人们研究太阳能辐照数据的时间较长，并且太阳能比风速稳定得多。因此，无须在现场收集数据就可以地精确预测太阳能辐射。此外，使用新兴的软件程序可以通过知名厂商生产的太阳能电池板和逆变器上的数据，精确估算一个太阳能站点的发电量。

由于可再生能源项目需要大量土地，取得土地控制权的过程可能很艰巨，尤其是对于风能项目来说。通常，开发商会以一定的价格签订一个租用土地的期权合同。该期权涵盖整个开发期，如果行权，则开发商能以约定的费率，在项目寿命期租用土地。这个费率可以是每英亩土地的固定利率，也可以与项目收入挂钩。在某些情况下，费率可能会在租赁期限内以预定的方式增长。随着时间的流逝，土地所有者越来越倾向于托管风电场，以产生附加的收入，并倾向于签订费率与项目收入挂钩的合同。

取得土地控制权并进行资源分析后，开发商可以开始取得项目建设和运营必要的许可。如第五章所讨论的那样，这个过程耗力、耗时且昂贵。

开发初期所需的资本支出通常并不多。但是，由于经济或其他原因引发多种问题，项目在开发阶段会面临重大风险。因此，开发人员通常会在一个区域内进行项目组合，以分散各个项目的风险。

一旦开发人员开始获得互联协议和承购合同（例如 PPA），就需要为新项目投资大量的钱。如第五章所述，互联协议允许一个项目连接到输电电网，但前提是该项目的运行不会危害输电电网的稳定性和正常运行。作为互联过程的一部分，系统操作员或传输所有者可以明确传输升级或容纳项目所需的新设施；通常项目资助商需要支付这些升级和购买新设施的费用，而这些费用可能会很高。因此，在执行互联协议时，传输运营商可以规定项目所有者存储等同于升级成本的现金存款或信用证，并在升级时确保支付费用。现金存款或信用证过账要求是一种保障措施，如果项目未按预期完成或延迟超过合理的时间范围，则传输运营商产生的成本可以获得补偿。

承购交易对手可以要求信贷支持。如第五章所述，承租人不希望承担该项目未按预期投入服务的风险，并且该项目将被迫以高于原始合同规定的价格签订新合同。为了应对风险，承购人可以要求现金存款或信用证来承担与项目相关的信用风险。通常需要在执行 PPA 后的几周内获取此类信贷支持。如果发生商品套期保值或代销收入互换，则在合同执行前需要先满足信贷支持的要求。因此，开发商通常将商品套期保值或代理收入互换的执行推迟到财务结算之后，以便他们可以利用可用于发布信用证的建设融资。但是，由于商品套期保值的价格随市场状况而变化，开发商通常会承担市场变化对项目的经济产生重大影响的风险。

互联协议和承购合同的信贷支持要求可能会因项目的性质、所涉及的实体、合同的内容等而有很大差异。随着时间的推移，传输商、系统运营商和合同的交易对手越来越关注可再生能源项目发起人的信用情况，这些要求通常会增加。

如图 11.2 所示，风险会随着时间的推移而显著下降，而总资本支出则随着完成项目发展的重要节点而增加。因此，根据项目在开发范围内所处的位置不同，正在开发的项目估值可能截然不同。

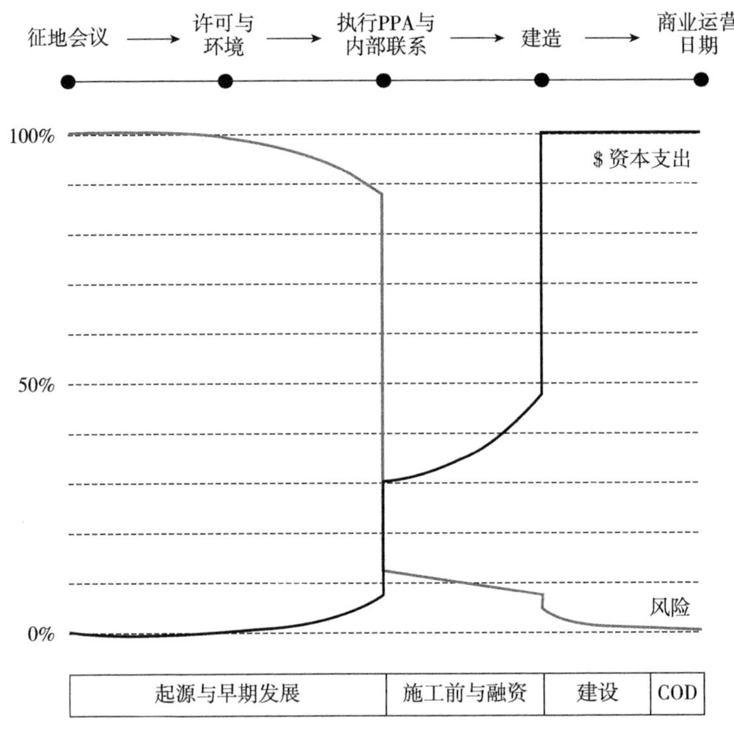

图 11.2　开发项目的风险和资本支出概况 [31]

施工阶段

到可再生能源项目进入施工阶段时，所有开发和许可相关的活动都已完成，建筑和设备合同已经开始执行，并且财务结算也已经完成。这可以确保项目发起人和其他相关各方具有足够的财力资源。

施工阶段的风险主要与项目的及时施工和调试有关。幸运的是，根据项目地点和其他特征，大多数可再生能源项目的建设时间相对较短，从几个月到几年不等。逻辑上来说，风能项目的建设比太阳能项目更为复杂，因为太阳能项目离地面较近，并且使用的设备较小。例如使用生物质或地热技术进行的项目建设可能会更复杂，且建设时间更长。

施工阶段并非没有风险。如图 11.3 所示，根据 1983—2012 年期间基础设施项目（包括电力项目）的项目融资贷款的历史数据，基础设施项目的项目融资贷款在最初几年的违约率相对较高，这主要是施工风险导致的。下面的图表显示了违约率随时间的变化。

边际年违约率（%）

年份	开始数据（巴塞尔）	开始数据（周一）	周一 A 级	周一 Baa 级	周一 Ba 级
1	1.29	0.95	0.06	0.18	0.91
2	1.21	0.89	0.12	0.28	1.68
3	0.96	0.70	0.19	0.32	2.04
4	0.74	0.50	0.20	0.38	2.19
5	0.55	0.37	0.24	0.39	1.97
6	0.39	0.26	0.27	0.40	1.81
7	0.25	0.16	0.28	0.38	1.64
8	0.18	0.11	0.29	0.38	1.57
9	0.12	0.06	0.30	0.39	1.55
10	0.08	0.04	0.29	0.43	1.57

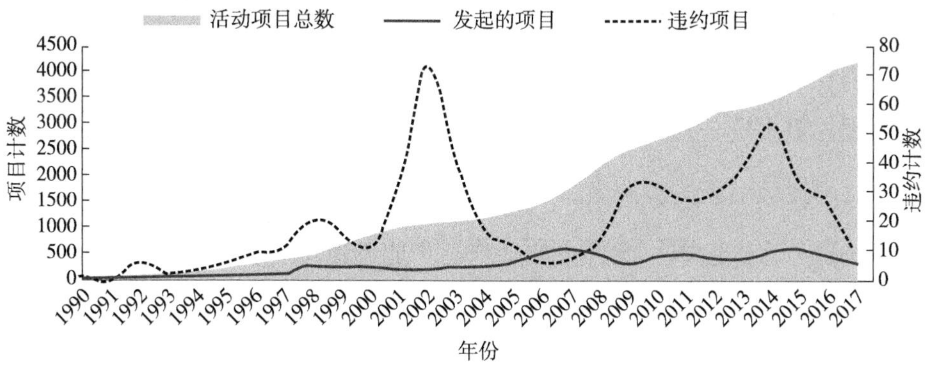

图 11.3　穆迪对项目融资贷款的分析 ①

① 穆迪的投资者服务（2014年3月5日），《项目融资银行贷款的违约率和回收率（1983—2012年）》。

从对历史贷款的违约率和可回收率分析中可以得到主要结论：随着项目不断运营，违约风险将大大降低。对于某些项目，尽管在成立之初被评为穆迪（Moody's）“Baa2”级别，在项目运行的后几年里，违约率甚至比评级为“A”级的债券还要低。

穆迪分析的其他相关结论：2002 年项目融资贷款很艰难，但从 2008 年开始的严重衰退对违约率的影响相对较小；如果发生违约，可回收率约为 80%（施工后约为 82%—83%）。

在建设阶段，较高的违约率和较低的可回收率是合理的，因为项目比运营阶段更加脆弱。例如，所需设备的采购和交付中可能存在后勤问题。在重大建设项目中，天气风险也很重要。大型工程系统的可靠性分析表明，在初始运营期间和项目接近结束时，故障率更高。对于包含复杂的机电系统的电力项目，在运行的最初几个月或几年中，故障率明显更高。随着项目不断运营，故障率通常会回归平稳。最后，对于在建设阶段发生违约的项目，很可能债权人的追偿低于在运营阶段发生违约的追偿。

项目施工阶段的违约通常与施工延误或超支有关。除非有其他投资者愿意投入更多资金，否则通常回收资金的可能性很低。正在建设中的未完成项目不会吸引新的投资者，特别是如果初始的赞助商选择退出该项目而不是投资更多的股本。此外，如果施工不能迅速重启，进一步的延误可能会进一步损害项目的经济效益。

运营阶段

假设基础技术是可靠的，一旦项目达到其 COD 日期并全面投入使用，运营风险通常会相对较低，并且以资源风险（例如风速或日照时间）为主。

可再生能源公司的估值

可再生能源公司的估值面临多重挑战。可再生能源发电公司的运营项目组合通常使用无追索权融资，并通过合资企业和/或联合投资的方式持有。这在对现金流建模和使用典型的评估方法时加大了复杂性。

此外，在可再生能源行业仍处于显著增长阶段的情况下，许多可再生能源公司拥有大量的正在发展的业务和正在开展的项目。对这些开发项目进行评估并非易事，因为这些项目具有固有的风险（许多项目可能永远无法实现，因此具有“二元”类型风险），并且没有评估这些项目的标准框架。对于外部的观察者来说，开发流程的能见度通常很有限，因此很难估计成功的概率。最后，由于公司之间项目和投资组合的特征千差万别，因此很难为单个项目或投资组合寻求市场参照。

可再生能源发电公司通常被视为运营项目的组合，以及一家包含了开发项目的开发公司。两者都可以通过现金流分析来理解，但是在项目投入使用之前开发项目会有更多不确定的现金流。

图 11.4 显示了一个典型的大型电站级可再生能源项目的现金流。在这个简化图中，所有现金支出都假设按固定时间间隔发生。此外，假定所有开发资金在项目开始 t=0 时已支出，而所有施工资金在开始施工 t=C 时支出。此外，为便于理解，假设运营阶段的现金流相同。

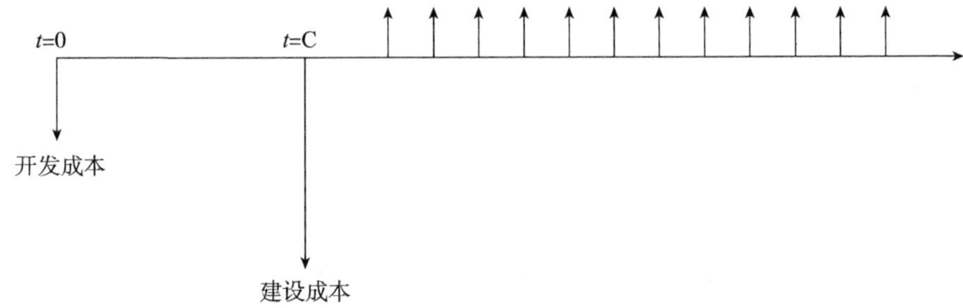

图 11.4　典型可再生能源项目的现金流表

这些现金流模型和按适当利率折现是评估现有和潜在项目的核心，而后者难度更大。

现有可再生能源项目估值

使用普通的现金流贴现法（DCF）估值，对于在建设或运营阶段的项目来说相对简单。DCF 法当然不是唯一的估值法，在其他情况下也可以使用其他方法。DCF 分析广泛应用于商业项目融资中，并将在此处的示例中使用。在 DCF 方法下，通常使用资本资产定价模型（CAPM）或相关方法确定权益成本。本节简要介绍了 CAPM 公式。关于 CAPM 及其相关概念的概述可在许多经典的估值和金融教科书中找到[32]。CAPM 并不是唯一的股权估值方法，却被广泛使用，并且反映了现代金融理论中投资者如何看待其投资组合。

加权平均资本成本（WACC）由股权和债务成本以及企业的资本结构计算得出，同时考虑了税收影响。在这个简化的表述中，只包括普通股和一笔债务。

$$\mathrm{WACC}=R_{\mathrm{D}}+(1-T_{\mathrm{c}})\times D/V+R_{\mathrm{E}}\cdot E/V$$

$$V=D+E$$

式中，R_{D} 是债务成本；R_{E} 是股本回报率；T_{c} 是税率；D 是债务的市场价值；E 是股票的市场价值。

在 CAPM 方法下，证券的股本回报率与项目的系统性（不可分散）风险有关，因为投资者可以通过分散投资组合来消除或减轻异质性或非系统性风险。β 衡量的是特定证券与整个市场相比的收益波动率[①]。

$$R_{\mathrm{E}}=R_{\mathrm{f}}+\beta R_{\mathrm{P}}=R_{\mathrm{f}}+\beta(R_{\mathrm{m}}-R_{\mathrm{f}})$$

式中，R_{f} 是无风险利率；R_{P} 是股权风险溢价；R_{m} 是市场投资组合的预期收益率；β 是相对风险系数。

在应用 CAPM 时，如何选择正确的 β 很关键。一般而言，β 应反映与公司或项目相关的系统性风险，因为异质性风险可以分散（例如特定位置的风向）。在实际应用中，可能还会存在规模溢价、国家风险和其他调整。

在实践中，通常无法直接确定特定公司或项目合适的 β，因为没有可交易的证券来反映这些风险。在这种情况下，投资分析师通常会选择一组可交易的证券来代表合理的基础系统风险，以建立 β 系数。由于观察到的“回归”的 β 受各个公司的杠杆率的影响，因此，为计算每家可比公司的权益 β，必须将所测得的 β 换算成无杠杆的。

对于特定的可再生能源公司和项目，可能很少有直接可比的上市公司，因此很难找到合适的代表组合。

一旦使用 CAPM 模型和债务成本建立了 WACC，对特定现有的可再

① 用数学术语来说，β是证券收益和市场投资组合收益除以一段时间内市场收益方差的协方差。β通常使用回归分析来估算。

生项目的估值通常就很简单了。未来的收入用估计的产出和未来价格（根据 PPA，不同时期的其他对冲的收入、商品价格收入或这些收入的某种组合）估算。项目运营费用也可以估算。

随着可再生能源领域不断发展，项目使用寿命的估算有所延长。风力发电项目的使用寿命可长达 30 年，太阳能发电项目的使用寿命可长达 35 年。通常来说，项目的残值被假定为零，因为设备的废料价值通常仅仅够用来支付设备的拆卸和处置费。

一旦估计了未来的现金流量，就可以将其折现，从而计算该项目的净现值（NPV）。

项目估值示例

以下例子简单说明了太阳能项目的估值过程，包括项目的建筑成本。

一家可再生能源开发商有一个 150 兆瓦的太阳能项目待出售。该项目计划在从现在开始的一年内实现商业运营，预计将实现 20% 的产能利用率。该项目的使用寿命为 25 年，一旦实现商业化运营，所有能源在使用寿命期内将根据 PPA 出售。PPA 费用为 75 美元 / 兆瓦 · 时）（不涨价）。每年的运营费用预计在 25 美元 / 千瓦范围内变动（不涨价）。该项目的建设成本为 2 亿美元（全部费用）。

为了简化示例，假设在 25 年的有效期内项目的全部成本直线折旧，并且没有税收抵免、税收公平或其他复杂问题。还要假设公司的边际税率为 35%，在项目层面没有营运资金，并且项目公司在其使用寿命内将不需要任何资本支出。

在资本成本方面，本示例假设无风险利率为 2%，股权风险溢价为

6%，适当的 β 为 0.75。债务成本为 4%。该项目将由 50% 的债务和 50% 的股权构成。

可以使用 CAPM 公式来计算预期的股本回报率：

$$权益成本 =R_f+\beta R_p=2.0\%+0.75\times 6\%=6.5\%$$

因此，加权平均资本成本为：

$$WACC=（1-35\%）\times 50\%\times 4\%+50\%\times 6.5\%= 4.55\%$$

第一步是计算每年的预期发电量：

每年能量产出 =150MW × 20% × 8760h/a=262800MW · h

然后可以根据 PPA 价格计算收入：

收入 =262800MW · h × \$75/（MW · h）=\$19710000/a

运营费用（Opex）可以根据提供的固定值美元 / kW 进行计算：

运营费用 =\$25/（kW · a） × 150MW × 1000kW/MW=\$3750000/a

因此，该项目的 EBITDA 为：

EBITDA=\$19710000−\$3750000=\$15960000/a

最后，我们知道初始年的资本成本为 \$200000000。因此，假设简化为 25 年直线折旧：

折旧 =\$200000000/\$25a=\$8000000/a

息税前利润（EBIT）等于 EBITDA− 折旧，因此：

EBIT=\$15960000−\$8000000=\$7960000/a

最后，一年中的自由现金流（FCF）计算式：

FCF=EBIT ×（1− 税率）+ 折旧 + 营运资金的变化

在这种情况下，假设每个时期的营运资金的变化为零。因此，每年的自由现金流可计算为：

FCF=$7960000×（1–35%）+$8000000+0=$13174000/a

在这个简单的示例中，由于假定每年的收入和支出是恒定的，所以每年的自由现金流是恒定的。这样就可以简单地以 25 个等距的年度现金流的现值（每年为 13174000 美元）来计算未来经营现金流的现值。使用 WACC 作为折现率，得出的现值为 194345391 美元。

净现值还必须考虑该项目的初始建设成本 2 亿美元。因此，该项目的净现值为 –5654609 美元。

盈亏平衡 PPA 价格

PPA 收支平衡价格定义为使项目的净现值等于零的固定能源价格（在所有期间）。因此，收支平衡的 PPA 价格等于项目平准化度电成本（LCOE）[①]。

从数学上讲，这是逆推的问题，计算出每个时期的盈亏平衡自由现金流，利用 WACC 折现后的现值等于建筑成本：

现值（4.55%，25 年，收支平衡 FCF）=2 亿美元。

用简易计算器或电子表格计算表明，根据这些假设，收支平衡 FCF=$13557306/a。

一旦我们有了实现 2 亿的规定现值的盈亏平衡自由现金流，就需要倒推计算盈亏平衡收入。

首先，给定盈亏平衡 FCF，可以如下计算盈亏平衡 EBIT：

盈亏平衡 EBIT=（盈亏平衡 FCF– 折旧）/（1– 税率）=$8549702/a

① LCOE被定义为项目生命周期内的单位发电成本。该指标用于比较不同发电技术的使用寿命、项目规模、资本成本、回报要求等。LCOE的详细描述和计算方法参见附录B。

使用盈亏平衡 EBIT，可以计算盈亏平衡收入，对所需原始收入的调整，如下所示：

盈亏平衡收入 = 原始收入 +（盈亏平衡 EBIT- 原始 EBIT）=19710000+（8549702−7960000）=$20299702/a

盈亏平衡 PPA 价格 =$20299702 ÷ 262800（MW・h）=$77.244/（MW・h）

正在开发的可再生能源项目的估值①[33]

为了解正在开发项目的价值，考虑另一个可再生能源项目的简单示例。假设建设成本为 6000 万美元，且在项目运营时将产生现值 1 亿美元的运营现金流，这意味着净现值为 4000 万美元（在建设时）。为了简化估值，假设该项目将获得成功。进一步假设该项目预计要进行一年的开发才能开始建设，如图 11.5 所示。此外，假设资本成本为 8%。目前该项目的价值是多少（t=0）？

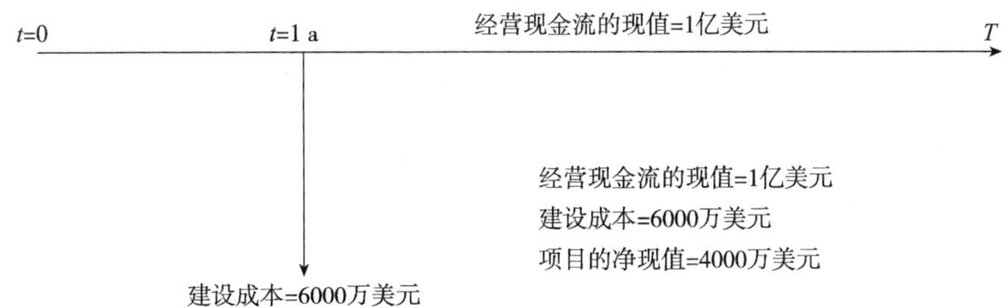

图 11.5　开发项目的简单示例

① 本节中用于评估开发项目的分析框架是基于Stewart Myers和Laxmi Shyam-Sunder在制药开发项目中使用和描述的结构。

在第 0 年，该项目的商业运营价值只能预测。通过将第 1 年的现金流用 8% 的资本成本折现得到现值，因此：

$$PV_0=PV_1/（1+R_c）$$

$$PV_0=\$100000000 \div （1+0.08）=\$92590000$$

假设这笔 6000 万美元的建筑成本是事先可知的，并且一次性产生。需要注意，无论开发项目的结果如何，都假定建筑成本是固定且确定的。因此，建筑成本被视为固定负债，按 2% 的无风险利率折现：

$$PV_{建设}=\$60000000 \div （1+0.02）=\$58420000$$

因此，商业运营开始前一年的项目净现值为：

$$\mathrm{NPV}_0=PV_0-PV_{建设}$$

$$\mathrm{NPV}_0=\$92590000-\$58820000=\$33770000$$

在得出 NPV_0 时，折现了该项目，该项目在 t=1 年的净现值为 4000 万美元，而在 t=0 年的净现值为 3377 万美元。这意味着折现率为 18.45%，因为：

$$\$33770000=\$40000000 \div （1+0.1845）$$

因此，适用于 1 年开发期的资本成本为 18.45%，而不是预期的 8%。由于我们已经有了资本成本，因此可以针对此类案例计算出开发期间的适当 β，如下所示：

$$无风险利率=R_f=2.00\%$$

$$权益风险溢价=R_P=R_m-R_f=8\%$$

$$资本成本=R_C=R_f+\beta_{开发} \times R_P=2.0\%+0.75 \times 8\%=8\%$$

因此：$\beta_{开发}=2.06$

还有另一种方法在项目建设之前和之后分析风险 / 回报。在 t=0 时，有一个风险为 $\beta_{开发的}$项目，其现值为 3377 万美元。按 t=0 的现值计算，该项目的建设负债为 5882 万美元。在本案例中，再次假定项目是成功的。因此，$\beta_{建设}$=0。在项目施工时，期望其现值为 1 亿美元，在 t=0 时为 9259 万美元，$\beta_{资产}$为 0.75。因此，在 t=0 时，项目的风险预计会更高，这就跟施加杠杆的公司风险预计会更高一样，即使企业资产的风险保持不变也是如此。换句话说，项目建设的 β 和开发的 β 之和必须和商业运营开始时资产的 β 相等。具体来说，

$$\beta_{开发} \times PV_{开发} + \beta_{建筑} PV_{建设} = \beta_{资产} \times PV_{资产}$$

$$\beta_{发展} \times \$33770000 + 0 \times \$58820000 = 0.75 \times \$92590000$$

$$\beta_{发展} = 2.06$$

应该再次强调，$\beta_{开发}$实质上高于项目的 β，这不是由于项目在开始建造之前就面临市场或开发风险，而是因为项目在项目达到商业运作之前面临着未来的固定负债（建造成本）。然而，在现实世界中，开发中的可再生能源项目由于需要经历许可和发放牌照程序，在商业化运营之前面临着许多不确定性。PPA 还需要获得监管机构的批准和评估。因此，假定该项目的商业不再一定成功。相反，由于监管的不确定性，成功的可能性为 80%，从而产生了如下所示的收益。在为期 1 年的开发过程中，成功的开发工作将产生净现值 4000 万美元，而失败的开发工作（可能是由于缺乏重要的许可）可能导致资产为零（图 11.6）。

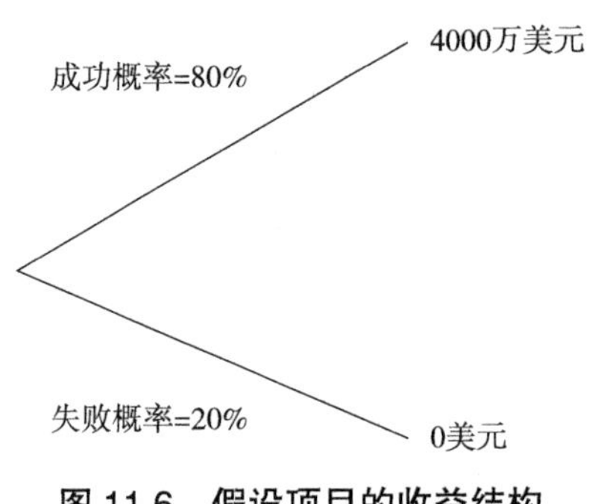

图 11.6　假设项目的收益结构

在这种情况下，项目的净现值将降至我们之前计算值的 80%，即 80% × \$40000000 ÷ 1.1845=\$27020000。应当指出的是，在这种情况下，由于失败的风险是可以分散的，因此资本成本仍为之前计算的 18.45%。因此，本示例中考虑的开发风险降低了项目净现值。

前面简化的示例可以扩展为对开发项目的投资组合进行估值，通常将它称为项目开发人员的“开发管道”。考虑到开发工作以及失败的风险，每个项目都需要独立评估。因此，投资组合的总价值将代表“开发管道”的估值。如前所述，在真正多元化的开发项目组合中，单个项目失败的风险可以在计算资本成本时分散，但必须在模型的现金流中得到反映。未来现金流还可能存在一些残留风险，这些风险是系统性的，因此应如前所述在估值中得到反映。

第十二章

储能融资：机遇与挑战

储能是指收集和储存将来要使用的能量。电网需要不断调整以保持供需之间的平衡，而储能可能是维持该平衡的关键部分。储能的主要功能是通过在供应过剩时从电网中转移能量，并在供应不足时将能量返至电网中来维持电网灵活可靠的运行。

储能的类型

目前有多种储能方法。泵水蓄能已经存在了几十年。泵水蓄能在水力发电大坝后面泵水，将电网中多余的能量转化成水能，然后通过涡轮机放水，从而产生电能。泵水蓄能是全球规模最大的储能方式，在世界范围内约有 170 吉瓦泵水蓄能。

其他常规储能方式是压缩空气储能（CAES）和飞轮储能。

CAES（压缩空气储能）的工作方式与泵水蓄能相似。在电力供应过剩的时候，空气会被加压并泵入一个专门为储能而设计和建造的洞穴中。当需要额外的电力时，存储的空气被加热并通过蒸汽轮机进行发电。

飞轮储能则是存储机械能。圆柱形转子旋转速度高达 50000 转每分。

当电力供应过剩时，飞轮会通过提高转子的速度来吸收多余的电力。相反，当需要电力时，降低转子速度，从而产生电力并输送至电网。

这些常规的储能技术主要用于短期平衡电网能量供应和需求。随着固态电子设备和其他技术的进步，电池储能成为另一种潜力巨大的储能方式。正如我们将在后面探讨的那样，电池存储比传统的能量存储系统更具通用性，因为除了平衡能量的供需之外，电池存储还可以提供其他辅助服务。此外，电池储能通常比传统发电和传统存储技术响应更快。

由于电池储能具有多功能性，全球已部署了超过 3.3 吉瓦的电池储能，其中美国和中国处于领先地位。美国已经安装了 750 兆瓦的电池储能，2018 年的储存量达到创纪录的 311 兆瓦。2019 年第一季度，电网增加了 149 兆瓦的存储容量。美国的电池存储容量预计将在 2019 年翻一倍，总价值超过 10 亿美元，到 2020 年将翻三倍，到 2024 年将增长到 40 亿美元以上[34]。2017 年 11 月，中国宣布了电网规模储能开发的十年计划，紧随美国之后，2018 年部署了 300 兆瓦的储能。预计到 2024 年，美国和中国共占全球储能的 54%。储能的第二梯队包括日本、澳大利亚和韩国，之后是德国、加拿大、印度和英国。这些国家和地区的储能部署受到多种因素的推动，包括容量的显著增加，韩国的可再生能源储能可以用来发电，竞争性的能源市场推动澳大利亚住宅太阳能存储，以及英国在全球的电池存储市场持续时间长的激励机制，储能前景光明的生命周期刚刚开始[35]；因此，本章的其余部分将专门讨论电池储能。

当前在电力应用中有四种类型的电池储能方式。锂离子（Li-Ion）电池的技术久经验证，可较长时间运行，效率高，循环寿命较好，因此被广泛使用。钠金属电池则远远落后，安装数量明显少于锂离子电池。液流电池和铅酸电池是另外两种技术，并且它们的渗透率要低得多。清洁能源国家联盟（CESA）估计，美国超过78%的电池装置使用的是锂离子技术。这些技术中的每一种都有其自身的优点和缺点。液流电池的技术仍在发展过程中，一旦液流电池完全商业化，它可能会成为大规模用电中最具竞争力的产品。

储能的价值

如前所述，电池的主要用途是平衡电网的电力供应和需求。但是，电池也可以用于提供有效的辅助服务。

需求响应或频率调节：为了可靠运作，电网需要在指定的频带内运行。因此，电网运营商需要可以快速稳健响应需求变化的供能方式。传统上，发电站依靠旋转备用装置，即已经在线并以低于标准能力发电的发电机。电池可以提供这项服务，因为可以快速放电，并且比传统能源发电快得多。所以，电池的频率调节能力比传统发电机更好。

调峰：电池可以在需求较低时充电，在需求高峰时放电，从而降低了系统的峰值需求。这种称为调峰的技术对发电厂和客户均很有用。电力公司可以用来调峰，从而不用建设高成本的发电厂[①]。另一方面，当客户用于工业或商业时，可以使用调峰来减少用电费用，因为用电价格通常取决于高峰时的需求。

① 负责为某一地区提供服务的公用事业公司需要有足够的发电能力（有足够的备用量以应付意外情况）来为高峰负荷提供服务。调峰技术可以降低公司需要提供的高峰需求。因此，如果在整个服务区域成功实施，利用调峰技术，公司可以将新发电厂的建设推迟到未来某一时期。

可再生能源的间歇性：可再生能源会受到外部因素（例如风速）的影响，因此是不可预测和间歇性的。但是，当电池与可再生能源结合使用时，电池可以使间歇性发电变得平稳，从而可调度电力。例如，当与电站规模的太阳能项目结合使用时，白天太阳能发电电池可以充电，然后夜晚太阳能系统停止工作时电池可以放电。这样就可以像常规发电源一样调度太阳能蓄电设备。

微电网：电池储能对于独立的社区尤其重要。因为集中式发电可能受阻，所以其中一些社区可能会使用微电网；电池存储可以减少这些地区发电的风险。

价格套利：由于电价相差很大，因此在低价时段（例如夜晚）为储能设备（例如电池）充电并在高价时段放电，可能会有套利空间。

电池业务模式和融资策略

根据电池的应用方式，可以采用不同的业务模型。

需求服务的容量支付——在基本业务模型中，电池储能项目因“可用”而需要定期支付容量费用。然后，当该项目提供实际的需求服务时，便可以赚取额外的收入。业务模型可以扩展、涵盖其他辅助服务，例如频率调节。

商业储能——在这种业务模式中，在非高峰时段以低廉的价格购买电力为电池充电，然后在电价较高的高峰时段向市场出售电力。

结合可再生能源的存储——在这种业务模式中，电池储能与太阳能或风能项目集成在一起，类似于传统的发电厂，使得该系统部分或完全可调度。这样的系统可以通过 PPA（如果签订过合同）或在商业市场（相对于独立的可再生能源项目）更好地定价，因为一些电力销售可以从非高峰时段“转移”到高峰时段。与可再生项目耦合的储能还可以降低新项目的互联成本。

幕后的分布式能源——电池本身可用于调峰，以减少峰值购电需求，进而降低费用。另外，也可以将电池与太阳能项目结合使用，以将多余的电力输出“转移”到用电更贵的高峰时段。

融资策略取决于采用哪种业务模型。如第四章所述，金融机构通常没有兴趣为商业供电项目提供资金。由于难以预测高峰和非高峰价格，因此商业储能项目融资更加困难。这是因为预测很难；在每种业务模式中，储能项目所赚取的收入都取决于高峰和非高峰价格，与商业价格相比，这种价格甚至更难以预测。

在容量支付业务模式中，电力公司签订长期合同以支付可用容量的费用以及调度储能时的商业电力需求费用。电力公司签订容量支付的储能项目合同，其本质上类似于传统的 PPA，并且可以使用传统的项目融资结构进行融资。在没有此类长期合同的情况下，大宗商品交易所可能够提供套期保值，以使交易对手方有权调度该项目来利用高峰或非高峰价格套利，从而获取现金流（类似于容量支付）。进行这种套期保值的市场还远远没有成熟。

结合电池的储能项目就像可调度的发电厂一样工作，可以利用传统的 PPA 或商品套保来实现融资。

美国储能项目的税收优惠

美国联邦政府实施有利的折旧和税收抵免来鼓励储能系统，例如电池系统。能否享受优惠取决于能源的使用以及是否与可再生能源整合在一起。例如，独立储能（即不与可再生能源绑定的储能）有资格使用 7 年 MACRS 折旧。由可再生能源充电的储能可以部分获得投资税收抵免，最高可达系统成本的 30%。如果电池每年以可再生能源充电的时间超过 75%，则有资格获得相当于以下金额的抵免额：

可再生能源每年充电的时间（＞75%）*30%ITC=ITC 量（以 % 计）。这个概念在下面的图 12.1 中进行了描述。例如，如果一年中 90% 由附近的太阳能系统充电，则该电池符合 ITC 的 90%*30%=27%。应当注意，如果电池储能项目中可再生能源的使用时间少于 75%，则该电池储能项目不符合 ITC 的条件。

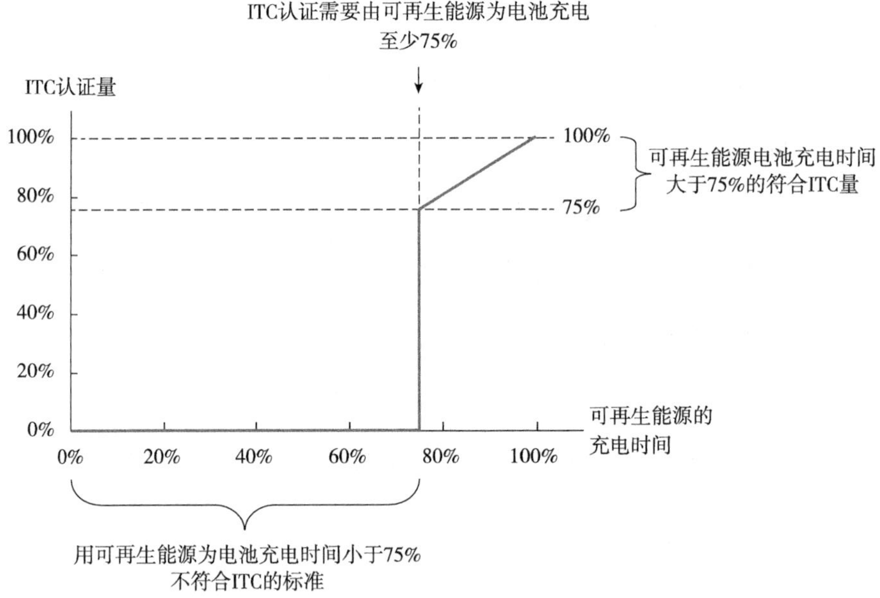

图 12.1　根据可再生能源对电池充电的时间（每年）来描述电池符合的 ITC 数量

除税收抵免外，可再生能源每年对电池存储充电的时间超过 75%，还符合 5 年 MACRS（不是 7 年 MACRS）的条件。

ITC 的储能规则遵循第六章中关于太阳能和风能项目的相同的规则和注意事项。具体而言，申请 ITC 的储能项目的折旧基数需要减少所申请的 ITC 额度的 50%。此外，申请 ITC 的电池储能必须遵守适用于太阳能和风能项目的回收规则。

上述 ITC 和折旧准则适用于与可再生能源系统同步安装的储能系统。NREL 在其题为《储能系统的联邦税收激励政策》[36] 的文章中假设，向现有可再生能源系统增加储能，与新的可再生 + 储能系统享有相同的优惠；这是基于 2012 年一项私信裁决的先例，该裁决允许风电场所有者为现有风电场增加储能并申请税收优惠①。NREL 进一步说明，太阳能发电系统和储能系统必须紧密相连并所有权相同（例如同一纳税人）。

当电池存储与可再生能源结合使用时，ITC 和 5 年 MACRS 折旧大大提高了电池储能系统的经济性。因此，出现了大量新的太阳能储能项目。与独立的太阳能项目相比，此类项目对电力公司更具吸引力，因为此类组合项目可以提供额外的辅助服务。随着电池成本持续下降，太阳能存储系统的普及率可能会大幅提高。

采用电池系统的挑战

电池存储市场严重依赖激励措施和政策机制。在美国，目前加利福尼亚州和 PJM 区域在累计装机容量方面占主导地位，但随着各州政策鼓励更多的电池储能，其他州的容量正在扩大。例如，大型储能项目已在夏威

① 2012年2月24日，美国国税局私信裁定PLR201208035。

夷州、科罗拉多州、得克萨斯州和明尼苏达州上线，全国范围内会有更多的项目上线。预计马萨诸塞州，纽约州和新罕布什尔州发布新的州级政策将进一步开放东海岸储能市场。电力公司的规划也拓展了储能市场前景。2019 年初，夏威夷电力公司向监管机构申请批准一大批储能 PPA，这将为其电网增加 1048 兆瓦电量。不久后，波多黎各发布了新的电力规划，要求在未来 4 年内储能 440 ~ 900 兆瓦，亚利桑那州公共服务局宣布计划在 2025 年之前安装 850 兆瓦储能。

在更宏观的政策层面上，随着 2018 年 2 月 FERC 841 号令发布，美国的电池储能市场强劲发展。该指令要求区域性传输运营商和独立系统运营商根据市场中储能和补偿制定规则，以使储能参与到容量、能源和辅助服务市场。RTO 和 ISO 于 2018 年末提交符合该指令的规划，预计该指令将于 2019 年底实施。

FERC 841 号令向广泛采用电池储能系统迈出关键一步。由于电池可提供辅助服务和用来调峰，因此可以成为输电电网（尤其是具有高可再生能源渗透率的电网）的基本模块。实际上，因为电池尺寸小，建造时间短，所以有时可以用电池储能系统来代替新建传输线。鉴于难以获得必要的通行权和输电线路建造许可，这在美国尤为重要。但是，这取决于市场能否形成可靠的定价信号，该信号使开发人员能够在最佳位置构建电池系统，从而为电网的可靠运行提供支持。此类定价信号来自负责长期传输系统规划的区域传输运营商，独立系统运营商和公用事业委员会。

此外，储能容量市场机制对于关键地区电池的融资和部署至关重要。为了方便理解，可参考美国唯一没有储能容量市场的 ERCOT 市场。ERCOT 声称，仅凭能源市场就能向市场参与者提供足够的信号，以提高储能比率。然而，由于缺乏传输，ERCOT 在得克萨斯州西部的风电场发展十分缓慢。如果有一种市场机制来鼓励风能开发商安装电池，从而在高峰时段发电，则可以突破某些传输的瓶颈。图 12.2 和 12.3 显示了 ERCOT 的历史市场价格和年度计划储能比率。即使输电网上只有少量的电池储能容量，也可以减轻价格波动的幅度。

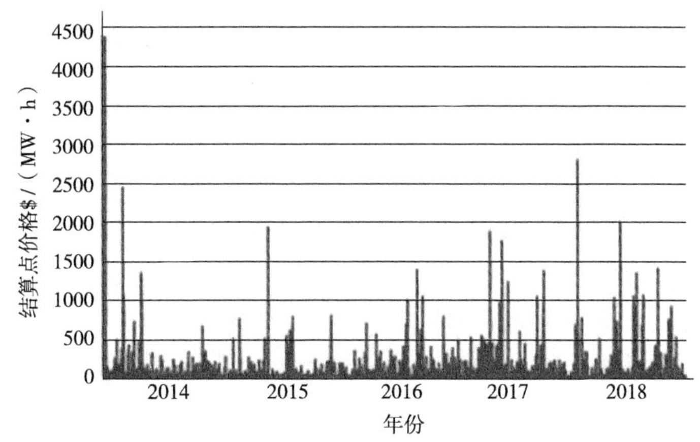

图 12.2　5 年内以每 15 分钟 ERCOT 结算价格

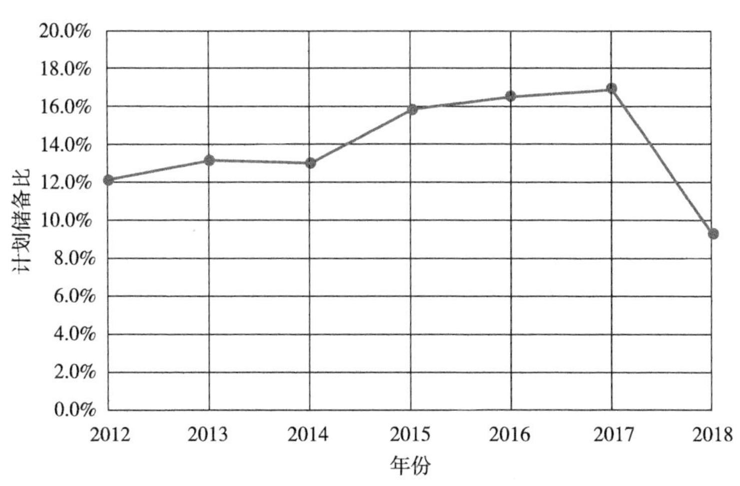

图 12.3　ERCOT 计划的 2012 年至 2018 年的储能比率

除政策激励措施外，降低成本对扩大电池储能市场至关重要。多年来，电池的成本总体上一直在下降，但是将电池转换为储能工具的过程不只用到电池本身。还需要一套集成系统，包括包装、热能管理系统、电源和控制用的电子设备以及转换系统，所有这些都是昂贵的工程。除了降低电池组件的成本外，相关系统的成本也必须降低。

电池存储在可再生能源市场具有巨大的潜力，特别是在成本下降和聚焦储能的政策不断推出的情况下，但目前电池的物理材质的研发仍面临许多挑战。主要是这些材料是否可回收，以及电池寿命周期结束时后如何处置。另一个主要问题是电池原料采购，原料通常需要进口。随着储能行业的持续快速发展，这些挑战可能会越来越大。

第十三章

国际背景下的可再生能源融资

无论是否采用项目融资结构，可再生能源领域的私人投资在很大程度上都取决于区域政策。

本章探讨智利、印度、德国和中国的政策如何影响大规模可再生能源项目的投资。这些简短的案例研究分析了现实的政策如何刺激或阻碍大规模可再生能源私人投资。

可再生能源私人融资方面的全球经验

如图 13.1 所示，自 2008 年以来，可再生能源资产的年度总投资几乎翻了一番[37]。尽管绝对数额巨大，但仍远远不足以使全球能源部门脱碳。尽管近年来投资转向可再生能源，但由于能源需求的高增长，全球碳排放量预计将在 2018 年和 2019 年持续增长[38]。仅全球电力行业，每年都需要大量的投资。

可再生能源资产投资中约 90% 来自私人部门，主要由可再生能源开发商、企业银行和其他金融机构主导。包括高净值客户的个人投资基金在内的家庭也发挥着重要作用[37]。

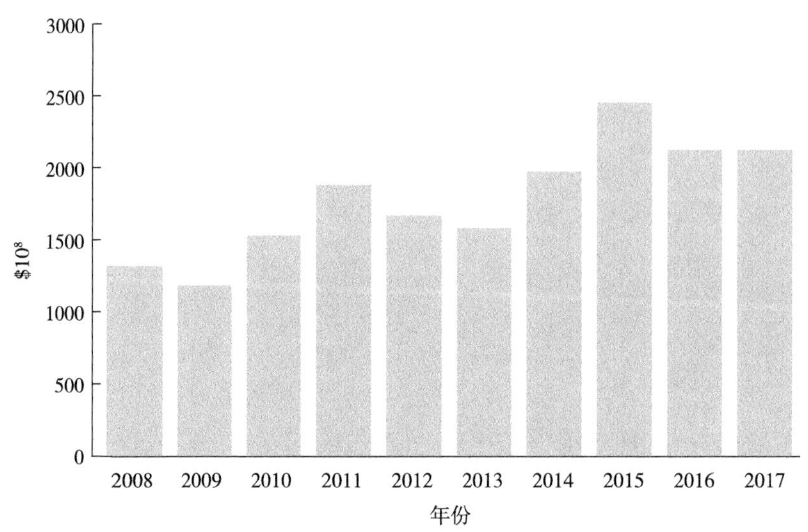

图 13.1　2008—2017 年可再生能源的资产投资

资料来源：IRENA

不同地区和不同类型的投资趋势

如图 13.2 所示，截至 2017 年，每年可再生能源的总投资（包括研发和其他大型资产融资）增至 2500 亿美元以上，中国取代欧洲成为近年主要的以美元计价的可再生能源投资地区。

早些年，大多数资本市场没有大型可再生项目和相关项目融资技术方面的丰富经验，项目通常是通过公司资金融资的。现在，项目融资几乎占全球可再生能源资产私人投资的一半，每年接近 1000 亿美元[39]。

如第三章所述，项目融资债券在该领域的私人投资中占比较小，在再融资活动中更常用。

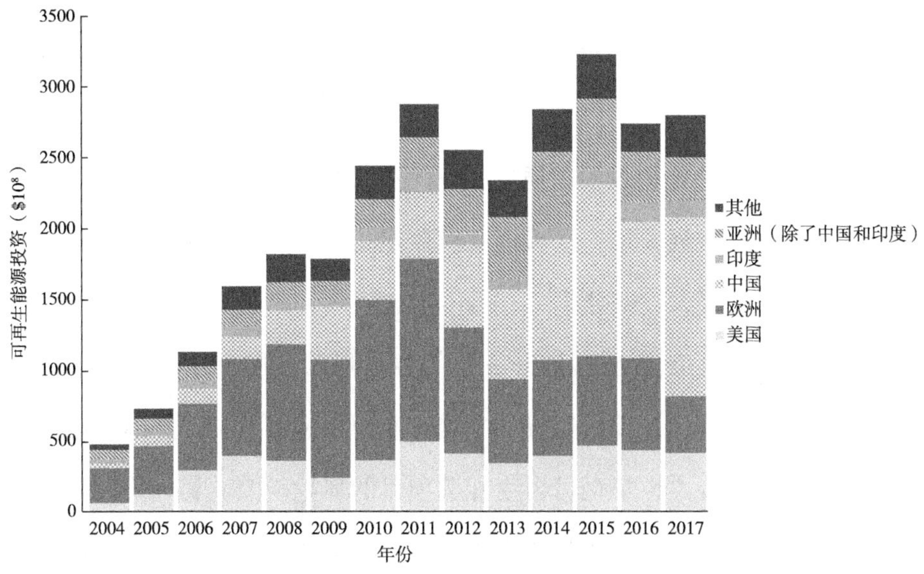

图 13.2　2004—2017 年不同国家或地区的总投资

资料来源：IRENA

可再生能源民间投资的未来需求

在过去十年中，尽管可再生能源领域的私人投资大幅增加，但仍远低于许多专家认为能够使大气中碳浓度稳定的水平。

国际能源署（IEA）发布了“450 情景”，一条与能源和过程工业相关行业的理念性的未来路径，旨在以 50% 的概率将全球温度上升限制在 2℃以下。尽管 IEA 的“450 情景”受到一些批评，但是它为在限制气候变化的潜在影响情景下评估可再生能源和其他部门所需的资本投资提供了基础。

IEA“450 情景”表明，要实现上述目标，必须在当前水平上大幅增加对清洁能源、能源效率和其他措施的投资。斯坦福大学研究团队在 2017 年的一份报告中提出，到 2040 年，每年全球可再生能源投资需求将超过

5000 亿美元（约为当前投资水平的两倍），而全球清洁能源每年需要 2.3 万亿美元投资[40]。限制温度变化（即使达到 2℃）所需的全球投资可能高达数十万亿美元。

斯坦福大学的分析表明，通过项目融资或其他方式来动员私人投资规模面临一些重大挑战。第一，投资规模需求是巨大的。资金需求占世界年度可投资总额的很大一部分[40]。

第二，可再生能源项目的开发仍然存在风险，限制了投资规模。正如本书所讨论的那样，项目融资的主要方面包括签订合同、监管和融资结构，以管理大型资本密集型可再生能源项目的风险。要获得所需的私人资本，需要使可再生项目的风险符合机构投资者的风险偏好，因为他们控制了大多数的私人资本[40]。还需要降低新项目开发的技术壁垒（例如可再生能源项目输电技术）。

第三，清洁能源投资非常需要区域间资本流动。大多数资本都集中在发达国家，而未来几十年的大部分需求将集中在新兴市场国家。发达国家的投资资金需要流入发展中国家，因此需要管理政策、政治、货币等风险。

智利

近年来，拉丁美洲的可再生能源投资迅速增长。尤其智利一直是外国投资的主要目的地。2015 年，智利占拉丁美洲和加勒比地区可再生能源投资总额的一半以上[41]。

智利可再生能源行业的增长得益于该国总体宏观经济表现——智利在此期间宏观经济很平稳，这主要是由于其自然资源丰富，风能和太阳能资源充足，法律、法规和政策环境稳定。

智利电力系统

智利的电力系统和市场的设计都受到该国不寻常的地理环境的影响，智利国土狭长，南北方向长达 4000 多千米。

由于中部地区以外的人口密度非常低，智利历史上一直依靠四个独立的传输系统。中央互联系统（SIC）覆盖了智利的大部分人口，而北大互联系统（SING）服务于北部地区，这些地区的电力主要用于采矿。2017 年，SIC 和 SING 系统合并组成了国家电气系统（SEN），服务于智利 97% 以上的人口。还有两个附加的隔离网格，分别是艾森电气系统（SEA）和麦哲伦电气系统（SEM）。这两个隔离的系统总共占不到智利装机容量的 1%（图 13.3）。

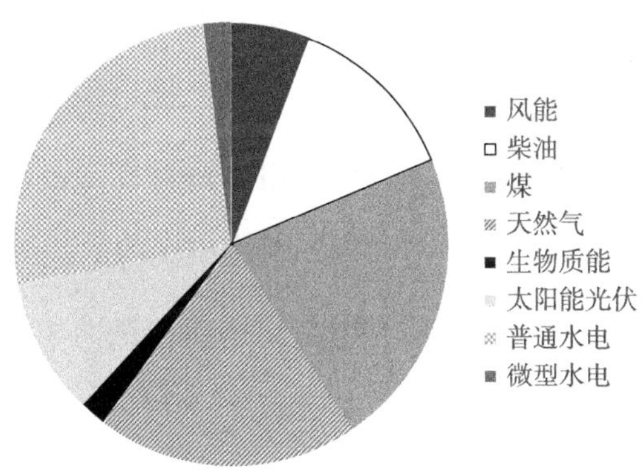

图 13.3　SEN 的已装机容量（2019 年）

资料来源：CNE

智利拥有丰富的矿产资源，但国内的能源资源有限。历史上，大部分发电都是通过燃烧煤炭、天然气和石油（通常是进口的），该国大型水力发电厂发电不足。近年来，风能、生物质能、太阳能和小型水电等新的可再生资源（在智利的法规体系中，属于非常规可再生能源类别）发展迅猛，这些可再生资源占总装机容量的份额正在快速增长[42]。

智利南部有大量的风能资源，并且阿塔卡马沙漠北部地区有世界上最好的太阳能资源之一。该地区还是智利大部分采矿业和工业用电负荷所在地。几个主要的矿业集团建立了很多太阳能光伏发电设备。

智利电力市场

智利是最早将电力行业重组，形成竞争模式的最早国家之一，可追溯到 1982 年[43]。智利的电力由中央调度和系统运营商来运营。其他几个拉丁美洲国家也都效仿了它市场设计的基本原理。

智利的电力合同有现货和远期市场。与英国、美国和其他许多国家不同，智利的现货市场是按照严格的先后顺序针对可调节的可变成本进行调度的，符合供需关系。智利现货市场还包括产能市场，即按每家电厂的实际产能比例分配的每年的收入，以满足电力高峰需求。边际能源成本（基于最昂贵的机组）和产能成本之和等于现货市场中的边际发电成本[44]。

在远期合同市场中，发电厂将电力出售给分销商（服务客户）和能在公开批发市场购买电力的大型客户。大型客户和分销商需要从发电厂购买电力来满足他们的需求。

智利的家用和工业用电价历来都是相对较高的[45]。2005 年，根据第 20018 号法律，智利政府建立了长期供应招标机制[46]。招标过程由国家能源公司（CNE）负责，该公司与分销公司协商未来的电力需求预测。CNE 在 2015 年修改了招标流程，以针对不同产品类别（例如全年、季度和日 / 夜差异合同）来招标，并将 PPA 合同的期限延长至 20 年。

从融资角度来看，这些合同有几个关键特征。为了能有足够的时间选址和建设发电设施，在供电合同开始前至少五年就要组织招标，以便于投标。如果新项目的发起人由于不可控因素而推迟了项目，则他们也可以推迟或取消项目。但是，在 2017 年初，CNE 引入了新规则以增加对取消项目的处罚，从而确保能交付所需的电力[45]。

智利的可再生支持政策

智利在 2008 年设定了一个目标，到 2024 年非常规可再生能源（西班牙语为 ERNC）发电至少占到总量的 10%。2013 年，智利将该目标提高到 2025 年达到发电总量的 20%。事实上，ERNC 在过去的几年中，发电量大大超过了这些目标，如图 13.4 所示。

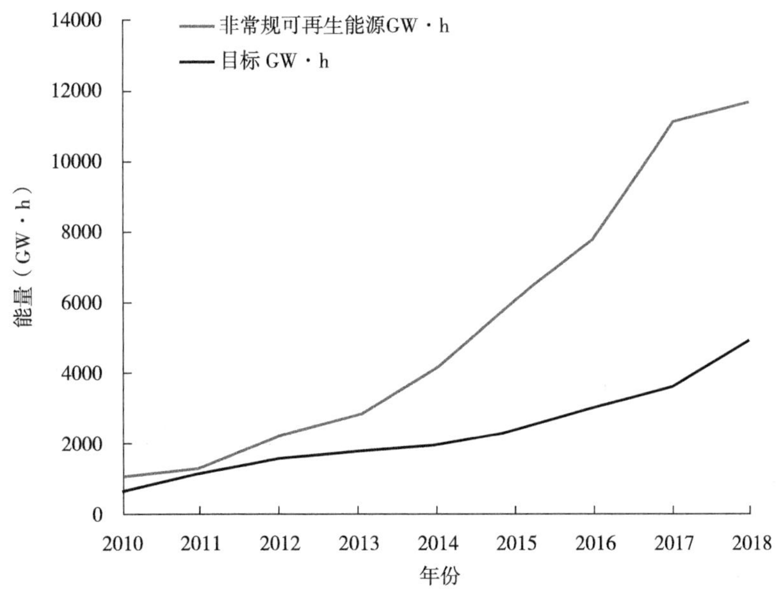

图 13.4 实际可再生能源发电量与目标发电量的关系

资料来源：CNE

如图 13.5 所示，尽管近年来 CNE 招标中的电力价格下跌，但新的可再生能源项目的投资仍在继续。部分由于智利可再生能源（尤其是 PV 太阳能）成本迅速下降，近年来合同价格大幅下降，随着时间的推移，零售价格将会越来越低。

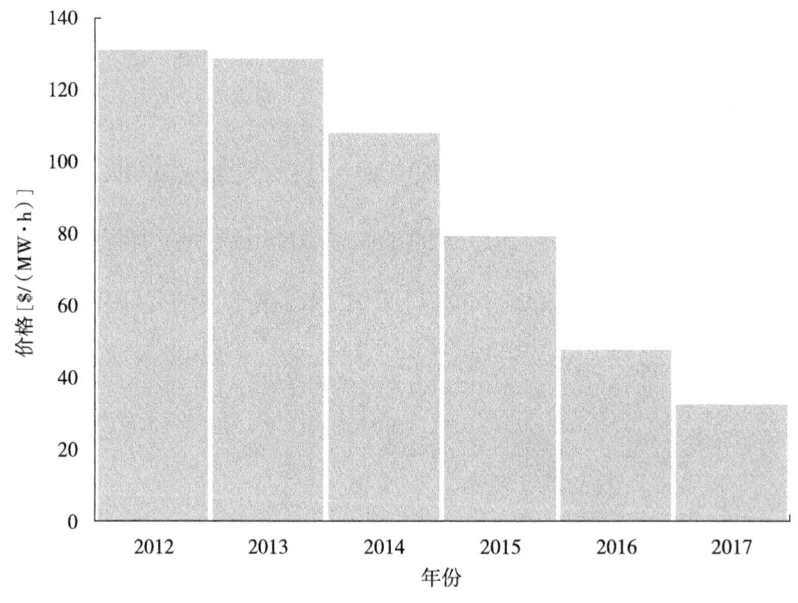

图 13.5 每年拍卖合同价格

资料来源：CNE

CNE 的数据显示，2015 年至 2018 年，超过 50% 的新发电项目是可再生项目。2018 年到 2020 年，预计还将新增 1500 兆瓦可再生能源发电[42]。

智利为什么会成功?

与许多其他国家相比，智利在开发和资助新型可再生能源方面相对成功，这是由于对可再生能源的长期的投资和稳定的发展。第一，智利政府制定了一项基于市场和私有化的改革计划，该计划鼓励私有化电力部门，因此吸引了大量的外国私人投资。第二，如前所述，智利的电力市场结构总体上稳定有效，以至于其他拉美国家都采用了这种模式。值得注意的是，新项目的主要 PPA 交易对手（本地分销公司）都信誉良好。第三，智利的新购电协议招标系统总体上支持了新建可再生能源项目，具有长期的根据物价调整的合同和吸引人的价格水平（与太阳能或风能项目的新进入成本相比）。最后，如前所述，智利的地理位置非常适合可再生能源发电。大部分新的太阳能开发项目都位于智利北部的阿塔卡马沙漠，该地区拥有世界一流的太阳能资源，并且可以满足当地采矿业的大量能源需求。

智利还吸引了对能源领域新项目的大量资本投资。根据经合组织的数据，截至 2016 年初，吸引了近 70 亿美元的投资，其中约一半投资于太阳能光伏行业。投资包括 52% 的债务投资和 48% 的股权投资，其中三分之二的股权投资来自国际投资者。私人债务融资主要来源于智利贷款机构，而一些公共债务融资则来自德国开发银行、德国复兴信贷银行和其他机构[47]。

智利最近的太阳能项目兴起说明了该国如何利用国内和国际资本为新的光伏项目提供融资。143 兆瓦的 Sonne dix 项目以无追索权的融资方式筹集 9900 万美元，由智利的贷款机构担任牵头人和优先债权人[48]。国际投资者方面，西班牙开发商 Solarpack 筹集了 9000 万美元给 123 兆瓦的阿塔卡马光伏项目（总成本为 1.14 亿美元），该项目与一些区域分销公司合作，签订了 19 年（2021 年至 2040 年）PPA，其余产品则现货市场上出售。德国出口融资贷款机构德国复兴信贷银行提供了贷款融资[48]。

虽然从 2005 年制定的可再生能源目标（在 2013 年提高）起步，但 PPA 招标过程一直是确保新发电产能的重要手段，其中很多都高于 ERNC

对分销商和大客户的要求。智利的历史批发和零售价格比较高，但由于成本迅速下降，以及有利的融资环境，近期新的可再生能源项目长期合同超过了传统资源。

印度

印度为其可再生能源部门制定了宏大的目标。印度政府宣布计划到2022 年装机 175 吉瓦（175000 兆瓦）的可再生能源项目，到 2027 装机275 吉瓦的可再生能源项目[49]。如果目标实现，到 2027 年将近四分之一

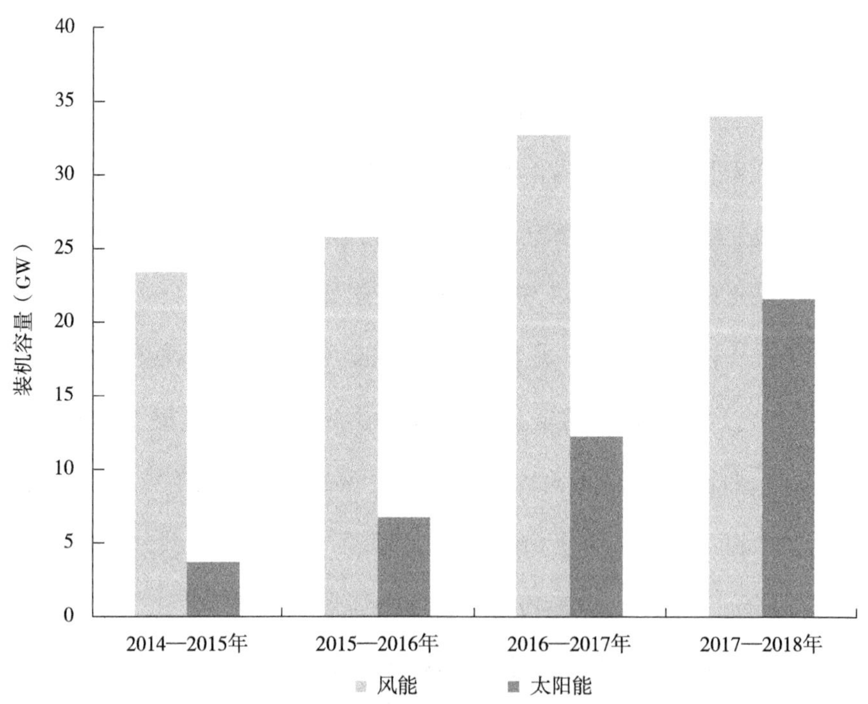

图 13.6 印度的风能和太阳能发电量

资料来源：CEA

的发电将来自新增可再生能源。而印度比较缺乏能源资源，长期以来一直以低效的煤炭生产为主。相比之下，2019 年印度电力总装机容量约为 356 吉瓦，其中近一半是燃煤发电[50]。尽管经济增长潜力巨大，但如何在未来几十年满足能源需求的同时降低排放量是印度面临的政治挑战，印度的人均消费量低且人口众多，但仍没有传统的并网电力。

直到 2016 年，印度的新增发电量主要依赖常规的热力发电（主要是煤炭）[51]。此后，如图 13.6 所示，可再生能源发电依赖风能和太阳能的快速增长。预计到 2022 年，增加发电量主要是太阳能和风能。

近年来，印度大多数可再生能源增量都是电站规模的太阳能，如图 13.7 所示[52]。尽管印度一些地区的风能资源丰富，但风电场需要整合大量的土地，而这对于印度来说并不容易。

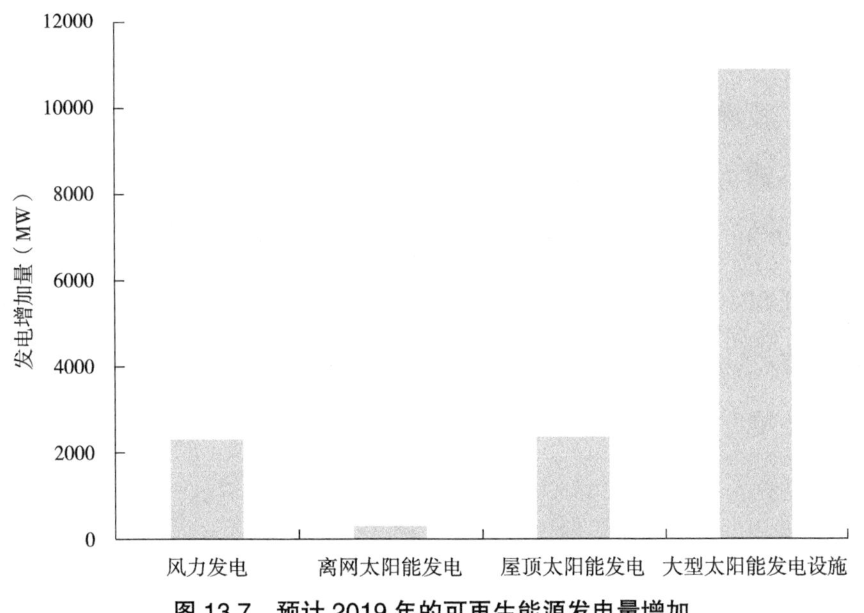

图 13.7　预计 2019 年的可再生能源发电量增加

数据来源：印度之桥

印度的输配电基础设施相对薄弱，因此从理论上讲，屋顶和离网太阳能可能更具有吸引力。但是，客户信用问题极大地阻碍了太阳能发电。

印度的可再生能源政策和支持机制

印度的可再生能源支持机制在国家和州级别都很有效。在国家一级，有包括直接生产补贴、加速折旧和税收减免以及其他措施的复杂政策组合。

州政府控制着大部分的印度电力部门，许多配电公司（DISCOM）都由州政府控制。州立 DISCOM 发展了几年的可再生能源，并且进行 REC 类型的系统交易，但是都没有成功。自那以后，就被招标机制所取代。在招标机制中，开发商竞标，并签订长期购电协议向州或国家提供可再生能源。

两家国家级政府企业，即国家热能公司（NTPC）和印度太阳能公司（SECI），是新可再生能源项目主要的国家级买方。新能源与可再生能源部（MNRE）旗下的 SECI 负责实施国家太阳能任务，发展太阳能。

SECI 和 NTPC 的信用比大多数或所有州级 DISCOM 都好。如图 13.8 所示，SECI 和 NTPC 被指定为印度许多正在开展的新的电站规模太阳能项目的买方[52]。州级 DISCOM 承购的产能中，大部分集中在少数几个信用状况较好的州。

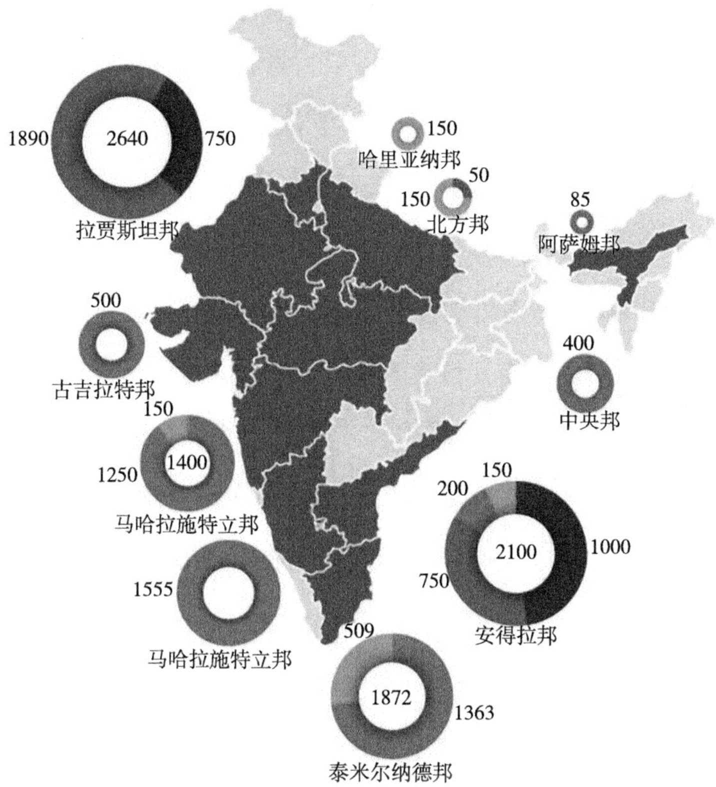

图 13.8　州和买方预计的 2019 年电站规模太阳能新增容量

资料来源：印度之桥

最近的 SECI 招标突显了 PPA 和招标中影响项目开发风险的关键方面 [53]。例如，招标要求 PV 技术应在商业上可购得且技术上可操作，以最大限度地降低完工风险，并且开发商应负责建造将项目并网所需的设备。PPA 为期 25 年，招标中规定了最高电价，最大容量为 300 兆瓦，最小容量为 50 兆瓦。项目可以位于印度的任何地方，但必须集成到国家电网系统中。由于在项目的互联点和交付点进行销售，因此将卖方的传输风险降到最低。

印度可再生能源规划的融资挑战

达到印度可再生能源的短期目标需要大量的新增资金。例如，气候政策倡议组织（CPI）在2016年末估计，要实现到2022年装机175吉瓦可再生新发电的目标，将需要1890亿美元的额外投资，包括570亿美元的股权和1320亿美元的债务投资[54]。

CPI分析了外国和国内机构投资者投资印度可再生能源领域资的主要障碍。对于外国投资者而言，最大的风险是买方的信用和支付风险、传输基础设施缺失、货币风险、监管和政策风险以及回报预期低。对于国内机构投资者而言，最大的单一风险因素是对该行业的不熟悉[54]。

印度可再生能源的承购风险大部分与DISCOM的财务状况有关，DISCOM的收益率是由州政府确定，很多时候无法覆盖供电总成本，尤其是在印度在农业和住宅领域普遍享有的补贴水平下。例如，在2014—2015财年,DISCOM的平均收入（包括来自政府的补贴）为4.62卢比/（千瓦·时），而这些公司的平均服务成本估计为5.20卢比/（千瓦·时）[55]。

DISCOM的运营和财务情况由评级机构定期评估，并由电力部进行汇总。2018年7月，在排名靠前的41个州级配电厂中，只有7家被评为具有“高”或“非常高”的运营和财务能力，而表现最佳的电厂集中在印度的几个邦[56]。多年来印度试图改善分销商的财务状况，包括2015年的UDAY计划，该计划要求各州政府将承担DISCOM的部分债务。但是，许多DISCOM显然信誉较差，给可再生投资者带来风险。

通过与SECI和NTPC签订PPA，可再生能源招标消除了一些风险。SECI和NTPC被认为比许多州的DISCOM的信用风险特征和支付记录更良好，而且25年的PPA使重签合同和定价的风险降至最低。尽管PPA中可能存在一些削减风险，但由于销售是在互联点进行的，承购商几乎没有传输风险。

因此，如图 13.9 所示，正在开发中的许多新项目都将 SECI 和 NTPC 作为首选的 PPA 交易对手，也就不足为奇了。但是，这些国有企业的信用额度有限；为了系统地消除 PPA 交易对手信用风险，需要进行更根本的改革。

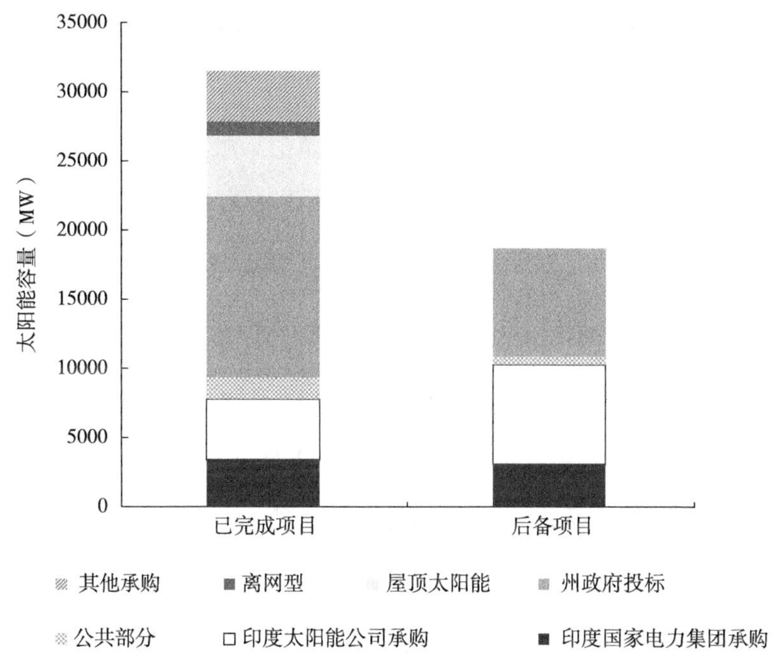

图 13.9　截至 2019 年 3 月的已完成和后备项目太阳能发电容量

资料来源：印度之桥

一些进展从正反方面影响 DISCOM 作为交易对手的信用风险。惠誉子公司印度评级与研究公司（Ind-Ra）表示，中央电力部于 2019 年 6 月发布命令，要求 DISCOM 持有足够的信用证来支付 PPA[57]。这可能会要求 DISCOM 获取大约价值 3000 亿卢比的信用证，并且仍然无法处理过去的延迟付款。但是，中央政府有可能限制向不符合信用证要求的 DISCOM 分配电力，这可能会增强 DISCOM 的合规性[58]。

DISCOM 不得不审查和重新谈判已经签署的 PPA，这是不利因素之一。印度在可再生能源方面领先的 Andhra Pradesh 州最近任命了一个委员会来重新谈判已执行的 PPA，这给可再生能源的投资者带来潜在风险[59]。另一个不利因素是，在招标制度下签订 PPA 但未根据要求完成的项目被延迟、取消或受到罚款。

2016 年以前，印度的风能项目可以依靠中央政府机构设定的 FIT。但是，政府决定改为拍卖 PPA。监管上的不确定性不仅使新的风力发电项目的建设停滞不前，而且还使当地风力涡轮机制造商 Suzlon 面临财务困境，这恰恰与政府的目的相反。

印度的拍卖机制有它自身的缺点。由于缺乏技术专家、土地征用延误以及财务结算困难，国家太阳能任务的 PPA 项目的商业运营被推迟。但是，由于商业运营的推迟，NTPC 取消了 14 项授予的 PPA，并要求担保。双方的争端上诉至法院。尽管印度有新的太阳能项目正在萌发，但总体情况并不一定会改善：一些项目被取消，另一些项目因未按招标要求完成而被罚款。最近的大部分项目推迟是由于征地的问题。

印度利用可再生能源的潜力巨大。但是，不解决诸如 DISCOM 的信用问题、监管不确定性、政治风险和过时的征地法律等棘手问题，可再生能源项目难以广泛部署。

德国

德国的能源转型是指从煤炭、核能和其他常规能源向可再生能源发电（主要是风能、太阳能和生物质能）的长期转变。2000 年首次颁布的《可再生能源法》（EEG）是德国发展可再生能源的主要法律。

2002 年，德国通过了一项法律，要在 2022 年之前逐步淘汰核能。德国政府于 2010 年引入了总体能源概念，为该国的能源未来提供了相关政策。政策为可再生能源、能效和碳排放量制定了宏大的目标。在此过程中，德国联邦政府还决定将淘汰核能的时间推迟到 2032 年。2011 年 3 月，日本发生福岛核电站核事故。然后，德国决定重新启动其 2022 年核电站关闭计划，并立即关闭 8 个最古老的核电站。

德国可再生能源政策

德国促进可再生能源的政策由来已久。1990 年的《电力供应法》（StrEG）对 1990 年代可再生能源行业的发展非常重要，对风能尤为重要[60]。公用电厂不得不以年度固定价格购买可再生能源电力（与美国的 PURPA 类似）。风力发电商赚取平均零售电价的 90%，其他可再生能源赚取平均零售电价的 65% ~ 80%，具体价格则取决于工厂规模。这种补贴机制使可再生能源发电量迅速增长。

2000 年，EEG 生效，德国创建了 FIT 系统。根据 FIT 计划，生产的每千瓦时电量都有长期（通常为 20 年）的固定价格。这些价格通常高于市场价格，而上网电价成本则通过客户的附加费收回。某些大型工业客户可以免除部分或全部 EEG 成本以及其他与能源相关的费用，因此低于其他客户的费率。

FIT 系统旨在通过切实保证固定价格和优先传输权来使投资者规避风险。不同类型的可再生能源项目价格不同，从而促进新技术上市。此外，风电项目的价格水平根据风力资源情况进行了调整，低风场能够获得了更高的报酬。因此，项目设施在全国各地的分布更加均衡，并且大型风场赚取的暴利也有所减少。

多年来,EEG 已进行多次改革。FIT 价格的变化反映了成本下降的趋势，除此之外还发生了其他结构性变化。EEG 的 2012 年修正案降低了某些可再生能源发电的上网电价费率，提高了递减率（视安装水平而定，上网电价费率会随着时间的推移自动降低），并鼓励采用 FIP 机制来激励在现货市场出售可再生能源项目。在（滑动式）FIP 系统下，对可再生发电机的补贴为 FIT 价格与参考价格之间的差额，参考价格则是上个月批发现货平均价格与“管理费”之间的差额[61]。根据电价水平进行的补贴调整消除了大部分电价风险，降低了项目开发商的收入不确定性。同时，这也促使他们平衡成本，从而更好地预测产量[62-63]。

2014 年德国的可再生能源政策进一步改革，要求大型发电项目必须参与 FIP 系统（同时取消了“管理费溢价”），并直接销售项目产生的电力。EEG 的 2014 年修正案还建立了期货招标系统。

2017 年 EEG 规则为大多数可再生能源项目建立了反向拍卖招标系统，并规定了数量。这标志着从行政设定的报酬水平向招标报酬水平转变。但是，基本的报酬机制，即滑动的 FIP 系统仍然存在。投标应针对特定技术，仅对价格进行评估，如果中标，则应向投标人支付市场溢价。2017 年的 EEG 规则还向跨境的欧盟国家的参与者开放部分招标[64]。

德国可再生能源的发展

EEG 的实施使风能和太阳能等可再生资源的电发电量迅速增长，如图 13.10 所示。

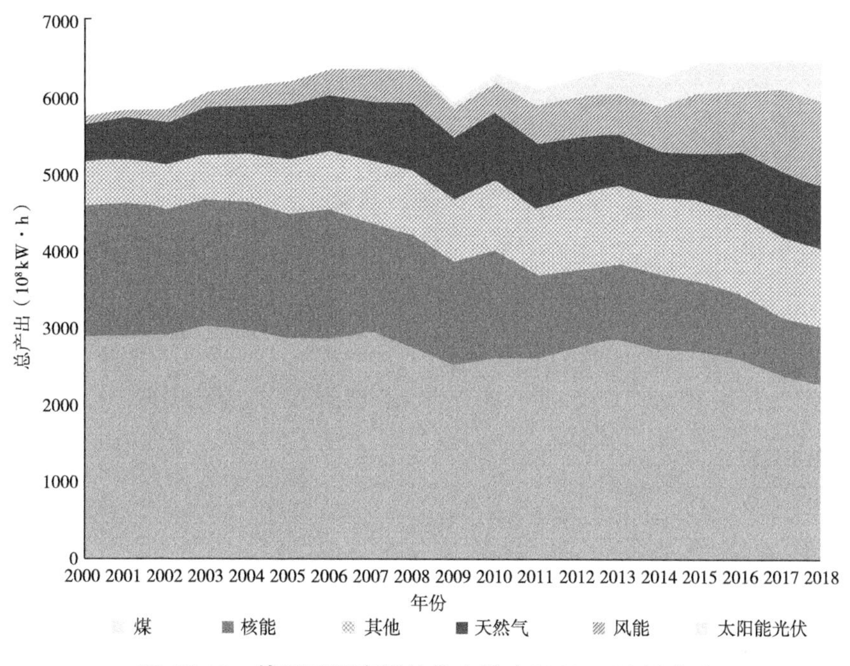

图 13.10　德国不同来源的发电量（2000—2018 年）

数据来源：Statisches Bundesant 和 BDEW

与其他国家一样，德国的风能和太阳能安装成本在过去二十年中已大幅下降。2007 年到 2017 年的十年间，太阳能光伏发电的回报率大幅下降，如图 13.11 所示，自 2000 年以来，下降了约 85%。

如图 13.12 所示，根据 EEG 2017 年修正案，近期的陆上风能和太阳能光伏采购拍卖的数据显示，中标价格已经趋于平稳，太阳能发电价格低于风能。早期的拍卖可能受到特殊的拍卖设计影响。后来的拍卖价格略高，可能是由于获得许可或开发新项目很困难，使竞争减少，并没有增加潜在成本。

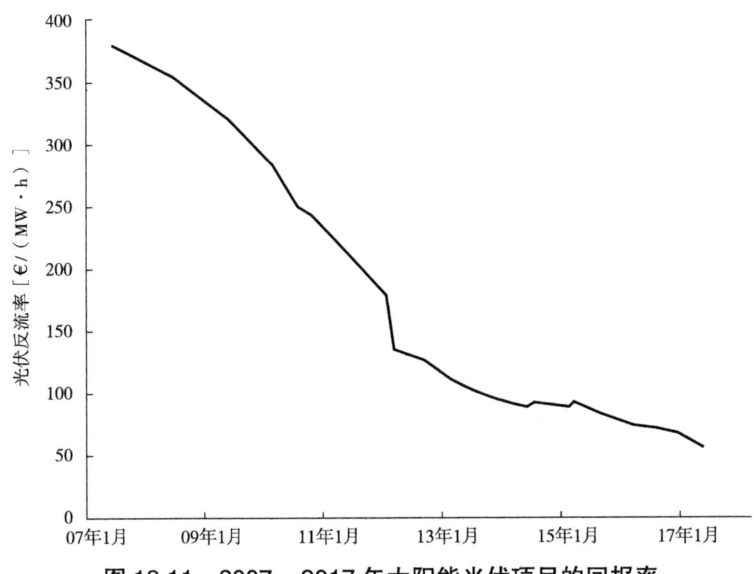

图 13.11　2007—2017 年太阳能光伏项目的回报率

数据来源：DIW Berlin

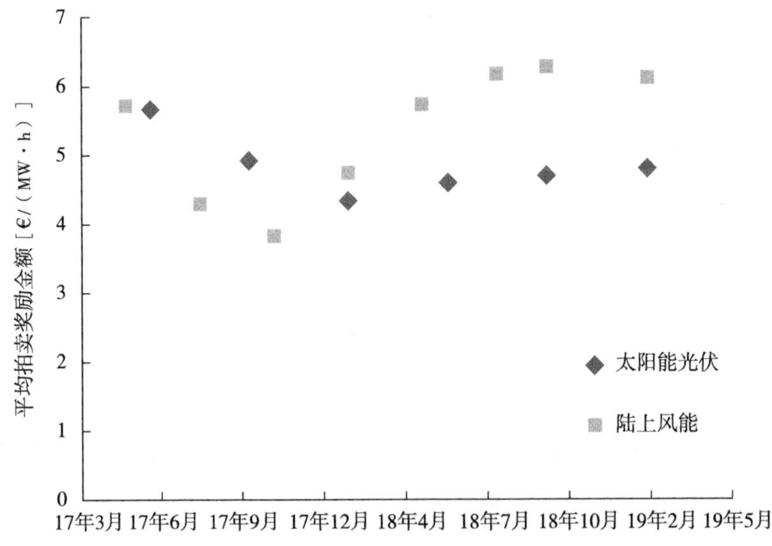

图 13.12　风能和太阳能平均拍卖中标价格

数据来源：Bundesnetzagentur

德国的一些人呼吁采取其他措施，除当前拍卖框架之外，应该追求更高的可再生能源目标。新增风能装置建设放缓，部分由于建筑许可问题以及当地对新风电场的反对。这导致参加风能投标的参与者的减少[65]。

德国政策的效力

EEG 和德国其他可再生能源政策有效地促进了可再生能源发展，通过将 TSO 在 FIT 计划下通过成本回收来将全部或大部分价格风险转移给消费者，FIT 和 FIP 计划促进了大量的私人投资，后来则是由监管机构通过电费征收。德国可再生能源投资还得益于强大的国内投资法律框架、优惠的输电接入政策以及丰富的国内资本。

尽管德国在发展风能和太阳能方面取得了不错的进展，但这些政策给消费者带来的成本在某些方面一直存在争议，因为支持可再生能源导致相关电价附加费大幅度增加。EEG 附加费弥补了消费者向电力供应商支付的费用（最初是 TSO，后来又通过征税）与销售收入以及其他一些项目之间的差额[66]。2018 年，几乎一半的工业用电被免除 EEG 附加费，这增加了居民消费者的成本。

2018 年，可再生能源附加费预计使消费者损失超过 250 亿欧元[67]。如图 13.13 所示，近年来，每千瓦时可再生能源电力的附加费开始下降。如图 13.14 所示，德国在欧盟的每单位总发电量中对可再生能源的支持成本最高[68]。尽管与其他欧洲国家相比，德国风能和太阳能项目的成本相对较低，尤其是考虑到德国的风能和太阳能资源相对较差，但德国推动了早期太阳能的发展。这些早期的太阳能开发项目的成本要比风能或目前的其他可再生能源项目高得多。

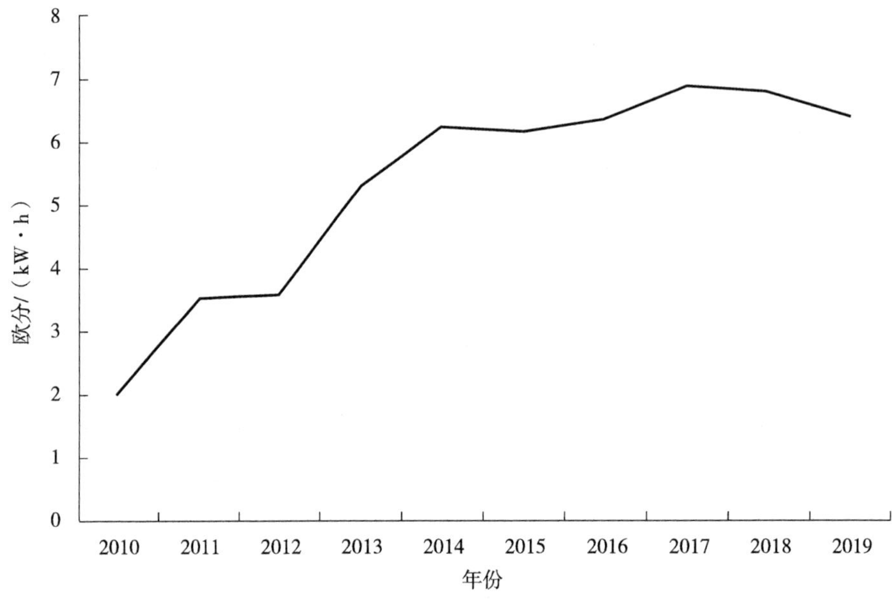

图 13.13　2010—2019 年德国的可再生能源附加费

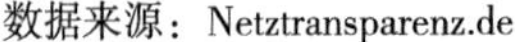
数据来源：Netztransparenz.de

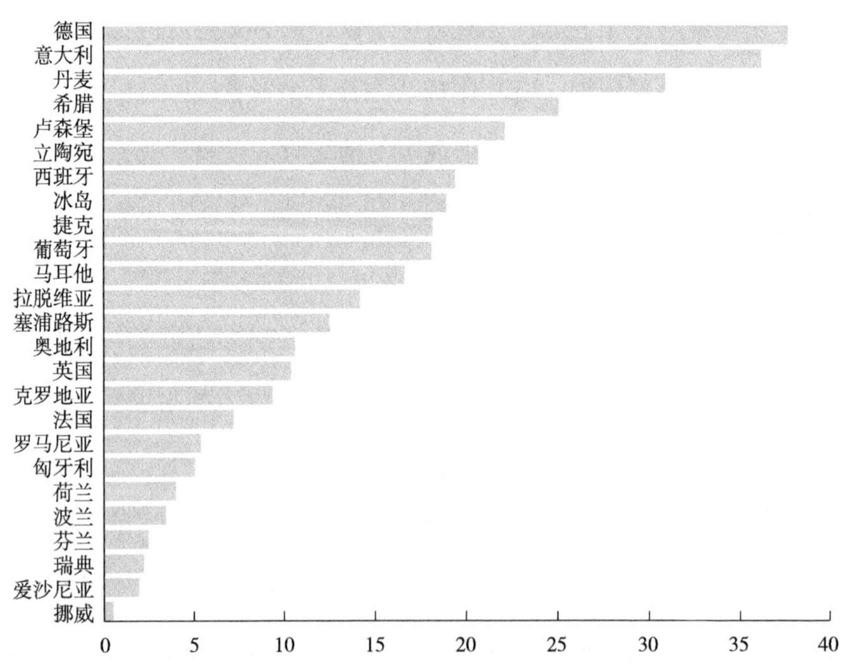

图 13.14　2016 年每单位总发电量的可再生能源支持费用（欧元每兆瓦时）

数据来源：CEER

一些评论认为，德国的高昂电力成本至少部分是由可再生支持机制导致的，这降低了德国企业的竞争力，尤其是小型企业的竞争力[69]。

一些人还批评德国电力部门的政策没能有效降低碳排放。尽管德国对新增风能和太阳能的大规模投资确实产生了降碳作用，但由于燃煤发电和交通部门的持续高排放，德国的碳排放量一直居高不下[70]。经济学分析表明，德国利用可再生能源降碳的成本非常高。例如，马卡托尼尼（Marcatonini）和埃勒曼（Ellerman）于2014年进行的一项研究发现，2006—2010年，德国的风能补贴导致隐含碳价57欧元，而太阳能光伏补贴的隐含碳价为532欧元[71]。后者远高于任何碳价预测，在此期间，太阳能光伏降碳没有成本效益。最近的一项研究（使用2010年至2015年的数据）表明，德国风能补贴产生的105 ~ 270欧元/吨二氧化碳的隐含减排成本，而太阳能的隐含减排成本高得多[72]。

尽管高昂的成本对消费者产生了不利影响，可再生能源和能源转型在德国仍得到广泛的支持[73]。除了德国人普遍具有较高的环境和能源意识外，对能源转型的支持还来自德国可再生能源行业的典型社区投资模式。德国一半以上的能源项目是利用能源合作社的资金建造的，能源合作社通常实行“一人一票制”，经常在当地社区投资项目[74]。在许多国家，大型可再生能源项目一般由大型企业开发建造，德国模式则通常是较小的本地项目。尽管项目规模较小可能导致较高的项目和交易成本，但社区归属模式已成为促使公众接受可再生能源的主要驱动力。

中国

在过去的几十年中，中国的电力需求和发电量大幅增长。中国现在已成为世界上最大的电力生产国。过去，燃煤发电占主导地位，中国主要的经济转型都由煤炭驱动。近年来，如图 13.15 所示，水电和其他可再生能源（主要是风能和太阳能）的份额迅速增加。

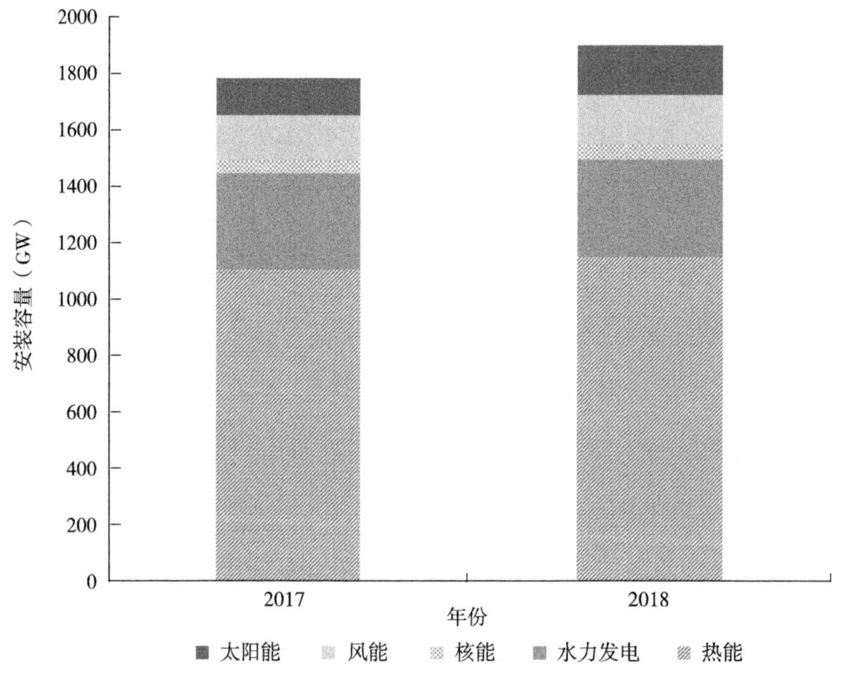

图 13.15　中国 2017—2018 年按能源类型划分的装机容量

数据来源：中国国家能源委员会（CEC）

中国规划将继续快速发展可再生能源，减少煤电，以实现巴黎协定的目标。中国利用替代能源满足环境目标，例如减少颗粒物污染，这些颗粒物严重威胁了中国人的健康。

中国的可再生能源支持机制

传统上，中国利用多种可再生能源支持机制来实现其政策目标。2003年，中国引入了风电 FIT，要求区域电网运营商以国家发展和改革委员会（NRDC）制定的固定价格向注册的风能供应商购买电力。2009 年对地区上网电价进行了改革，2011 年开始实施太阳能上网电价计划[75]。此外中国还采用了 RPS 机制[76]。

除这些机制外，中国还大量采用直接补贴来支持可再生能源，尤其是在太阳能领域。例如，在"金太阳"计划下，政府补贴太阳能光伏项目的大部分成本。到 2015 年，总补贴成本和其他支持机制每年花费约 120 亿美元。

中国可再生能源的融资机制

中国与前三个国家的可再生能源融资机制完全不同。国有银行提供低成本融资促进了中国可再生能源产能的快速增长。大型开发商、风能和太阳能公司以相对较低的利率从国有银行获得数十亿美元的信贷，用于投资可再生能源项目[77]。相对而言，项目融资相对较少。

整合可再生能源面临挑战

尽管中国已向可再生能源领域投资数十亿美元，但运营成果并不显著。图 13.16 显示了 2010—2015 年时期由于输电限制而被取消（缩减）的中国风力发电百分比[78]。与大多数国家相比，削减率非常高，考虑到中国风电行业的巨大规模，风电发电量损失巨大。

中国的可再生能源政策对投资区位产生不良影响，许多项目建在输电限制的地区。北方的几个地区持续削减风力发电，仅在 2016 年中国就削减了超过 49000 吉瓦时的风力发电，而太阳能光伏发电在 2013—2016 年期间的削减率约为 15%[79]。随着需求的放缓，可再生能源供应和需求失衡也成为突出问题。

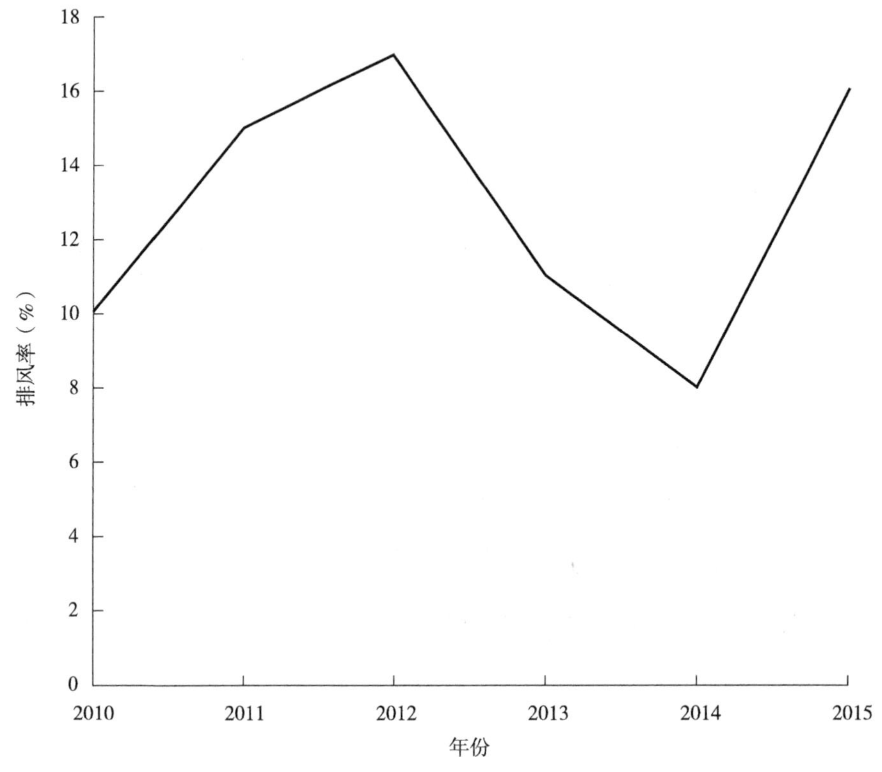

图 13.16 中国的风电项目削减率

数据来源：张等人（2016）

由于区域电网治理和经济运行相对较差，中国的削减问题变得更加严重。如第八章所述，在没有传输约束的情况下，要最大限度地提高效率，应首先按成本高低调度发电厂，首先使用成本最低的发电（例如风能和太阳能），然后根据需要使用边际成本较高的化石燃料发电。但是，在中国，调度通常由省级机构控制。机构通常会使用非经济性调度的“平等份额”方法，给发电厂设定发电目标。尽管这种非经济性调度与中国2009年《可再生能源法》要求的可再生能源优先调度相冲突，但省级主管部门能够实现地方发电目标。

国际经验教训

如第二章所述，可再生能源项目是资本密集型项目，项目沉没成本较高。历史上大多数情况下，必须有可再生能源支持机制来提高可再生能源项目的收益和风险状况。这通常需要向可再生能源发电商支付比传统市场价格更高的价格，并稳定发电价格以降低投资风险。

本章介绍的四个国际案例研究以及美国和其他国家的经验表明，通过适当的政策可以调动每年数千亿美元的私人投资，当然各种细节对政策的有效性也至关重要。

政策和融资成本

不同的可再生能源支持机制为可再生能源发起人和投资者带来不同类型的风险。长期固定价格PPA和FIT固定了可再生项目发电价格，因此降低了财务风险。FIP体系则会带来一些其他风险。美国的经验表明，RPC类型机制主要用于刺激电厂签署PPA来对冲长期价格风险，因为REC价格往往高度波动。

可再生能源投资者面临的不同风险会影响资金成本，最终影响可再生能源项目总成本。May 和 Neuhoff 分析了不同可再生能源支持机制对 23 个欧盟国家的加权平均资本成本（WACC）的影响，发现使用可交易的 TREC 绿色证书认证的可再生能源项目的 WACC 提升了 1.2%，考虑到大多数项目需要大量资金，这个发现很重要[80]。与固定的 FIT 机制相比，滑动 FIP 并不影响资金成本，但这可能取决于机制设计细节。这些研究人员还发现，REC 和可交易绿色证书制度为买方带来了额外的财务风险，因为相关的监管和市场风险通常无法完全对冲。

Polzin、Egli、Steffen 和 Schmidt 在政策选择方面得出了大致相似的结论，但强调特定的政策设计至关重要[81]。长期固定价格机制（如 FIT 计划）有很大潜力能刺激可再生能源投资，但权衡取舍，政策成本可能很难预测。这些研究人员还指出，FIT 计划通常因资源而异（例如太阳能项目与风能项目关税不同），有时能有效引入新技术，但总成本可能更高。

德国的案例研究为监管和支持政策环境提供了一个很好的例子，既支持了可再生能源方面的大量早期投资，也降低了融资成本。例如，2016 年的一项研究表明，德国的可再生能源政策有利于陆上风能项目的 80% 比 20% 的债务 / 权益结构，WACC 约为 3.5% 至 4.5%[82]。德国也可能受益于发达的国内资本市场，强有力的法律体系（通过 TSO 收费或后来征收的电费），并且社区投资者的收益要求较低。

由于营造了有利的投资环境，签订的电力 PPA 信誉良好，以及监管制度可控，智利近年来吸引了大量的私人资本[83]。印度的可再生能源投资项目 WACC 较高，但竞争性的竞标和较低的建设成本拉低了融资成本[83]。中国可再生能源项目的 WACC 不得而知，因为大多数资金来自国有银行。与传统的电力开发相比，中国的可再生能源项目的资金成本似乎更高，并且难以获得大量资金[84]。

可再生能源与市场整合

如第八章和第九章所述，可再生能源发电项目需要集成到电力市场、输电网和更广阔的电力行业中。本节考察的四个国家采用了不同的方法将可再生能源项目纳入其电力系统。

德国通过大型 FIT 和 FIP 项目以及将可再生项目优先与输电网互联，使项目风险降至最低。与 LMP 系统相比，在市场耦合下，德国和其他欧盟国家使用的区域输电定价系统效率相对较低。但是，根据德国的 TSO 规则，可再生能源厂商在缩减期间得到了较高补偿，因此，与其他系统相比，财务风险要低一些[85]。为了应对不断增长的交通拥堵成本，德国联邦政府计划建造大型输电项目，以适应未来更高水平的可再生能源发电需求。

如前所述，智利对其电力部门进行了市场化重组，是世界上最早市场化的国家之一。由此产生的行业结构保持稳定，而作为对手方的智利配电公司信誉良好，有助于可再生能源的发展。随着可再生能源发电份额的增长，特别是阿塔卡马州北部地区太阳能发电的增长，输电限制成为主要问题，2017 年可再生能源发电量减少了 16%。最近，一条新型输电线路连接两个主要电网，减少了电路拥挤。

印度发展可再生能源更加艰难，电力机构相对薄弱，尤其是DISCOM。分销商普遍缺乏信用，新项目无法与 SECI、NTPC 和少数信用良好的 DISCOM 合作。正如政策所设想的那样，印度难以协调区域内和区域间的输电运营，难以扩展可再生能源的渗透率。

中国的可再生能源供应的快速增长存在许多问题。中国的投资规模巨大，但行业和市场机构相对薄弱，许多无电网供电的地区建设了可再生能源项目。尽管改革不断推进，但缺乏协调一致的协调和调度机制也导致可再生能源利用效率低下，从而使燃煤发电的市场份额居高难下。

附　录

附录 A：术语表和能量单位

能量

能量的基本国际单位是焦耳（J），以英国物理学家詹姆斯·普雷斯科特·焦耳（James Prescott Joule）的名字命名。能量也可以用卡路里（cal）来表示，1 卡路里等于 4.184 焦耳。

1 卡路里是将 1 克水的温度提高 1 摄氏度所需的能量。因此，1 焦耳中所包含的能量很小，好比将 1 千克重（2.2 磅）提起 1 米高。因此在大多数情况下，能量以吉焦（GJ）为单位表示，1 吉焦等于十亿焦耳。

作为国际单位制，焦耳在世界范围内得到广泛使用。在美国，英国热量单位（Btu）是衡量燃料能量含量的常用单位。1 英国热量单位的能量等于 1054.3503 焦耳。

功率与能量

功率定义为做功的速率（为了产生能量）。衡量功率的基本单位是瓦特，以英国发明家詹姆斯·瓦特（James Watt）的名字命名。1 瓦特（W）等于 1 焦耳每秒。由于瓦特是一个很小的单位，对于电力，通常更多使用千瓦（kW）和兆瓦（MW）。

1kW=1000W

1MW=1000kW

1GW=1000MW

鉴于功与能量之间的关系，可以通过时间乘功率来找到能量。

$$能量 = 功率 \times 时间$$

例子

发电厂每小时产生 10 兆瓦的电力，持续 5 小时。因此，产生的能量等于 10MW × 5h=50MW · h。

电厂效率指标

发电厂的容量定义为发电厂可以生产的最大电量。因此，一个 500 兆瓦的发电厂能够满负荷生产 500 兆瓦。

容量因子通常用于表示发电厂一年中的发电量。容量因子定义为给定时间段内产生的能量与工厂满负荷运转时可产生的能量之比。

例子

容量为 100 兆瓦的发电厂每年可产生 350000 兆瓦 · 时。项目的容量因子是多少？

产生的能量总量 =350000MW · h

项目满负荷生产时可产生的能源总量 =100MW × 365 × 24h= 100MW × 8760h[①]=876000MW · h

① 一年中的天数因闰年的存在而有所不同，因此一年中有8760小时是一种更普遍的度量标准，更容易记住。

容量因子为这两个量的比即容量因子 =350000MW·h/876000（MW·h）=39.95%

容量因子因发电技术而异。水力、地热、煤炭、核能和高效联合循环燃气轮机电厂用于提供基本负荷电力，并且大部分时间都在运行。因此，这种电厂的容量因子有时非常高，接近或高于 90%。风能和太阳能项目则取决于资源的可用性。因此，这两种技术的容量因子要低得多，在风电项目中为 25% ~ 55%，在太阳能发电厂中为 12% ~ 25%。

有时，太阳能发电厂的效率是根据能量产出来衡量的。能量产出定义为给定时期内产生的能量与发电厂容量之比，并表示为 kW · h/kW 或 MW · h/MW。

例子

加州的一个 100 兆瓦太阳能发电项目一年可产生 219000 兆瓦时。该项目的能量产出是多少？

能量产出 =219000MW · h÷100MW=2190MW · h/MW 或 2190kW · h/kW

由于能量等于功率乘以小时数，因此能量产出实质上是对运行时间的度量。

可用性因子是另一个用于衡量电厂效率的指标。可用性因子定义为在给定的运行期间内，电厂在没有中断的情况下“可用”的小时数与同期的小时数之比。

例子

拥有一个风电场的开发商计划在一年内停机 120 小时以进行维护。持续了 72 小时的暴风雨袭击（工厂未受到破坏）使工厂遭受了计划外的预防性停机。风电场的可用性因子是多少？

年内总小时数 =8760

该工厂在一年中可用小时数 =8760-120-72=8568

因此，该工厂的可用性因子为 8568 ÷ 8760=97.81%。

附录 B：平准化度电成本

平准化度电成本（LCOE）是一种用来比较各种发电技术生命周期成本的经济度量手段。生命周期成本可以分为以下几类。

（1）资本成本：建设电厂的前期成本。

（2）运维（O&M）成本：运营电厂的成本。这些成本可以分为固定成本和可变成本。固定运维成本与发电量的多少不相关；它们由人员工资、安全成本、保险等组成。可变运维成本与发电直接相关。传统工厂的燃料成本也随产量而变化。

（3）处置成本：通常在使用寿命结束时产生的成本。某些发电技术（例如核电厂）的处置成本可能非常高。在大多数情况下，太阳能和发电项目的处置成本被假定为零，因为设备的报废价值通常应包括清除成本。

如下例所示，融资成本已在 LCOE 计算中内在化。LCOE 方法还考虑了各种税收利益，包括可能提供税收保护的折旧。

LCOE 是一种非常有用的工具，因为它可以比较具有不同资本成本、运行维护成本、使用寿命等的各种发电技术。从经济角度来看，LCOE 可被视为特定发电源为了获得收支平衡所必须获得的“平均”电价。LCOE 被用作比较各种技术的相对指标，而不是用于确定投资决策的绝对指标。实际的系统规划还必须考虑可靠性问题（例如高峰需求时期的可用性）以及其他因素。

因此，决策者主要将 LCOE 用于长期计划以及制定激励机制。开发人员和独立电力生产商可以将该指标用作宽泛的计划工具，以比较各种发电技术的吸引力。投资者对 LCOE 感兴趣，以了解长期的经济趋势，尤其是可再生能源，其成本下降大大提高了它们的竞争力。

要了解 LCOE 概念，请参考具有以下参数的 100 兆瓦风电场的简单示例。

总资本成本 =$1400/kW

固定运维成本 =$45/kW

容量因子 =40%

使用寿命 =30 年

折现率 =6%

通过计算，可以得到总资本成本和固定运维成本如下：

总资本成本（I0）=$1400/kW × 100MW × 1000kW ÷ MW=$140000000

固定运维成本（M）=$45/kW–a × 100MW × 1000kW/MW=$4500000/a

对于这种简单的模型，成本结构如下所示。

风电场的年发电量可以计算如下：

年发电量（E）=100MW × 8760h/a × 40%=350400（MW · h）

为了计算 LCOE，需要将寿命周期成本的现值与寿命周期能量产生的现值相等。

换句话说，假设所有资本支出都是在开始时（t=0）产生的，并且该项目在一夜之间开始发电，得到

$$\sum_{t=1}^{n}\frac{E_t\cdot \mathrm{LCOE}}{(1+r)^t}=I_0+\sum_{t=1}^{n}\frac{M_t+F_t}{(1+r)^t}$$

进一步简化方程，得到

$$\mathrm{LCOE}=\frac{I_0+\sum_{t=1}^{n}\frac{M_t+F_t}{(1+r)^t}}{\sum_{t=1}^{n}\frac{E_t}{(1+r)^t}}$$

由于年金的 PV 可以计算为

$$PV=\frac{C[1-(1+r)^{-n}]}{r}$$

将现值公式集成到 LCOE 公式中，可以得到：

$$\mathrm{LCOE}=\frac{I_0+\frac{M+[1+(1+r)^{-n}]}{r}}{\frac{E\cdot[1-(1+r)^{-n}]}{r}}$$

结合 100MW 风电场示例的输入：

$$\mathrm{LCOE}=\frac{\$140MM+13.76\times\$4.5MM}{350.400(\mathrm{MW}\cdot\mathrm{h})\times 13.76}=\$41.87/(\mathrm{MW}\cdot\mathrm{h})$$

国家可再生能源实验室（NREL）在其网站上有 LCOE 计算器[①]。

---

① https：//www.nrel.gov/analysis/tech-lcoe.html

投资银行拉扎德每年都会发布各种发电技术的 LCOE 估算值。表 1 提供了2018年11月发布的调查结果[①]。下图提供了一张电子表格示例，该示例使用了拉扎德报告中针对 100 兆瓦陆上风电项目描述的方法和假设进行 LCOE 计算。这个电子表格还提供了 LCOE 计算基础的假设。

表 1　拉扎德的 LCOE 估计值

		LCOE（美元）
替代能源	太阳能光伏——屋顶住宅	160 ~ 267
	太阳能光伏——屋顶 C&I	81 ~ 170
	太阳能光伏——社区	73 ~ 145
	太阳能光伏——晶体大型电站	40 ~ 46
	太阳能光伏——薄膜大型电站	36 ~ 44
	太阳能蓄热塔	98 ~ 181
	燃料电池	103 ~ 152
	地热	71 ~ 111
	风能	29 ~ 56
常规能源	天然气峰值	152 ~ 206
	核能	112 ~ 189
	煤炭	60 ~ 143
	天然气联合循环	41 ~ 74

① 完整的报告和基本假设可以在https：//www.lazard.com/media/450784/ lazards-levelized-cost-of-energy-version-120-vfinal.pdf找到。

表 2 陆上风电－低风力情景

假设			
装机容量	150	资本性支出（美元/kW）	1550
容量系数	38.0%	其他成本（美元/kW）	—
固定运行维护成本（美元/千瓦－年）	36.50	全部资本性支出（美元/kW）	1550
浮动运行维护成本	—	全部资本性支出（百万美元）	23250
运行维护成本增长率	2.25%		
债务率	60.0%	MACRS 年份对照表	
债务成本	8.0%	1	20.0%
权益	40.0%	2	32.0%
权益成本	12.0%	3	19.2%
综合税率	40.0%	4	11.5%
经济可用周期＝债务周期	20	5	11.5%
MACRS（改进加速成本回收）折旧	5	6	5.8%
LCOE（平准化度电成本）	60.21		
折合美元	1000		

财务预测																					
时间段	0	1	2	3	4	5	6	7	8	9	10	11	12	13	14	15	16	17	18	19	20
装机容量		150	150	150	150	150	150	150	150	150	150	150	150	150	150	150	150	150	150	150	150
容量系数		38.0%	38.0%	38.0%	38.0%	38.0%	38.0%	38.0%	38.0%	38.0%	38.0%	38.0%	38.0%	38.0%	38.0%	38.0%	38.0%	38.0%	38.0%	38.0%	38.0%
总发电量（MW·h）		499320	499320	499320	499320	499320	499320	499320	499320	499320	499320	499320	499320	499320	499320	499320	499320	499320	499320	499320	499320
平准化度电成本		$60.21	$60.21	$60.21	$60.21	$60.21	$60.21	$60.21	$60.21	$60.21	$60.21	$60.21	$60.21	$60.21	$60.21	$60.21	$60.21	$60.21	$60.21	$60.21	$60.21
总收入		30066	30066	30066	30066	30066	30066	30066	30066	30066	30066	30066	30066	30066	30066	30，06	30066	30066	30066	30066	30066
运行花费																					
燃料成本		—	—	—	—	—	—	—	—	—	—	—	—	—	—	—	—	—	—	—	—
运行维护成本		5475	5598	5724	5853	5985	6119	6257	6398	6542	6689	6839	6993	7151	7312	7476	7644	7816	7992	8172	8356
运行总成本		5475	5598	5724	5853	5985	6119	6257	6398	6542	6689	6839	6993	7151	7312	7476	7644	7816	7992	8172	8356
EBITDA（未计利息、税项、折旧、摊销前利润）		24591	24468	24342	24213	24081	23946	23809	23668	23524	23377	23226	23072	22915	22754	22590	22421	22249	22074	21894	21710
未偿债务收支表		139500	136452	133159	129604	125764	121616	117137	112300	107075	101433	95339	88758	81650	73974	65684	56730	47060	36616	25337	13156
利息花费		11160	10916	10653	10368	10061	9729	9371	8984	8566	8115	7627	7101	6532	5918	5255	4538	3765	2929	2027	1052
摊销		3048	3292	3556	3840	4147	4479	4837	5224	5642	6094	6581	7108	7676	8290	8954	9670	10444	11279	12181	13156
未偿债务付款说明	139500	136452	133159	129604	125764	121616	117137	112300	107075	101433	95339	88758	81650	73974	65684	56730	47060	36616	25337	13156	(0)
平准化度电成本		14208	14208	14208	14208	14208	14208	14208	14208	14208	14208	14208	14208	14208	14208	14208	14208	14208	14208	14208	14208
EBITDA（未计利息、税项、折旧、摊销前利润）		24591	24468	24342	24213	24081	23946	23809	23668	23524	23377	23226	23072	22915	22754	22590	22421	22249	22074	21894	21710
减少：折旧		46500	74400	44640	26784	26784	—	—	—	—	—	—	—	—	—	—	—	—	—	—	—
减少：利息花费		11160	10916	10653	10368	10061	9729	9371	8984	8.566	8115	7627	7101	6532	5918	5255	4538	3765	2929	2027	1052
待缴税收入		(33069)	(60849)	(30951)	(12940)	(12764)	14217	14438	14684	14958	15262	15599	15972	16383	16836	17335	17883	18485	19144	19867	20657
应纳税额（享受优惠）		(13228)	(24339)	(12380)	(5176)	(5106)	5687	5775	5874	5983	6105	6240	6389	6553	6735	6934	7153	7394	7658	7947	8263
税后净权益现金流	(93000)	23610	34599	22514	15180	14978	4051	3825	3588	3332	3064	2778	2475	2153	1811	1447	1060	647	208	(261)	(761)

税后权益内部收益率	12.0%

以分析为目的，假定风电场的使用寿命和债务期限等于20年。粗体单元格中的LCOE使用Microsoft Excel中的“目标搜索”功能计算得出，以使权益IRR等于12%。

词汇表

advance rate 贷款率（第三章）——通过债务融资的资产（在项目融资交易中）的金额。或者，它是贷方愿意以贷款形式扩展的资产价值的百分比。

back-leverage 反向杠杆（第六章）——一种项目融资贷款类型，由发起人在项目公司中的股权作为担保。仅通过可分配给发起人的股权的现金流量分配来偿还贷款。

blocker corporation 隔离公司（第六章）——归属方免税的一种公司法律结构（例如养老基金、主权财富基金），用于投资可能符合税收抵免条件的项目公司。阻碍公司应纳税，利用隔离公司可使项目公司使用税收抵免。如果免税投资者在没有限制公司的情况下直接投资，则项目公司可能被禁止要求税收抵免。

capacity factor 容量因子（第四章）——在指定的时间内，实际电能输出与最大可能电能输出之比。

CFADS（第四章）——在给定的付款期限内，项目融资实体可用于支付债务利息和强制性摊销的可用现金。

commercial operation date（COD）商业运营日期（第十一章）——独立工程师证明可再生能源设施已按照EPC合同的规定建造并完成所有必需的性能测试的日期。COD触发了项目运营阶段的开始，该阶段可能持续

25年或更长时间。

conditions precedent 先决条件（第四章）——在可以要求缔约方履行其义务之前必须满足的条件。

contingent liability 或有负债（第三章）——可能发生的负债，取决于未来不确定事件的结果。

cross-currency swap 交叉货币互换（第五章）——两个交易对手之间的协议，以两种不同的货币交换付款（通常是债务支付——利息和本金）。合同是高度可定制的，并且可以包括浮动利率或固定利率。

deadweight loss 无谓损失（第二章）——对生产按边际私人成本而不是边际社会成本进行定价造成的总经济价值损失的度量。

degression rate 递减率（第十三章）——随着时间的推移有计划地降低FIT费率以解决成本下降的问题。

distributed generation 分布式发电（第一章）——使用点附近产生的电力（与发电厂的集中发电相反）。

DSCR（第四章）——DSCR定义为可用于债务偿还的现金流（CFADS）与强制性债务偿还的比率，该比率为利息和强制性摊销之和。

feed-in premium（FIP）上网电价溢价（第二章）——一种政策机制，可再生能源生产商从中获得高于现行电价的溢价。

feed-in tariff（FIT）上网电价（第二章）——一种政策机制，向可再生能源生产者提供馈入电网的电费，通常高于现行的市场电价。

financial transmission rights（FTR）金融输电权（第九章）——FTR或金融传输权是一种金融工具，仅对冲两个地点之间的拥堵价差。FTR由源节点和宿节点定义，然后确定这些节点之间的位置拥挤价格成分。

impedance 阻抗（第八章）——电路对交流电的电阻的量度。

Independent System Operator（ISO）独立系统运营商（第五章）——管理传输系统运行的独立（通常是非营利）组织。

inside basis 内在计税基础（第六章）——合伙人在合伙资产中计税的份额。

interconnection agreement 互联协议（第五章）——项目公司与电网运营商之间的法律协议，赋予项目公司从给定电力项目向运营商电网供电的权利。

interest rate swap 利率掉期（第五章）———种合同，其中将未来的浮动利息支付流交换为固定付款。

investment grade 投资级评级（第五章）——公司的信用质量或信用状况，要获得投资级评级，公司必须分别获得穆迪、标准普尔的 Baa3 或 BBB 或更高的信用等级（或其他评级机构的同等信用）。

investment tax credit（ITC）投资税收抵免（第二章）——投资税收抵免是一项联邦政策机制，可为某些技术（包括太阳能和小型风力涡轮机）提供高达安装成本的 30% 的税收抵免。这是一次性的，在设施投入使用时支付。

locational marginal pricing（LMP）区域边际定价（第八章）—— LMP 或区域边际定价，是在电力批发市场中不同地点买卖电力的成本。ISO 通常具有提前和实时 LMP。提前一天 LMP 代表提前一天市场中的价格，该价格允许参与者在营业期前一天买卖电力，以避免实时波动。

marginal private cost 边际私人成本（第二章）——家庭或公司每额外生产一个单位产品的成本。该成本不包括商品生产可能产生的社会或环境成本。

marginal social cost 边际社会成本（第二章）——家庭或企业生产商品的附加单位的总成本。这包括边际私人成本以及社会和环境成本。

mini-perm 再融资模式（第四章）——债务还款结构，其中贷款在到期日之前具有定义的摊销结构，然后将所有余额作为到期时的大笔还款。

negative carry 负利差（第三章）——持有证券或资产的成本大于从获得的收入的情况。

Notice to Proceed（NTP）开工通知（第十章）——项目公司所有者致EPC 承包商的信，通知开始施工。NTP 通常也是项目建设开始承购协议时的财务结算日期。

off-take agreement 承购协议（第二章）——能源生产商与购买者之间购买或出售生产者所产生的部分能源的合同（通常是长期的）。该协议有助于项目公司获得有保证的收入来源，进而有助于确保低成本的融资。

outside basis 外在计税基础（第六章）——每个投资者在合伙企业中所占权益的税基。

peak shaving 调峰（第十二章）——一种技术，其中储能系统在需求低时充电，而在需求高时放电，以满足并减少系统需要满足的峰值需求。

probabilistic maximum loss（PML）概率最大损失（第五章）——保证率为一定百分比的最大可能损失。例如，99% 的 PML 为 100 美元将意味着具有 99% 的确定性的最大可能损失为 100 美元。

production tax credit（PTC）生产税抵免（第二章）——生产税抵免是对符合条件的设施产生的每千瓦时的通货膨胀调整后的公司税收抵免。PTC 是一种税收抵免，适用于售电行为。税收抵免在工厂运营的前 10 年持续。

quasi-merchant financing 准商业融资（第四章）——项目融资结构，其中一部分项目产出已签订合同，而其余部分则承担着商业价格风险。在这种类型的结构中，债务可以以第一留置权债务与合同期限一致，且第二留置权债务承担所有再融资风险并据此定价的方式进行融资。

renewable energy credit（REC）可再生能源信用（第二章）——REC 是与区域中的一单位可再生能源发电（例如一兆瓦时的风能）相关的属性。生产或购买比其 RPS 要求更多的可再生能源的公用事业公司可以将相关的 REC 出售给另一家低于其 RPS 要求的公用事业公司。

recourse 追索权（第三章）——追索权融资使贷方有权对提供追索权的实体的资产提出债权。

renewable portfolio standard（RPS）可再生能源配额制（第二章）——可再生能源配额制要求公用事业从风力和太阳能等可再生能源中获取一定比例的电力。RPS 通常会建立逐步增加的目标。例如，一个州可能要求公用事业到 2020 年从可再生资源中获取其供应的 20%，到 2022 年达到 25%。

regional transmission operator（RTO）地区输电运营商（第五章）——一个管理多州电网运行的独立组织。与 ISO 相比，RTO 可以覆盖更广阔的地理区域。

S-curve S 曲线（第四章）——又称功率曲线是适用于风力涡轮机的转换函数，它将给定的风速转换为发电量。

tax basis 计税基础（第六章）——有资格获得投资税收抵免的资产的价值。这可能是资产的成本或公平市场价值，或者可能包括符合 ITC 资格的资产部分的价值。

time-tranching 时间分层（第四章）——债务结构化的一种形式，其中贷款分为不同期限的不同部分。现金流将按优先顺序依次分配给不同的付款部分。所有付款付清利息后剩余的所有现金流，将直接用于最短的到期债券，直到将其完全摊销，然后转移到下一个最短的到期债券，依此类推。

tradable permit system 可交易许可证系统（第二章）——一种系统，其中最大排放量由政府确定，并且每个公司 / 参与者都为一个生产单位分配了许可。所有许可的总和等于最大排放量。这些许可证可以在公司之间交易。

transmission basis 输电基础（第四章）——两个不同节点或枢纽之间的电价之差。也可以将其视为从源头到交货点的电力运输价格。

variable interest entity（VIE）可变利益实体（第三章）——一种合法的公司结构，尽管投资者没有多数表决权，但投资者仍可能拥有控股权。VIE 通常形成特别目的载体（SPV），以在不给整个公司带来风险的情况下为资产提供资金。

附录 C：条款清单示例

C-1. 公用事业规模风电项目建设贷款条款清单

C-2. 公用事业规模太阳能项目的税收权益条款清单

C-3. 住宅型太阳能项目组合的反向杠杆条款清单

C-4. 公用事业规模风电项目商品对冲的样本确认

附录 C-1：公用事业规模风电项目建设贷款条款清单

（ ）兆瓦风电项目

（ ）美元建设信贷

条款和条件的指示性摘要

本指示性条款表中规定的主要条款和条件摘要仅供讨论之用，且可能会更改。本指示性条款清单不构成或代表任何潜在参与者安排、联合、承销、购买、提供或以其他方式参与被提及的设施，提供或交易此处所述或任何其他融资中的要约，也不构成或代表任何潜在参与者准备、谈判、执行或交付此处所述的任何此类拟议融资、要约或交易或任何其他融资的协议，并且没有任何法律效力。本指示性条款表和在此项资料中提供的其他信息必须严格保密，不得透露给任何其他人（除非在保密且需要知道的基础上向您的关联公司和顾问披露），或公开提及，除非事先获得每个潜在参与者的书面同意。通过接受本指示性条款表，本条款的收件人同意受上述协议的限制和约束。

总则

项目名称	[__] 兆瓦（[__] 涡轮机）风电场将在 [__]（"项目"）建造。该项目将直接互联到距离项目约 [__] 英里的 [__] 千伏输电线路。该项目已获得两份购电协议（PPA），一份 [__] 兆瓦的 [__] 年期限和一份 [__] 兆瓦 [__] 的 [__] 年期限。
信用贷款	最高 [__] 美元的高级担保项目公司建设贷款融资，其金额应基于《购买与销售协议》（PSA）的购买价格承诺的 [100] % 预付款率和项目成本的 90% 两者中的较小者计算。
购销协议	发起人已与战略买家签订了最终协议，以在货到付款时出售该项目的 [__]% 的权益。买方或其母公司为投资级，将在尽职调查期间披露。预计购买价格将远远超过项目成本。
项目成本	项目总成本，包括开发成本、场地征用和地役权成本、施工成本、调试成本、启动成本、融资费用、施工期间利息、结算成本、应急准备金、准备金和与项目相关的所有其他成本。预计项目成本约为 $[__]。
融资文件	适用于信贷安排的条款和条件，包括财务条款、陈述和保证、契约、条件、违约事件和此类施工贷款融资的典型补救措施，将包含在一份信贷协议（融资文件）中。 融资文件将考虑并要求执行和交付其他习惯信贷文件，包括但不限于抵押文件和法律意见书。融资文件应以此类建设贷款融资的典型融资文件为基础。
所得款项用途	建设贷款的收益将由项目公司用于资助： （i）项目的开发和建设（包括购买项目所需的主要设备）、与项目相关的土地权利付款、项目使用的某些互联设施的成本以及其他项目成本； （ii）支付与项目开发建设和融资有关的交易费用和第三方费用； （iii）支付与信贷有关的交易费用和第三方费用； （iv）支付在施工过程中产生的信用贷款利息和费用。
项目公司	[__]，特拉华州的有限责任公司（项目公司）和项目所有者。
控股公司	[__]，一家特拉华州的有限责任公司（控股公司）和项目公司的 100% 所有者。
借款人	项目公司（借款人）。
发起人	[__]

续表

牵头行和账簿管理人	[__]
行政代理人	[__]
担保代理人	[__]
开户银行	[__]
贷款人	经办人与发起人协商后选定的经办人或其他金融机构（贷款人）。
合同交割	融资文件和相关信贷文件的签署和交付日期（财务结算日）预计在 [__] 或之前发生。
发起人预付款	发起人和 / 或发起人的任何其他附属公司将向项目公司提供预付款，以便在财务结算日或之前，任何和所有此类预付款的金额至少等于 $[__]。发起人在财务结算日及其后的每个借款日的预付款总额不得少于预计项目成本的 [__]%。
确定日期	[__]

建设贷款

承诺	$[__] 的项目公司建设信贷金额应基于《购买与销售协议》(PSA）的购买价格承诺的 [100]% 预付款率和项目成本的 90% 两者中的较小者计算。
可行性	建设信贷下的贷款将自财务结算日到充分利用建筑贷款承诺时和信贷机制发生违约事件时加速的信贷贷款日两者中较早日期间随时提供。
所得款项用途	如总则中所述。
时期	从财务结算日开始，到“建设贷款到期日”到期，定义为以下中最早的:（i）PSA 下“融资日”的发生;（ii）确定日期;（iii）信贷机制发生违约事件时加速的信贷贷款日。
利率	如一般条款和条件部分所述。
承诺费	建设贷款承诺中平均每天未使用部分的 __%，每季度应支付一次欠款，应在财务结算日开始累积。

一般条款和条件

信贷的利率	1、2、3 或 6 个月伦敦银行同业拆借利率（LIBOR），外加适用保证金，定义如下： 对于建设信贷，任何期间“适用保证金”一词应为 [__]%。 融资文件还应规定，贷款的融资幅度可低于 LIBOR 的适用保证金 1.00%。
利息支付	应计利息将在每个利息期结束时支付，但频率不低于季度。利息按 360 天年及 LIBOR 的实际已用天数和 365/366 天年及基准利率贷款实际经过的天数计算。
行政代理费	就第一次信贷借款支付 $[__] 的一次性付款
按比例出资	信贷下的所有借款将由每个贷款人按比例供资。
无再借	一旦全额或部分偿还或预付，信贷下提供的贷款不得再借。
强制性预付款	融资单据将包括这类融资交易的典型强制性预付款规定。
默认费率保证金	年利率高于上述适用保证金的 2.00%，在信贷下违约事件发生时和持续期间支付信贷下所有未偿还债务。
安排 / 预付费用	在财务截止日期支付给牵头安排人和账簿管理人。
贷款类型：建设贷款	预付费用 [__]%。
自愿预付款	自愿预付额最低为 500000 美元，增量为 100000 美元。所有自愿预付款应按比例用于计划付款。
预付款申请	信贷的预付款可以不收取保费或罚款，但须支付习惯性破损费用（如果有）。 所有预付款应在融资方之间按它们在适用预付款时未偿还贷款本金总额的比例分配。
预提税	除融资文件中包含的一般和惯例例外情况外，所有付款均应免除任何税项，且不得扣除或预扣任何税项，以使每个贷款人收到的金额等于未进行扣除或预扣的情况下本应收到的金额。
违法行为，情况改变，资本充足率，成本增加	融资文件将包括在无法获得资金、违法行为、成本增加、资本充足性收费和融资损失以及预扣税补足的情况下保护贷款人的惯例条款。关于贷款人资金成本增加的规定应与此类交易的典型规定一致。

续表

无追索权	除标题“担保人垫款”所述外，贷款人将仅对抵押品（定义见下文）有追索权。
抵押品	抵押品和担保条款应与此类交易的典型条款一致。信贷下的债务将由以下抵押品中的第一优先担保权益担保： （i）不动产权利和构成项目的所有存货、机械和设备； （ii）项目公司的应收账款、银行账户和一般无形资产； （iii）项目公司签订的所有协议； （iv）项目的所有政府批准，在可转让作为抵押品的范围内； （v）项目公司应收的所有保险和征用收益； （vi）公司所有成员权益； （vii）PSA 以及借款人实体方对 PSA 或第三方受益人的权利（包括与 PSA 交易对手和任何相关担保人签订的抵押品转让同意书，如适用）； （viii）项目公司的所有其他不动产或个人财产（包括现金和金融工具）。 在建设贷款到期日和信贷全部偿还后，项目公司授予的担保权益将被解除。
先决条件	融资文件将包含此类融资的每笔借款在财务交割日之前的惯常条件，并与各方之间的先例交易一致（如适用），包括但不限于以下融资惯常的条件，对于此类，某些先决条件将受制于关于重大不利影响（定义见下文）的标准，受制于商定的其他重要性和知识限定条件，并与各方之间的先例交易一致（如适用）。 关闭条件： （i）所有重大项目合同、PSA、PPA、施工协议（包括任何 BOP 和涡轮机供应合同）、O&M 协议、互连协议和任何其他施工和初始运行所需的重大合同项目、融资文件和与信贷有关的其他文件应已执行和交付，应具有完全效力，并且形式和实质内容应令行政代理人满意（包括在抵押品的担保权益方面）。 （ii）管理机构应已收到独立工程师和风能资源顾问（定义见下文）以贷款人满意的形式和内容提交的报告，内容涵盖项目的技术和经济可行性（包括但不限于审查输电、工程设计、设备选择、场地特征、项目合同、施工预算和进度、许可证和执照状态、地震和洪水风险、截至财务结算日的股权出资额确认，项目满足监管和合同要求的能力，完成验收测试和项目净产量预测，包括超过的概率 50%、75%、90%、95% 和 99%，以 1 年和 20 年为基础）。 （iii）管理机构应已收到输电顾问（定义见下文）以贷款人满意的形式和内容提交的报告。

续表

先决条件	(iv) 管理机构应已收到保险顾问（定义见下文）的报告，其形式和内容令贷款人满意，说明要维持的保险范围（包括保险范围、免赔额、保险公司以及背书的形式和范围）的充分性，包括必要的地震和洪水保险以及适用于项目的惯例排除和限制，并且所有要求的施工期政策均应已发布。 (v) 管理机构应已收到它合理要求的与项目相关的不动产权利尽职调查审查相关的证据，其形式和内容应令贷款人满意。 (vi) 管理机构应收到环境顾问（定义见下文）以令贷款人满意的形式和内容提交的报告，说明但不限于项目现场是否存在有害物质。 (vii) 项目施工所需的所有许可证应已签发，且应具有充分的效力，其形式和内容应令贷款人合理满意。 (viii) 贷款人应已收到有关项目公司、控股公司、发起人、任何其他相关借款人实体（包括作为 PSA 一方的项目公司的附属公司，统称为“信贷方”）以及 PSA 的交易对手以及任何附属担保人（如适用），以完成各贷款人各自的“了解客户”流程。 (ix) 贷款人应已收到与此类交易典型内容一致的习惯性法律意见书（包括税务意见书），其形式和内容应令贷款人合理满意。 (x) 如果顾问的报告没有直接提交给管理机构、安排人和放款人，并且没有允许其依赖，则行政代理人应已收到相关顾问的惯常依赖信函，允许各方依赖此类报告。 (xi) 管理机构应已收到（a）最终项目预算和施工进度表，以及（b）项目的基本情况预测（“财务模型”），在每种情况下，其形式和内容均为贷款人可接受的。 (xii) 陈述和保证（除非根据其条款涉及特定日期）在所有重大方面均真实、完整和正确。 (xiii) 完善由担保文件授予的担保权益，并就与各方之间的先例交易一致的约定重大项目合同的抵押品转让交付合理令人满意的同意书。 (xiv) 贷款人满意的项目抵押和产权保险将完全有效。不动产调查应当送达。 (xv) 来自信贷方和其他相关借款人实体的习惯决议、在职证明、公司文件和官员证书。 (xvi) 应建立项目公司的账目（如下所述）。 (xvii) 支付所有费用和开支。 (xviii) 由于进行尽职调查而可能出现的其他合理情况。 所有借款的条件： 融资文件将包含建设贷款融资下借款的惯例先决条件，包括但不限于以下内容： (i) 对于第一次借款，担保人预付款金额等于 $[__] 或 10% 项目成本中的较大者的证据。

续表

先决条件	（ii）项目公司交付惯常的提取证书和独立工程师的确认证书。 （iii）第三方承包商提供的留置权豁免（以商定的门槛为准）。 （iv）交付产权保险单的日期背书。 （v）交付借款通知。 （vi）信贷下的违约或违约事件不应发生并持续存在。 （vii）陈述和保证在所有重大方面都是真实、完整和正确的。
重大不利影响	（a）对任何借款人实体、项目或作为发起人附属公司的任何主要项目参与者的业务状况、资产、负债、经营业绩或状况（财务或其他方面）产生重大不利影响的任何变化、事件或影响；合理预期下会对项目公司在贷款到期日或之前实现商业运营的能力、PSA 买方履行在 PSA 项下义务的能力、PSA 项下融资日期发生的可能性产生重大不利影响的任何变化、事件或影响。 （b）合理预期下，会对或可能对以下三个方面产生重大不利影响的任何改变、事件或影响：项目公司、任何信贷方或任何其他人履行操作文件规定的任何重大义务的能力，以及在对项目意义重大的情况下，履行作为一方的任何个人不动产文件的能力；贷款人执行任何义务的能力；担保方对项目公司或任何信贷方所抵押或授予的抵押品的担保权和留置权的有效性、优先权或完整性。
账户	项目公司的账目将包括“建设账户”和“建设期地方账户”，由建设贷款收益提供资金。
陈述	通常的和习惯的。
约定事项	融资文件将包含此类融资的习惯性约定，但须遵守约定的实质性限定条件，包括但不限于以下内容： （i）提供与项目有关的某些定期信息和其他信息（包括施工期间的月度进度报告、未经审计的季度财务报表和经审计的年度财务报表，在每种情况下均按照公认会计准则编制）和重大事件通知。 （ii）除融资文件允许外，无其他债务。 （iii）除融资文件中规定的某些允许留置权外，任何资产或财产均无留置权。 （iv）基本合并或清算，例如，新的合并或清算。 （v）关联交易限制。 （vi）借款人有义务保证其实体的合法存在、合法权益、合法记录；有权使用合法拥有的资产。
约定事项	（vii）根据有待协商的要求购买保险。 （viii）不得修改、放弃、终止、修改项目文件（除非此类修改、放弃或终止是行政性质的，并且合理预期下不会产生重大不利影响）。

续表

违约事件	融资文件将包含此类融资的常见违约事件，包括但不限于：不付款；违反契约；任何重大项目合同或许可的违约、终止或无效；在施工贷款到期日之前，违反 PSA；任何融资无效文件或其他信贷文件或抵押品留置权；未能按照上述“发起人预付款”标题下所述进行股权出资；损失事件；项目放弃；判决；ERISA 事件；重大虚假陈述；信贷方（为免生疑问，包括发起人）破产，或根据各方商定的某些替换权利的前提下，施工承包商破产；交叉违约；控制权变更（见下文“控制权变更”标题下所述）；以及项目未能在特定日期前达到 PSA 规定的“融资日期”。融资文件将包含补救期和实质性以及与此类融资常见的某些违约事件相关的其他限定条件。
所需贷款人	不包括作为项目公司附属公司的贷款人持有的贷款，持有信贷下总承贷额和贷款 50% 以上的持有人。任何“违约贷款人”在任何时候确定所需贷款人时均不予考虑。 信贷文件项下的修订和弃权应获得所需贷款人、各直接受影响贷款人或 100% 贷款人（如适用）的批准。
转让	各贷款人可将其在融资文件项下的权利和义务转让给其他金融机构，但须符合（i）适用借款人的同意（在信贷下没有违约或违约事件的情况下），不得无理拒绝，（ii）任何转让的价格不得低于 5000000 美元，以及（iii）不得进行任何转让导致超过四个贷款人在信贷中。贷款人向关联公司的转让无须借款人同意。各受让人将在转让的利益范围内成为融资文件的一方，转让人应在转让的利益范围内免除其义务。项目公司不承担任何因转让而增加的费用。
控制权变更	以下转让限制将在建设贷款到期日之前适用： 不得转让项目公司或控股公司的直接所有权权益；以及发起人不得转让项目公司或控股公司的任何间接投票权或间接经济利益，除非获得所需贷款人的事先书面同意（该同意不得无理拒绝或延迟）。
贷款人律师	[__]
贷款人的当地法律顾问	[__]
借款人律师	[__]
借款人的当地法律顾问	[__]
风能资源顾问	[__]（“风能资源顾问”）。

续表

独立工程师	[__]（“独立工程师”）。
输电顾问	[__]（“输电顾问”）。
环境顾问	[__]（“环境顾问”）。
保险顾问	[__]（“保险顾问”）。
费用	借款人将支付风资源顾问、独立工程师、输电顾问、环境顾问和保险顾问以及贷款人的合理且有文件记录的费用，包括与谈判、审查、文件编制、结构、交割相关的法律费用，拟议融资的管理和执行（前提是，如果费用超过约定的金额，则应至少每两周向借款人发出超出金额的通知）。
适用法律	纽约州法律，必要时得克萨斯州或其他地方的法律也可能相关。

附录 C-2：公用事业规模太阳能项目的税收权益条款清单

兆瓦太阳能项目

本条款和条件（本条款清单）中规定的条款和条件将被用作继续讨论 [__]（投资者）和 [__]（发起人）之间关于拟建设的 [__] 兆瓦（ac）太阳能发电项目的潜在税务股权投资交易的基础由赞助人在 [__] 建设，预计商业运营日期在 [__]。股权投资将在一家有限责任公司（以下简称公司）的投资税收抵免成本回收结构下进行，该有限责任公司将拥有并运营项目公司（交易）。本条款清单不承诺或准备承诺投资者准备、谈判、执行等事项。投资者参与交易的决定取决于投资者是否完成尽职调查并获得内部批准，包括其投资委员会的批准，以及以投资者满意的形式和内容签署最终文件等条件。未经投资者事先书面同意，不得向任何第三方发布或讨论本条款清单。除非上下文另有要求，本条款清单中使用但未定义的大写术语具有本条款清单所附建议书中对其所赋予的含义。

发起人预计，该项目将有资格并选择申请美国《国内税收法》第 48 条规定的投资税收抵免。

总则

公司	根据特拉华州法律组织成立的有限责任公司，拥有 [__] 公司（项目公司）100% 的股权。
管理成员	发起人或其关联公司之一将是公司的管理成员。
担保人	发起人。
抵税权投资者	投资者或其附属公司。
经理和实操人员	主办方或发起人的关联公司将是（1）管理服务协议（MSA）的项目经理 / 管理员，以及（2）根据运营和维护协议（O&M 协议）的项目运营商。
承诺日期	投资者要求不迟于 [__] 签署股权资本贡献或购买协议（ECCA）。
最初和最终融资日期	项目实质性完成时进行项目最终供资的外部日期将为 2017 年 [__]，但是，主办方预计该项目的最终供资日期将在 2017 年 [__]（最终供资日期）之前完成。 在项目的第一个区块实质完成之后，项目的后续测试、发电、同步或回送等之前（每个后续开发行动）这段时间内，项目 A 类成员将按以下“A 类成员供资金额”（此类供资日期为初始供资日期）提供初始供资。 初始融资日期和最终融资日期在此称为供资日期。
交易结构	
B 类股 /B 类股成员	发起人或关联公司将购买或保留公司 100% 的 B 类股。
A 类股 /A 类股成员	税务股权投资者将在初始融资日获得公司 100% 的 A 类股份。
目标内部收益率 / 成本回收日期	内部收益率为 [__] %（初始目标内部收益率），预计将在基准案例模型中不迟于最终融资日期（目标成本回收日期）后的 [__] 年实现。实现目标内部收益率的日期为“成本回收日期”。 A 类成员的 [5]% 剩余股份需要进行调整，以便在最终融资日的第 25 年当日至少保持一个税后内部收益率 [100] 个基点高于目标内部收益率（全部回报）。基本案例模型应证明在最终融资日后的第 25 年当日，将 ITC 视为现金处理的税前回报率至少为 [2.00]%，并考虑在最终融资日的当年内的剩余纳税日收到 ITC。
重新定价指标	（i）基准案例模型中目标成本回收日期的发生；（ii）实现至少超过目标内部收益率 100 个基点的全部回报；（iii）基本案例模型证明税前回报，将 ITC 视为现金，在最终融资日的第 25 年当日至少支付 2.00%；（iv）不超过 DRO 上限的缺陷修复义务。

续表

现金分配和税收分配	第一阶段：自最终融资日起至[__](ITC 当年底),A 类成员应收到[__]% 的现金项目和 [__]% 的税收项目，包括国际贸易中心。B 类成员应获得现金项目的 [__]% 和所有税收项目的 [__]%。 第二阶段：从第一阶段到期后开始，至最后出资日后的 [__] 年，A 类成员应获得 [__]% 的现金和 [__] 的税目，B 类成员应获得 [__] 的现金和 [__]% 的税目。 第三阶段：从第二阶段结束后开始，至（i）目标成本回收日期和（ii）成本回收日期中较早者,A 类成员应收到现金的 [__]% 和税项的 [__]%，B 类成员应收到现金的 [__]% 和税项的 [__]%。 第四阶段：在目标成本回收日期至成本回收日期之间，A 类成员将收到 100% 的现金和 99% 的税项，B 类成员将收到 0% 的现金和 1% 的税项。 第五阶段：对于成本回收日期之后的时期，A 类成员将收到 [5]% 的现金和税收项目，B 类成员将获得 [95]% 的现金和税目。 尽管有上述规定，但如果在最终融资日之后税法发生变化，导致预计成本回收日期发生在目标成本回收日期（“外部目标成本回收日期”）之后 [__] 个月以上，上述第一阶段至第三阶段中规定的现金分配百分比应进行调整，调整金额应足以使基本案例模型（更新以考虑法律变化和现金分配百分比的必然调整）在不迟于外部目标成本回收日期的情况下证明翻板日期的实现。 尽管有上述规定，在成本回收日之前（即在上述第 1 阶段和第 3 阶段期间），与出售 SREC 相关的现金应分配给 B 类成 [100]%，向 A 类成员分配 [0]%，前提是，如果目标成本回收日期尚未实现目标内部收益率，然后，从目标成本回收日期到成本回收日期，与出售 SREC 相关的现金应按照上述第四阶段的规定进行分配。 管理成员应至少每月进行一次现金分配。
后成本回收 DRO 补偿	尽管有上述现金分配和税收分配，但在成本回收日期之后，任何收入分配超过用于弥补赤字的 [5]% 基础分配，且未被结转损失限制津贴抵消，并且随后将产生超额税收，将通过额外的现金分配予以补偿对投资者而言，等于这些超额税收（未覆盖收入乘以适用税率），该金额称为事后追偿。对投资者的任何事后追索补救措施将是对最低 [5]% 现金分配的补充。

续表

A 类成员基金数量	根据本协议的条款和条件以及基础。 案例模型 [__].xls（基本案例模型），A 类成员同意在初始融资日为（i）[20]% 的项目预期总资金（初始 A 类融资金额）提供资金，以及（ii）在该项目的最终融资日，与该项目相关的资金余额（最终类别资金金额）（项目的（i）和（ii）之和为 A 类融资总额），代表项目所需的预期 A 类资金总额。 初始 A 类融资金额和最终 A 类融资金额。融资金额应根据以下标题为“A 类融资金额更新”一节的融资日期（该更新金额为 A 类融资金额），但 A 类融资金额的最高限额为 [__] 百万美元（A 类融资承诺）。
更新 A 类资金数额	在初始融资日和最终融资日之前出资日，B 类成员应重新运行基地案例模型，以确定对适用的初始 A 类融资金额、最终 A 类融资的任何调整有限责任公司协议中的金额和 / 或现金分配（如适用），通过更新 ECCA 执行时交付的基本情况模型所用的数据和输入，考虑基于独立工程师、评估师、市场和输电顾问的最新信息对假设的任何变更，保险顾问和环境顾问。
税法改革与税法修改建议	如果税法变更或税法拟议变更，应重新运行基本案例模型，以将此类变更纳入税法或拟议税法变更（如适用）和初始 A 类供资金额。最终的 A 类融资金额和 / 或有限责任公司协议中的现金分配（如适用）应进行调整，以证明重新定价指标的实现，但应理解，该支付总额加上 A 类融资总额的总和不得超过 A 类融资承诺。 如果上述段落所述做出调整，以处理拟议税法变更，且此类拟议税法变更（或与拟议税法变更具有相同或类似影响的任何进一步拟议税法变更）在一百一十五届美国国会第二届会议休会后十（10）天（不包括星期日）之前，不得成为税法变更，或成员以书面形式同意拟议税法变更不会成为税法变更的较早日期，则从最终供资日期开始的基本案例模型应重新运行，而不更改任何投入或参数，但不包括消除与此类拟议税法变更有关的假设的影响，为了实现重新定价指标，A 类成员应向 B 类成员额外付款，该金额应视为购买价格调整，但据了解，此类付款的总额加上总 A 类融资金额不得超过 A 类融资承诺，并且 LLC 协议将按必要方式进行修订，以考虑因重新运行基本案例模型而对分配和分发的任何更改。

续表

税法改革与税法修改建议	“税法变更”应定义为：（i）对《税法》或其他适用的联邦所得税法规的任何更改或修改；（ii）任何拟议的、临时或最终的《财务条例》的发布、颁布或变更；（iii）在《国内税收公报》和 / 或《累积公告》中发布的任何 IRS 指南、通知、公告、收入裁定、收入程序、技术咨询备忘录、审查指令或类似授权，如适用、推进或阐明对《规范》的任何条款、任何其他适用的联邦税务法规或任何临时或最终的财政部条例的新的或不同的解释；（iv）根据美国税务法院、美国联邦索赔法院、美国地区法院、美国上诉法院或美国最高法院的决定。对上述（i）至（iii）条款所述任何当局的解释的任何更改。 “拟议税法修改”应定义为：（a）由国会两院通过或由众议院筹款委员会、参议院财政委员会、众议院拨款委员会、参议院拨款委员会、众议院能源和商业委员会、参议院能源和自然资源委员会报告的任何联邦所得税立法或由该委员会主席或高级成员提出或共同提出的任何法案；（b）目前由行政部门、美国参议院多数党领袖或美国众议院议长提议的联邦立法中包含的所得税法则的任何拟议修改或修正；（c）财政部颁布拟议的条例。在每种情况下，该条例，如果成为法律，或在拟议的《财务规章》中成为最终税项，将对建模的 ITC 或其他税务项目产生重大不利影响，包括 A 类成员使用 ITC 和其他税务项目的能力。
固定税假设	为了计算是否已发生成本回收，以下项目将固定不变： （i）本公司为美国联邦所得税合伙企业； （ii）初始出资日后，B 类成员和 A 类成员（所有成员）是公司的唯一合伙人； （iii）这家公司，在最初的融资日期之后，是为美国联邦所得税目的项目所有人； （iv）公司的有限责任公司经营协议（有限责任公司协议）中所述的分配将受到美国国税局的认可，因为它们具有“实质性的经济影响”，或者与股东在公司中的利益相一致，如第 704（b）节所述 1986 年《国内税收法》，据此随时修订。
资本账户	资本账户将按照 1986 年《国内税收法》第 704（b）条（不时修订）和根据该条例颁布的《国库条例》进行维护。A 类成员的投资将有一个赤字恢复义务上限为 [__]%（“DRO 上限”）。赞助人将负责记录在案的第三方费用、投资者自付费用以及第三方顾问的费用，包括独立工程师、评估师、市场和传输顾问、保险顾问和环境顾问。关于法律费用，赞助人将向 A 类成员的交易和当地法律顾问支付 ECCA 执行后以及初始融资日和最终融资日到期的任何金额。

续表

条款和条件	
费用支出	主办方将负责记录的第三方费用、投资者的自付费用以及第三方顾问的费用，包括独立工程师、评估师、市场和传输顾问、保险顾问和环境顾问。关于法律费用，主办方将支付 A 类成员的交易和当地律师在 ECCA 执行时以及每个初始融资日期和最终融资日期到期的任何金额。主办方将审核并批准 A 类成员的当地法律顾问的预算，该预算将是主办方向此类当地律师付款的上限。
结构化费用	在执行 ECCA 后，发起人将向投资者支付不可退还的结构化费用，该费用等于 A 类融资承诺（“结构化费用”）。
每个融资日的先决条件	A 类成员在每个出资日根据 ECCA 为 A 类成员出资的义务的先决条件应符合以下先决条件： 1. 项目应无任何留置权，但规定的许可留置权除外。 2. 公司和项目公司均已在该日期之前履行了公司或项目公司作为一方的重要合同项下的义务。 3. B类成员所做的所有陈述和保证在所有重大方面都是真实和正确的。 4. 所有政府批准均有效发布，但尚未获得的批准除外。 5. 每份重大合同均已签署，具有完全效力，且为 A 类成员所接受。 6. 没有任何谴责的威胁或将出现的威胁。 7. 任何政府当局均未以书面形式提起诉讼，禁止交易完成。 8. 融资日前 10 个营业日发出融资通知。 9. 已收到 A 类成员合理满意的最新基本情况模型。 10. 收到 A 级成员满意的评估。 11. 已收到公司和担保人令人满意的经审计的资产负债表。 12. 成员已收到 ECCA 中规定的所有法律意见，包括公司、监管、环境、房地产、州和地方税务，以及税务顾问对 A 类成员的意见。 13. 已为 B 类成员及适用附属公司提供良好的信誉证明和在职证明。 14. 已收到成本分离报告并将它纳入供资模式。 15. 已收到令人满意的第一份年度预算。 16. A 类成员已收到 EPC 承包商、互联协议对手方、承购方和土地所有者的无法收回的承诺。 17. 完成交易所需的所有同意、批准和备案均已完成。 18. 对于初始融资日期，独立工程师已证明第一个 b 区已机械竣工，且未发生后续开发行动；对于最终融资日期，独立工程师已提供基本完工证书。 19. 保险顾问、环境顾问、独立价格预测报告（针对 SREC、商业电力价格和商业容量价格）和独立工程师的报告和信赖函。

续表

每个融资日的先决条件	20. 所有成员均已收到保险证明书。 21. 所有成员均已收到产权证，保险金额不得低于项目的公平市场价值。 22. 完成项目施工所需支付的所有金额，或支付此类款项的储备金，均已支付、存入或建立。 23. 对濒危物种进行令人满意的尽职调查并收到相关报告。 24. 关于承购协议的尽职调查令人满意。 25. 对承购人的拨款、为方便而终止合同和抵消相关风险的尽职调查令人满意。 26. 所有成员已收到资金流。 27. 所有成员都收到了已执行的有限责任公司协议。 28. 成员已收到已执行的 ASA 和 O&M 协议。 29. 税法没有不利变化或税法拟议修改，除非在 " 税法变更和税法拟议修改 " 中另有规定的模型中说明此类法律的影响，以使 A 类成员满意。 30. 使用经批准的制造商的主要设备（面板、逆变器和跟踪器），并保证 A 类成员满意。 31. 不会对 B 类成员、担保人或主要项目参与人造成重大不利影响。 32. 尽职调查中确定的其他条件先例。
陈述与担保条款	ECCA 应包括习惯性的陈述和保证。
财产保险	主办方将为项目采购不少于项目总重置费用的 100% 的意外伤害保险；意外伤害保险的签注，以弥补与此类伤亡有关的 ITC 重新获取的经济损失；地震保险。应为项目的每一个指定危险提供项目的保险范围。项目发生伤亡的，应当利用保险收益重建。应当给 A 类成员购买附加保险。
管理和 O&M 服务	根据 ASA 和 O&M 协议，赞助商或附属公司将管理和向项目提供 O&M、行政和其他服务（为避免疑问，O&M 协议不包括由供应商直接提供的任何太阳能板或其他设备的维护）。 协议的初始期限为 [10] 年，并自动延长五年，除非公司、赞助商或相应的赞助商关联公司选择不续约。 公司将根据 ASA 和 O&M 协议支付赞助商或其附属公司的年费，以及根据有限责任公司协议，受批准预算限制的费用和管理费用的补偿。 ASA 和 O&M 协议下的年基本费用将分别是 $[__] 和 $[__]（两者的费用每年都会按 CPI 升级）。 这些协定将载有对赔偿责任和赔偿的限制。

续表

核定预算	管理成员应不迟于每年财政年度的 [__] 编制并提交给成员，为公司编制下一个会计年度的预算和运营计划，其中规定管理成员确定的该财政年度的预期收入和支出（此类会计年度的适用运营预算称为运营预算）。
交易	
一般股份转让	有限责任公司协议将包括通常和习惯的转让限制。未经 A 级成员同意，B 级成员可转让高达 49% 的 B 级成员权益。没有 A 类成员的同意，B 类成员可转移超过 49% 的 B 类成员权益，如果受让人符合下列要求： （i）拥有标准普尔评级不小于“BBB”或穆迪评级不小于“Baa2”的附属公司，或至少拥有 10 亿美元（如果在成本回收点前确定）或 2.5 亿美元（如果在成本回收点后确认）的有形资产； （ii）在成本回收日之前的三年中拥有或运营（或通过承诺管理协议运营）至少 500 兆瓦太阳能发电资产或 1000 兆瓦的可再生能源发电资产（至少 100 兆瓦太阳能发电资产）或在成本回收日后的前一年，拥有或经营（或通过承诺的管理协议运营）至少 100 兆瓦太阳能发电资产或 250 兆瓦发电资产（其中至少 50 兆瓦是太阳能发电资产）。 有限责任公司协议规定，只要投资者持有 A 级成员的所有权权益，A 级成员的任何权益转让均不需要 B 级成员的任何同意。
投票	
基本决策	与执行明确文件相关的某些基本决定，应要求在成本回收日和 A 类成员赤字恢复义务（落日日期）到期日之前和当日之后，获得至少 66% 的 A 类股份和 66% B 类股份的同意。
主要决策	与执行明确文件有关的某些重大决定，须在日落日前获得至少 51% 的 A 类股票和 51% 的 B 类股票的同意。
其他	
抵押范围	担保方子公司在 ECCA、LLC 协议、MSA 和 O&M 协议下的义务（如果不是担保方的直接义务）应由担保人担保。
赔偿：资金归集	对于与违反 ECCA 或 LLC 协议有关的索赔，如果在索赔最终确定后的 30 天内未支付损害赔偿金，或在索赔全部付清之前没有争议，则 A 类成员有权全额支付应付给 B 类成员的现金；前提是，如果 B 类成员对其索赔责任存在争议，应将支付给 B 类成员的现金的 100% 存入托管账户，直至 B 类成员最终确定该索赔的责任。

续表

解除管理成员	管理成员不会在无原因的情况下被免职，免职原因被定义为：（i）管理成员的欺诈、故意不当行为或重大过失，（ii）管理成员严重违反有限责任公司协议项下的义务，（iii）管理成员的“破产”；但是，在第（ii）条的情况下，如果该等违约行为是可补救的，管理成员应有机会在收到A类成员关于该等违约行为的书面通知后30天内纠正该等违约行为。此外，如果该等违约行为在该等期限内无法得到补救，且管理成员正在努力纠正此类违约行为，则30天的补救期应再延长60天，总补救期为90天。
项目信贷支持	B级成员将提供公司项目文件中要求在最终融资日期公布的信贷支持。此后，B类成员应被要求维持并补充该等信贷支持，以换取本公司支付的年费。B类成员提供的任何信贷的提款均应视为向本公司提供的成员贷款。
购买选项时间和购买价格	购买价格等于由第三方评估师确定的公平市价（如果双方未达成一致意见），最终融资日确定的投资者在目标翻转日的预计账面余额，将保留所有回报的金额，即B类成员有权在成本回收日和成本回收日五周年后的180天内选择购买A类成员的权益。

注：本节中的分配百分比和日期可根据最终模型进行调整。以尽职调查和讨论为准。

附录 C-3：住宅型太阳能项目组合的反向杠杆条款清单

私密　　　　　　　　　　　　　　　　　　　　　执行版本

[保证人]

条款和条件指示性摘要

达到 $ ____MM 的高级担保定期贷款和

$ ____百万的高级担保信用证融资机制

[贷款人]

[日期]

这些指示性条款和条件（本条款表）并非贷款、延期、安排或承保信贷或借款的承诺或提议。任何此类承诺均须以收到信贷委员会对下述可行的高级担保信贷安排的最终批准、令人满意的尽职调查、令人满意的最终文件、无重大不利变更以及其他相关先决条件的满足为前提。本条款清单仅作为概要，并不旨在概括或包含最终法律文件中包含的所有条件、承诺、声明、保证和其他条款。本条款表中的指示性定价仅供参考，并代表贷款人认为可以在当前市场条件下实现的定价，最终定价将在发行时根据当时的市场条件确定。贷款人有权自行决定以任何理由不参与拟议的高级有担保信贷安排。在向您交付本条款清单的同时，您不得向任何人披露本条款清单或本清单中规定的任何条款和条件，除非（一）贵方董事、高级职员、雇员、会计师、顾问和法律顾问为评估本协议拟进行的交易而需要该等信息，但在任何情况下都要以保密为前提予以提供，以及（二）法律要求披露的情况（在这种情况下，贵方需同意尽可能在披露前及时通知我方）。联邦法律要求所有金融机构获取、核实和记录与该金融机构建立信用关系的每个实体的身份信息。因此，贷款人特此通知您，我们将要求您提供下列借款人和担保人的身份信息，包括税号、地址和证明合法成立或存在的文件等。贷款人也可以要求提供该方有关董事和执行官员的身份信息。

借款人	发起人（定义见下）全资拥有投资组合（定义见下）权益的特殊目的有限责任公司。
保证人	[____]
住宅太阳能系统投资组合	主办方通过借方，正在创建一个工具，将在美国各地安装的光伏系统（系统）的部署（投资组合）产生的长期合同收入货币化。在系统完成之前，包含投资组合的系统所有权将出售给税收权益基金（每个税收权益基金），其中第三方投资者（税收权益投资者）将从每个系统的联邦税收优惠和营运现金流中获得经济回报。长期合同收入主要来自与业主签订的租赁或购电协议（PPA，与租赁一起称作主机客户协议），一旦该等系统投入服务。
附属公司担保人	借款人将拥有一系列直接或间接拥有投资组合中的股权权益的全资子公司（每个子公司均为子公司担保人）。各附属担保人将对借款人在高级担保信贷安排下的义务进行交叉补贴和交叉担保。
投资组合建立者	[____]

续表

O&M 和行政服务机构	[____]
系统设备供应商	系统设备供应商，包括太阳能电池板和逆变器（以及相关担保和性能保证），将由独立工程师审查。在最终文件中商定并列入的经批准的供应商名单。
财务截止日期	交割前和初始付款时规定的所有条件得到满足或决定放弃的日期。财务结算日期预定于 [ ] 或之前。
专门的财务管理者	[____]
主安排方	[____]，以及其他待定机构。
贷款人	[____]
行政代理人	[____]
存托代理人	[____]
抵押代理人	[____]
开证行	[____] 或在财务交割日和其他时段参与 DSR 信用证贷款（定义如下）的其他贷款人之一。
担保	发起人应就由发起人担保的抵税权收益交易协议和相关偿付 / 流动性义务所产生的负债提供担保（但须进行尽职调查）。
高级担保信贷机构	偿债信用证（“DSR 信用证便利”）：$[ ] 百万优先担保信用证便利。DSR 信用证的提供是为了满足借款人在债务服务准备金（定义如下）下的义务。根据 DSR 信用证额度开出的信用证项下的提款金额应转换为贷款，并按照收款账户瀑布结构进行偿还。
到期日	第 [____] 年财务结算日。
债务规模参数	定期贷款的规模将以下述方式，根据每次有效期截止时的提取额进行确定： 贷款组合价值检验（“LPVT”）：贷款金额除以 PV（%）（定义如下）的比率。 PV（%）：在基线投资模型下（待定义），以 [ ]% 折现所得的可用于借款人偿还组合中债务的现金流的现值。 定期贷款的规模根据达到债务水平最大化的目标来确定，这个债务水平等于 a 或者 b 之间的较小值，（a）是高达或约为 [____] 的 LPVT，（b）是对借款人而言至少为 [____] 的最低或平均偿债备付率（“DSCR”），每个值都符合假设没有续约情况以及初始期限为 [____] 年的投资组合中主客户协议的剩余部分。

续表

合格系统	包括所有在相关提款中确定的，基于当前主客户协议并符合以下标准的系统及其现金流： [投资组合的 FICO 要求] [投资组合的位置密度要求] 该系统应符合《国内税收法》第 48 条规定的投资税收抵免条件，预防性装置备案已完成，且该系统已安装在核准管辖区内。 根据本条款清单的条款，批准适用的系统设备供应商以及“已投入使用”的系统均包含在内。 在签署贷款文件之前，抵税权收益文件中与抵税权投资基金相关的条款和条件需经过尽职调查和批准，包括税务投资人的从属关系，以及有利于税务投资人的现金转移。
收益用途	定期贷款的收益将用于偿还资本成本与部署相关的赞助一系列系统组成的投资组合（每个“池”），支付关闭高级担保信贷安排相关的交易成本，和借款人在选择时，如果不是由可接受的担保或信用证提供资金，则为偿债准备金提供资金。
可用性	定期贷款将多次提取基础上可用的每个池没有不止一次季度最低吸引大量的 [__] 百万美元（或等较小的数量可与最后的画）长达 18 个月的金融截止日期（“有效期”）提供的所有先决条件定期贷款已发放。
利率	定期贷款：在三个月或六个月的 LIBOR 基础上再适当加上 [ ] 个基点的年利差，该利差根据____年财务结算日时的 [__] 基点而增加。利息的偿付按季度进行。 DSR 信用证贷款：在某些程度的提取方面，等同于定期贷款。
信用证费用	信用证费用等于 DSR 信用证额度下的适用保证金乘以所有已签发的信用证下可提取的每日平均最大累计金额，所欠费用应按季度支付。
未履行承诺费用	在有效期内，每年按季度缴纳 [__] 个基点的费用。
计划摊还额	开始有效期期满之前，贷款将通过每季度摊销一词在每个计划付款日期支付按照认为摊销表中描述的债务规模参数（确定的有效期），金额平摊每摊销时间表在每个资助日设定的金额不得少于前一个资助日设定的金额。在可用期内做出的任何自愿或强制性预付应使总承诺减少该等金额。
计划还款日期	在财务结算日后每个法定季度的第一个月的最后一个工作日。

续表

分配陷阱	根据（即将制定的）现金流瀑布准则，应允许借款人按季度（在预定付款日期）进行分配。如果借款人在任何预定付款日的实际滚动 DSCR 低于 [____]，则借款人将被要求暂停向赞助商发放款项，直到借款人能够连续 [____] 个季度证明 DSCR 等于或大于 [____]。如果借款人的实际 [ ] 季度滚动 DSCR 低于 [____] 的 [ ] 连续预定付款日期，则分配陷阱账户中的金额应用于按到期日的倒序提前支付定期贷款。
保管、账户、抵押代理费用	拟按竞标程序确定。
利率套期保值要求	通过不迟于有效期结束时，借款人将进入和保持最低的 [____]%（最多____%）的浮动利率风险项贷款通过日期项下贷款基本情况下显示完全偿还金融模型。 利率套期交易完成后，应立即更新基本案例财务模型和摊销计划，以反映与此类套期保值有关的固定利率。关于该更新，应根据债务规模参数确定每个计划付款日的债务金额（每个计划付款日的金额为“目标债务金额”），如果在下一个计划付款日，目标债务金额小于未偿还本金分期偿还贷款，然后多余的现金流（如确定文档中定义）应当被偿还贷款这个词在每个计划项下付款日期之前未偿还本金贷款是小于或等于目标债务金额。在此期间的强制提前支付也应减少目标债务金额。 每一家对冲银行（如果该对冲银行在进行对冲交易时是定期贷款项下的贷款人）应在同等权益的基础上分享抵押品。
强制性预付款	在尽职调查和合理接受抵税权收益安排的前提下，强制性预付款应符合此类抵税权收益交易以及其他类似交易的惯例，包括但不限于以下内容： 1. [ ]% 债务发行； 2. [ ]% 意外收益； 3. [ ]% 按比例的资产出售所得； 在股权修正（下文进一步讨论）获准和贷款人同意的情况下，发起人有权向任何附属公司担保人缴纳出资，使该担保人能够支付与税务投资人在项目池中的权益相关的任何看涨、看跌或认购期权所需的金额，而不会触发与高级担保信贷相关的任何预付义务。
选择性预付款项	高级有担保信贷可按票面价格预先支付全部或部分款项，而无须支付溢价或罚金。
预付款项	可选择的预付款项应按发起人指示，适用于定期贷款和 DSR 信用证相关的信贷安排。

续表

偿债准备金	应在财务结算日对偿债准备金账户补充充足资金，数额至少等于与定期贷款和DSR信用证融资机制有关的下[ ]个月的预定利息、本金和定期费用，加上在初始上升期内承付费用和某些代理费准备金（“DSRA所需水平”）。在每一预定付款日和每个支付日下，偿债准备金的资金应达到DSRA规定的水平。 可以使用可接受的担保或信用证（包括根据债务偿还信用证融资机制下签发的信用证）来抵免借款人的资金义务。
逆变器储备金	如果独立工程师或贷款人（与独立工程师协商并根据其建议行事）意识到投资组合中包含的逆变器的系列缺陷（有待定义）不在可接受的制造商担保范围内（经与独立工程师协商确定），借款人应设立一个账户，由该账户供资，以支付独立工程师确认的更换逆变器的预期费用。
看跌/看跌期权准备金	借款人应每季度（在债务偿还后，其他任何分配之前）用可用现金为看涨/看跌期权提供准备金，金额应在最终文件中商定。
交易准备金	双方（如有需要）就任何带有浮动交易日的抵税权投资基金达成一致（即现金分配比例“反转”的时机取决于适用的税务投资人是否已实现其目标收益率）。
服务终止事件	受税务投资人的权利影响，并依据后备服务安排： （i）备用服务机构（定义见下文）或过渡管理机构可由贷款人指定，负责对由发起人全资拥有或没有现有备用服务或过渡管理安排的抵税权投资基金进行管理。 （ii）借款人应被要求对定期贷款期间涉及的所有抵税权投资基金保有后备服务或过渡管理安排。 如果借款人的[ ]季度滚动DSCR小于或等于[ ]，且在运营管理和行政服务协议下出现重大未修复违约情况或其他需要商定的触发事件（与先前文件一致），那么，在选择贷款人时，运营管理和行政服务应被终止，运营管理和行政服务机构的所有权力、义务和责任在任命时自动移交给后备服务机构或其指定者。 修正权利能使运营管理和行政服务机构有机会弥补触发服务终止事件的违约行为带来的后果。上文提到的抵税权收益和后备服务安排仍然取决于尽职调查和贷款人对此类安排的合理接受。
抵押物	定期贷款、债务偿还信用证贷款和利率对冲： · 对借款人的资产、合同和账户享有优先担保权益； ·发起人在借款人及附属公司担保人中100%的股东权益的质押（由被控股公司提供的借款人股东权益的质押）； · 在基础的抵税权投资基金合伙协议允许的范围内，附属公司担保人的资产、合同和账户中的第一优先担保权益，包括每个附属公司担保人在组合中100%的直接股权的质押，但不包括财产扣除项（下文定义）和由此产生的收益。抵税权投资基金合伙协议及其中的限制仍然取决于尽职调查和贷款人对此类安排的合理接受。

续表

收款账户资金流	借款人的所有收款（以下定义）应存入借款人的指定账户，该账户被抵押给贷款人，并在每个预定付款日按以下优先顺序使用： 1. 定期贷款的管理费和保管费、账户费和抵押费； 2. 对于非融资结构，应支付给运营维修和行政服务人员、后备服务人员或过渡管理人员的合同金额（该数额须经贷款人尽职调查）以及依据批准的年度预算（有商定的 % 偏差）而获批的经营费用，和其他经贷款人另行批准的费用； 3. 定期贷款和 DSR 信用证贷款未计提的承付费用； 4. 定期贷款和 DSR 信用证贷款的季度利息和定期利率对冲付款； 5. 从有效期内发生的预定付款日开始，每季的预定摊销付款额和对冲终止付款额； 6. 偿还 DSR 信用证贷款下的所有提款； 7. 对偿债准备金账户的供资达到 DSRA 所需水平； 8. 对逆变器储备金账户注资，直至达到当时要求的水平（如果有的话）； 9. 对反转准备金账户注资，直至达到当时要求的水平（如果有的话）； 10. 对看涨 / 看跌期权准备金账户注资，直至达到当时要求的水平（如果有的话）； 11. 用于任何适用的强制性预付款项（上文第 5 项规定的除外）； 12. 对任何可选预付款项的申请； 13. 分配给发起人（以商定的分配条件为准，包括任何分配陷阱）。
收款项	意指（i）在任何投资组合实体中股权由借款人全资拥有的情况下，有关的租金（下文定义），包括任何《主客户协议》下规定的预定付款额和预付款项；与某些政府奖励措施有关的付款，如不属于财产扣除项的 PBI；在未取得与该等系统相关的主客户协议之前，贷款者或财产的后续所有者就安装该等系统支付的有关款项；任何抵押品的出售、转让或其他处置所得；在任何情况下，因安装方或供应商就任何系统所做的保证而产生的保险收益及任何担保索赔的收益；对任何人就晋升或赔偿方面的安抚费用；所有追回款项，包括在诉讼和解方面收到的所有款项；客户对系统进行的相关的付款；由于该系统的所有权、经营或管理而向该组合实体支付的所有其他收入、收据和其他款项，但不包括财产扣除项及收益。（ii）在某种程度上，任何组合中的股权权益都包括抵税权收益融资，借款人或附属公司担保人就在投资组合实体中的股东权益收取的所有款项，不包括财产扣除项及其收益；发起人向借款人支付的款项，包括担保款项。

续表

收款项	“租金”系指业主根据主客户协议欠投资组合实体的款项，包括任何租赁项下的租赁付款及 PPA 协议下的购电付款。 “财产扣除项”系指：任何来自早前太阳能激励计划的现金收益，包括因《加利福尼亚太阳能倡议》（不受州所得税约束）所得的收益或任何其他州或地方提供的与《加利福尼亚太阳能倡议》类似的太阳能激励计划（同样不受州所得税约束）所产生的收益；所有来自州所得税抵免的现金收入，包括可退还的夏威夷能源税收产生的抵免所得；可交易的可再生能源证书和其带来的所有盈利、收益。在任何情况下，根据基线投资模型，任何此类金额均不得视为收款项的一部分。 “可交易的可再生能源证书”它代表某一系统由于发电或其他方式产生的任何环境信用、福利、减排、抵免和许可，包括但不限于为满足国家可再生能源组合标准而发行的太阳能可再生能源证书，以及为避免太阳能生产系统造成任何气体、化学物质或其他物质排放而发生的一切情况（包括在远期销售协议下出售的可再生能源信贷）。
结算和初始付款的先决条件	高级担保信贷将包含财务结算日之前的惯用条件，包括但不限于： 1. 所有融资文件均已签署并交付，具有充分的效力，其形式和内容均应令贷款人感到满意。 2. 所有系统服务文件（包括后备服务安排）均已执行并交付，且具有完全效力，并应在形式和实质上令贷款人满意。此外，贷款人应已收到任何有关抵押品转让的同意。 3. 与项目池相关的任何抵税权收益投资文件在形式和内容上均应合理地令贷款人感到满意。 4. 借款人和发起人的惯常决议、任职资格、公司文件和高级管理人员证书应已交付。 5. 关于可行性、公司及抵押品相关事宜的法律意见。 6. 应建立借款人的账户。 7. 贷款人应已从其保险顾问处收到一份满意的报告，其中说明了所维持的保险范围是否足够，此外，已签发所有所需的保险单，且该保险单应完全有效。 8. 贷款人应已收到独立工程师关于投资组合的满意的报告。 9. 贷款人应已收到模型审计员对于组合的满意的报告。 10. 贷款人应已收到约定顾问的惯用依赖函，允许行政代理人和贷款人依赖顾问编写的基本报告（其中应包括业务运营顾问的报告）。

续表

结算和初始付款的先决条件	11. 行政代理人应已收到（a）最终的组合预算和施工进度，（b）到[20__] 年底的最初运营管理预算（由独立工程师审核）和（c）贷款人可以接受的初始的基线投资模型。 12. 贷款人应已收到其要求的有关借款人、发起人和相关交易的财务及其他信息，以便完成每个贷款人各自的“了解客户”的流程。 13. 若借款人和附属公司担保人的所有债务（如有）均已解除和终止，贷款人应已收到合理、满意的证明（包括惯常的支付凭证和留置权的解除）。 尽职调查或有待商定的高级担保信贷中产生的其他必要的条件，包括抵税权收益文件。
结算和注资后每次分配的先决条件	所有提款（包括财务结算日的初始提款）的条件应与项目池的融资有关，且对于相似类型的交易而言也是惯用的，这些条件包括但不限于： 1. 项目池中所有系统的所有主客户协议均应与合格的业主签署，并已执行，协议的形式和内容应合理地令贷款人满意，且应完全有效，但待商定的重要门槛除外。 2. 贷款人应已收到并批准更新了的基线投资模型以及和项目池相关并符合债务规模参数的摊销时间表。 3. 贷款人应已收到借款人以商定的形式提供的证明，该证明除其他外，还应包含确认项目池中所含系统已“投入使用”的证明（该条款或同等条款在抵税权收益文件中均有定义），包含当地公用事业公司对项目池中所含系统的操作许可。 4. 项目池内系统安装所使用的所有设备的保证应充分有效，但须商定的重要门槛除外，并且其形式和实质均应令贷款人满意。 5. 项目池中系统所需的所有许可证和政府批准文件均已签发，并具有完全效力。 6. 合适的名称；担保文件授予的担保权益的完善，包括备案文件和任何与担保相关的抵押品转让的同意文件。 7. 免除留置权（许可留置权除外）的抵押品（包括适用的系统）；对以前曾在该项目池中提供资产的任何贷款人所满意的留置权的解除。 8. 借款人证明其符合已融资的项目池所适用的抵税权收益文件下的购买和 / 或捐献和 / 或租赁系统的资质，前提是贷款人尽职调查并合理接受该安排。 9. 所适用的准备金全部到位，达到规定的水平，或由支付所得全额供资。

续表

结算和注资后每次分配的先决条件	10. 借款人和附属公司担保人的陈述和保证在所有方面（关于财务结算日期）或所有重大方面（关于任何后续支出）均真实无误。 11. 无违约，将不存在或继续发生违约事件或分配陷阱。 12. 除非能够合理预期相关判决或事故不会对借款人或组合产生重大不利影响，否则借款人应获悉项目池内的任何系统均无未决或带威胁性的判决，也没有任何未修复的事故。 13. 任何情况下，都不违反系统服务文件（包括后备服务安排）或抵税权收益文件内的任何规定或条约，待商定的重要门槛除外。 因尽职调查或具体到因有待商定的高级担保信贷安排而产生的其他必要条件，包括抵税权收益文件以及项目池和与项目池文件相关的任何情况。
陈述与保证	这类融资的惯常行为（包括例外、重要性门槛、相关知识和其他资质及“篮子”），包括但不限于以下方面：组织、必要的权力和权威、资格、股权和所有权；适当授权；与组织文件、法律或协议不冲突；信贷文件的约束性义务；预测的合理性；没有任何重大不利影响（有待定义）；环境事项；披露经纪人费用；纳税；名称（包括系统的名称）；没有违约或违约事件；政府监管（包括能源监管事项、保证金库存等）；雇员事项；雇员福利计划；偿付能力；高级债务状况；爱国者法案；知识产权；无诉讼；保险；遵守法律，包括消费者保护、ERISA 事项；同意和批准（包括政府同意）；主客户协议下无违约；主客户协议和系统服务文件（包括后备服务安排）具有完全效力和强制力；系统保证；由合格的安装人员 / 经销商安装的系统；访问权；税务和抵税权收益；惯常性披露陈述；抵押物留置权的优先和完善。 要求在每次付款（包括在财务结算日付款）时重申陈述和保证。
积极条款	这类融资的惯常行为（包括例外、重要性门槛、资格和“篮子”），包括但不限于以下内容：维护公司的存续和权利；独立和单一目的契约；爱国者法案报告和其他类似的贷款人 KYC 要求；按照审慎的行业惯例提供服务；保险维持；保证；合格的安装人员 / 经销商安装的系统；准入权；适用法律；主客户协议；系统服务文件（包括后备服务安排），抵税权收益文件；财务报表和相关证明的递交（包括适用的 DSCR 测试）；独立工程师交付和批准的年度预算；定期提交组合运营报告（包括跟踪预测翻转日期和报告逆变器故障率）；呈交违约通知、诉讼和其他事项；账簿、记录及探视权；纳税；持续完善担保权益和文件；进一步保证及附加担保；环境；支付和（或）履行合约义务；财产维护；服从法律、政府监管（包括能源监管事宜）和维持许可权；所得款用途；利率套期保值。

续表

消极条款	这类融资的惯常行为（包括例外、重要性门槛、资格和“篮子”），包括但不限于：负担保的产生；债务（不包含任何借款的获准债务除外）；留置权（许可留置权除外）；投资；担保；基本变更、收购和处置（包括下游），经允许的除外；设立子公司或合资企业（包括抵税权收益投资）；资本支出；组织文件的修订或放弃；对主客户协议的修正或放弃，包括保证和履约担保（前提是子公司担保人可以签订最终协议中涉及的违约太阳能资产的条款或条件，以修订或修改有关违约太阳能资产的电费或租赁费费率、年度浮动或任何主客户协议的条款的支付便利协议，包括任何适用的税务投资人的必要批准）、系统服务文件（包括后备服务安排）以及对抵税权收益文件的更改，可以合理地预期到这些更改对贷款人有重大不利影响；订立重要文件；销售和售后租回交易；关联方交易；投机交易；交易终止；其他限制性付款；允许的活动；业务开展和会计年度变更；税收；账户。
控制权变更	“控制权变更”应视为发生了以下情况： 1. 发起人不再（i）拥有借款人至少 [ ]% 的股权，并不再保留对借款人管理层的控制； 2. 借款人不再直接或间接享有附属公司担保人及任何持有组合资产的附属公司的 [ ]% 股权权益，除了获准的抵税权收益交易（如果有的话）。
违约事件	这类融资的惯常行为（包括例外情况、重要性门槛、资格、通知权、修正期和“篮子”），包括但不限于以下情况：到期未按信用证规定付款的；违背适用的发起人实体（包括服务实体）、借款人或最终贷款文件下的附属公司担保人、抵税权收益文件或服务文件（包括发起人未按抵税权收益赔款要求进行偿付）；陈述或保证不正确；借款人、发起人或任何担保人的自愿或非自愿破产；与借款人或任何附属公司担保人有关的判决和附件；ERISA；放弃；抵押品的所有权或担保权益受损；附属公司担保和其他信贷文件的实际或声称无效；以及控制权的变更。
股权修正权利	发起人可在 [ ] 连续财政季度的任何时期，将借款人的股权修正至 [ ]。
转让和参与	这类交易的惯常做法，条件是：（一）只要不违约或没有违约事件发生或正在进行，可在有效期内转让和参与，但只能向满足最终文件中商定的有形净值要求的贷款人做出；（二）不得向发起人的竞争对手（待界定）进行转让。

续表

适用法律	[____]
借款人的法律顾问	[____]
贷款人的法律顾问	[____]
独立工程师	[____]
保险顾问	[____]
商务运营顾问	[____]
后备服务商	[____]
模型审计员	[____]
费用和支出	无论借款人是否符合截止日和/或注资日的先决条件，借款人应向贷款人偿付所有合理的费用和开支，包括各方因定期贷款和DSR信用证的谈判、执行和合并而产生的法律费用。

附 C-4：公用事业规模风电项目商品对冲的样本确认

每月已实现收入 $\sum_{i=1}^{间隔}(P_i^N \times V_i^A)$

其中：

时间间隔应反映每个月的结算时间间隔总数。

P_i^N 是每个结算间隔在分配给项目的得州电力可靠性委员会节点上发布的实时价格。

V_i^A 是项目在每个结算间隔内产生的实际数量。

如果卖方未能做好 WPP 每小时数量或 NPP 每小时数量到 WPP 交付点或 NPP 交付点的安排或交付（或者，如果已执行替代 TA 对冲，则根据卖方计划的交易出售的数量），在本要求下的任何结算间隔期间，在确定每月已实现收入的总和中应排除该小时的所有结算间隔。

每月浮动债务 $\sum_{j=1}^{小时}(P_j^{EWI} \times V_j^W \times P_j^{ENI} \times V_j^N \times P_j^{ETA})$

其中：

小时应反映每个月的总小时数。

P_j^{EWI} 是每小时 WPP 交货点发布的实时价格的算术平均值。

V_j^W是每小时的适用 WPP 每小时数量，以 MW・h 表示。

P_j^{ENI}是每小时 NPP 交货点发布的实时价格的算术平均值。

V_j^N是每小时的适用 NPP 每小时数量，以 MW・h 为单位。

P_j^{ETA}应为 $[____]/（MW・h）；前提是，如果已执行“替代 TA 对冲”，则 P_j^{ETA}应等于其定义所涵盖的交易下进行的采购的每个交货点每小时发布的实时价格的算术平均值。

如果卖方未能安排或交付 WPP 每小时数量、NPP 每小时数量，或者，如果已执行替代 TA 对冲，则卖方在任何结算间隔内根据其定义所预期的交易出售的数量；在确定每月浮动负债时，应将这种小时排除在适用的总和之外。

不匹配	每月已实现收入减去每月浮动债务。
追踪账户的每月支付	每月末将执行付款和调整机制，如下所示： 如果任何月份的不匹配项大于 0，则卖方应向买方付款，金额应等于调整金额。在卖方向买方付款的范围内，应同时通过将付款金额添加到跟踪账户余额中来调整跟踪账户余额。 如果任何月份的不匹配项小于 0，则买方应向卖方付款，金额应等于调整金额。在买方向卖方付款的范围内，应同时通过从跟踪账户余额中减去付款金额来调整跟踪账户余额。 根据前两段要求的就特定月份的不匹配付款，如果卖方在该月之后的月份第 15 个本地营业日的后一天或者前一天支付调整金额，或者在从买方处收到发票的 15 天支付金额；如果买方在该月之后的月份的第 15 天的之前或者这之后，或者在买方收到计算账户所需金额数据之后的第三个本地工作日支付调整金额，则该不匹配付款将会到期。但无论哪种情况，如果该日不是本地工作日，则应在下一个本地工作日付款。
不匹配	每月已实现收入减去每月浮动债务。

续表

每月付款	买方应在收到包含计算该月错配量所需的结算数据的报告后，立即就每个月的调整金额和所有其他应付款准备发票。当卖方（或代表卖方）首次提供该月进行此类计算所需的数据时，买方承认此类报告应包含全部或部分数据，这些数据可能不是最终的 ERCOT 结算质量数据，并同意买方应基于此类数据计算每月的错配和相应的调整金额（无论是否为最终数据）。买方应每月对这些金额与最终结算金额进行核对和调整，任何对账均应在上述时间表中就调整金额的每月结算进行支付（或相对于技术援助的月份结束，包括在结算跟踪账户余额所需的适用付款）。出于上述目的，双方同意将 ERCOT 所做的任何数据重编或者重新安装包括在该重编或者重装的月份和随后与之相关的三个月的对账和调整中，但随后的月份均不涉及。买方为每个月提供的每张发票应包含卖方合理要求的详细水平和证明文件，以支持根据该发票开出的金额，并应包含当事双方就该月应支付的所有金额的摘要，包括履行 WPP 日付款和 NPP 日付款义务。

跟踪账户余额应按每年当日的年利率计算应计利息，该利率等于该日生效的三个月伦敦银行同业拆借利率，再加上 [____] 跟踪账户中通过 [____________] 且包括 [________] 的负余额的基点，以及 [____] 之后再按基点计算，则该利息应在每个月的最后一天添加到适用的跟踪账户余额中。负跟踪账户余额的利息应使用负数计算，并将此类负数添加到跟踪账户余额中。

从 [____________] 开始，“未提取跟踪账户余额”每天应以 [____] 个基点的年利率计息，并且该利息应在每个月的最后一天添加到适用的“跟踪账户余额”中。未提取跟踪账户余额的利息应使用负数计算，并将此类负数添加到跟踪账户余额中。替代 TA（技术援助）对冲完成后，未行使跟踪账户余额应在行权生效之日停止计提利息，其后不得在 TA 终止日期之前计入额外利息（但是根据协议，在每种情况下均不限制任何应付的违约利息）。

如果在 TA 终止日期之前的任何月末，跟踪账户余额小于跟踪账户限额，则在该月之后月份的第十五个本地营业日或该月之后或在卖方收到买方的发票后的第十五天之前，卖方应向买方支付等于跟踪账户限额与跟踪之间的差额的绝对值的金额，如果该日不是本地工作日，则应在下一个本地工作日付款。卖方付款后，跟踪账户余额应增加付款额。

如果在 TA 终止日期前跟踪账户余额小于零，则卖方应通过以下一项或多项组合向买方偿还等于该跟踪账户余额绝对值的金额（“卖方跟踪账户义务”）。此类方法的选择由卖方自行决定：

（a）在 TA 终止日期之后的 5 个工作日或之前向买方付款。

（b）进行 12 次等额付款（除非 TA 终止日期为 [____________]，在这种情况下为 8 次等额付款），且此类付款应分别于每年 6 月 30 日、9 月 30 日、12 月 31 日和此后的 3 月 31 日，直到这些款项全额支付为止。如果该日不是本地工作日，则应在下一个本地工作日付款。卖方跟踪账户义务的未付金额应按当日生效的每年 3 个月伦敦银行同业拆借利率的年利率计息，再加上通过并包括 [____________] 的 [____] 个基点，以及此后的 [____] 个基点，该利息应按季度支付，每季度支付一次。在第一次季度性付款后 36 个月的日期，除非 TA 终止日期为 [____________]（在这种情况下为 24 个月），所有应计但未支付的利息以及卖方追踪账户义务的余额应为由卖方支付给买方。卖方追踪账户余额可以在没有溢价或者罚款的情况下全部或者部分预付。预付款应首先用于应计但未付的利息，然后按比例用于余下的付款。如果卖方未能在应付款项下按本款规定付款，并且未在买方向卖方发出此类通知后的第二个本地营业日或之前未纠正此类故障，则卖方跟踪账户义务和所有应计但未付的利息应立即变为应付款，并应买方要求支付。

（c）尽管有与上述（a）或（b）条款相反的规定，但如果根据上述（a）或（b）条款到期的任何款项的预定付款日期不是本地营业日，则付款应在下一个本地工作日付款。

在 TA 终止日期后的第 5 个工作日或之前（如适用），卖方应向买方提供书面通知，告知将使用哪种上述还款方式来偿还卖方跟踪账户余额。如果卖方未能在 TA 终止日期后的第 5 个工作日（如适用）或之前提供此类通知，则上述（a）条适用。

本文使用的下列术语应该有以下含义：

“调整金额”是指就任何月份而言，如果该月的不匹配项大于 0，则该金额等于该月的不匹配项和（x）跟踪账户资金上限 –（y）先前跟踪账户余额的之差中的较小者，并且如果该月的不匹配项小于 0，则该金额等于该月的不匹配项与（x）跟踪账户下限 –（y）和先前跟踪账户余额之差中较大者的绝对值。

“月份”是指日历月。

“前期跟踪账户余额”是指紧接前一个月末的跟踪账户余额，但就本定义而言，前期跟踪账户余额不得少于跟踪账户限额且初始的先前跟踪账户余额应为零。为免生疑问，上一个期间末的先前跟踪账户余额反映了上一个期间的调整金额的应用。

“结算间隔”是指 ERCOT 实时能源市场的结算时间，为十五分钟。

“跟踪账户余额”是指根据这些跟踪账户条款确定的跟踪账户余额；前提是初始跟踪账户余额应为零。

“跟踪账户的资金上限”是指 $0。

跟踪预付款	“跟踪账户限额”是指负的 [____] 百万美元；前提是，如果在此类购买交易生效之日替代 TA 对冲已完成，跟踪账户限额应为负 [___] 百万美元。 “未提取的跟踪账户余额”是指（i）跟踪账户限额减去（ii）（a）跟踪账户余额和（b）负 [___] 百万两者中的较小者，但前提是（y）如果替代 TA 对冲为完善后，未提取的跟踪账户余额应为零，并且（z）在任何情况下都不得超过零（0）。
账户余额：非营业日付款	在任何情况下，无论是全部还是部分，卖方都可以任意时刻任意频次预付负的跟踪账户余额或卖方的跟踪账户义务，而不会收取任何费用或罚款。 尽管有任何相反的规定，否则本协议项下应在非本地营业日当天支付的任何款项应在此后的第一个本地营业日到期。
其他能源条款	尽管协议或本确认书中有相反规定，但在项目完成日期之前的任何时间，上述“每月已实现收入”“每月浮动债务”“不匹配”和“每月支付跟踪账户”，在本确认书的各部分均不适用，并且与本确认书有关的所有付款应按照《电力附件》的规定进行。
交货地点变更	尽管本协议中有相反规定，但（i）卖方根据《电力附件》c 部分有义务向买方支付的特定月份的任何金额，最高为跟踪账户限额的绝对值加上先前的跟踪账户余额的总和（A），以及 $ [___] 百万美元（B）之间的较小值，应在本确认的“每月支付跟踪账户”部分所述的适用日期支付，以及（ii）根据《电力附件》c 部分买方有义务向卖方支付的任何款项，应在这个确认书中适用的“WPP 每日付款”和“NPP 每日付款”部分中所述的适用日期支付。 双方承认并同意，由于交付的数据不是最终结算质量数据，并且在从 ERCOT 处收到结算报告后可能会进行调整，因此不应认为卖方出于附表第 4 款的目的而错误地报告了任何数据。 就此交易而言，唯一的市场干扰事件应为“价格来源干扰”和“商品参考价格的消失”。 如果在交易日期之后，ERCOT 重新定义，替换或消除了能源的交付点，包括通过从组成交付点的枢纽中添加或减去了电气总线的重要部分，而这种变更对本交易的当事方之一产生了重大不利影响，则在受影响方的合理请求下，当事方应立即进行谈判以指定新的交付点，以按照相同比例在当事方之间分配本次交易的经济利益和负担，因为它们是在交易日分配的（关于能源）。为避免疑问，重新定义交付点不应包括 ERCOT 根据其定义枢纽的流程替换某些枢纽总线的情况。重新定义将包括替换当前定义交付点中的所有或大部分枢纽总线。
所得税指定	乙方打算根据《1986 年美国国内税收法》（修订版）第 1221（a）（7）条和《美国财政部条例》第 1.1221-2 和 1.446-4 条，将交易作为出于美国联邦所得税目的的对冲交易；但是，该意图与甲方对交易的税收待遇无关。

账户明细：

向买方的付款：

付款账户	银行：[________] ABA（银行 ID）编号：[________]
付款给 [卖方]：	账号：[________]
付款账户：	参考：[________]。 收入账户：[________]

（下方签名）

当每一当事方执行和交付本权力确认书时，本确认书将生效并对其当事方具有约束力。

截至上述第一个日期被接受并确认。

买方： 卖方：

日期： 日期：

电力确认书签名页

附件 A WPP 每小时数量（兆瓦每小时）

在 WPP 期限内，WPP 每小时数量应对应着适用日历月在下表中列出；否则，WPP 每小时数量应为零。

MW/h	7×16	7×8	MW/h	7×16	7×8
18-Apr			23-Oct		
18-May			23-Nov		
18-Jun			23-Dcc		
18-Jul			24-Jan		
18-Aug			24-Feb		
18-Sep			24-Mar		
18-Oct			24-Apr		
18-Nov			24-May		
18-Dcc			24-Jun		
19-Jan			24-Jul		
19-Feb			24-Aug		
19-Mar			24-Sep		
19-Apr			24-Oct		
19-May			24-Nov		
19-Jun			24-Dec		
19-Jul			25-Jan		
19-Aug			25-Feb		
19-Sep			25-Mar		
19-Oct			25-Apr		
19-Nov			25-May		
19-Dec			25-Jun		
20-Jan			25-Jul		
20-Feb			25-Aug		
20-Mar			25-Sep		
20-Apr			25-Oct		

续表

MW/h	7×16	7×8	MW/h	7×16	7×8
20–May			25–Nov		
20–Jun			25–Dec		
20–Jul			26–Jan		
20–Aug			26–Feb		
20–Sep			26–Mar		
20–Oct			26–Apr		
20–Nov			26–May		
20–Dec			26–Jun		
21–Jan			26–Jul		
21–Feb			26–Aug		
21–Mar			26–Sep		
21–Apr			26–Oct		
21–May			26–Nov		
21–Jun			26–Dec		
21–Jul			27–Jan		
21–Aug			27–Feb		
21–Sep			27–Mar		
21–Oct			27–Apr		
21–Nov			27–May		
21–Dec			27–Jun		
22–Jan			27–Jul		
22–Feb			27–Aug		
22–Mar			27–Sep		
22–Apr			27–Oct		

续表

MW/h	7×16	7×8	MW/h	7×16	7×8
22–May			27–Nov		
22–Jun			27–Dec		
22–Jul			28–Jan		
22–Aug			28–Feb		
22–Sep			28–Mar		
22–Oct			28–Apr		
22–Nov			28–May		
22–Dec			28–Jun		
23–Jan			28–Jul		
23–Feb			28–Aug		
23–Mar			28–Sep		
23–Apr			28–Oct		
23–May			28–Nov		
23–Jun			28–Dec		
23–Jul			29–Jan		
23–Aug			29–Feb		
23–Sep			29–Mar		

出于上述目的：

7×16 是周一至周日（包括 NERC 假期）的 HE 0700 至 HE 2200 CPT，或根据 ERCOT 协议的任何后续期限。

7×8 为周一至周日（包括 NERC 假期）的 HE0100 至 HE0600 和 HE2300 至 HE 2400 CPT，或根据 ERCOT 协议的任何后续期限。

附件 B　NPP 每小时数量（兆瓦每小时）

在 [__________] 月之前，NPP 每小时数量应为零。从 [__________] 月开始至 [__________] 月，包括当月，NPP 每小时数量应对应适用日历月在下表中列出。从 [__________] 月开始，此后的 NPP 每小时数量应为零。

月份	7 × 16	7 × 8
一月		
二月		
三月		
四月		
五月		
六月		
七月		
八月		
九月		
十月		
十一月		
十二月		

出于上述目的：

7 × 16 是周一至周日（包括 NERC 假期）的 HE0700 至 HE2200 CPT，或根据 ERCOT 协议的任何后续期限。

7 × 8 为周一至周日的 HE0100 至 HE0600 和 HE2300 至 HE2400 CPT，包括 NERC 假期，或根据 ERCOT 协议的任何后续期限。

附件 C　TA 每小时数量（兆瓦每小时）

在 [__________] 月之前，TA 每小时数量应为零。从 [__________] 月开始至 [__________] 月（包括该月），应在适用日历月对应的以下表格中设置 TA 小时数：

月份	7 × 16	7 × 8
一月		
二月		
三月		
四月		
五月		
六月		
七月		
八月		
九月		
十月		
十一月		
十二月		

如果 TA 终止日期为 [__________]，则从 [__________] 到 [__________]：

月份	7 × 16	7 × 8

出于上述目的：

7×16 应为 HE0700 至 HE2200 CPT，周一至周日，包括 NERC 假期，或根据 ERCOT 协议的任何后续期限。

7×8 应该是周一至周日的 HE0100 至 HE0600 和 HE2300 至 HE2400 CPT，包括 NERC 假期，或根据 ERCOT 协议的任何后续期限。

参考文献

[1] Kim, E., & Barles, S. (2012). The energy consumption of Paris and its supply areas from the eighteenth century to the present. Regional Environmental Change, 12(2), 295—310. http://doi.org/10.1007/s10113-011-0275-0.

[2] Aklin, M., & Urpelainen, J. (2018). Renewables: the politics of a global energy transition. Cambridge, MA: The MIT Press.

[3] International Renewable Energy Agency (IRENA), Renewable energy: A key climate solution, 2017. Available from www.irena.org.

[4] IRENA, Global Landscape of Renewable Energy Finance, 2018. Available from www.irena.org.

[5] Wentworth, A. (March 20, 2018). Subsidy-free offshore wind farm to be built in the Netherlands. Retrieved from http://www.climateaction.org/news/subsidy-free-offshore-wind-farm-to-be-built-in-the-netherlands.

[6] Romer, D. (2012). Advanced macroeconomics. New York: McGraw-Hill/Irwin.

[7] Metcalf, G., & Weisbach, D. (2009). The design of a carbon tax. Harvard Environmental Law Review, 33, 499—556.

[8] O'Shaughnessy, E., Heeter, J., & Sauer, J. (2018). Status and trends in the U.S. voluntary green power market (2017 data). National Renewable Energy Laboratory. Retrieved from https://www.nrel.gov/docs/fy19osti/72204.pdf.

[9] Hochberg, M. & Poudineh, R. (April 2018). Renewable auction design in theory and practice: lessons from the experiences of Brazil and Mexico. Oxford Institute for Energy Studies, OIES Paper El 28.

[10] Kensinger, J. W., & Martin, J. D. (1988). Project finance: raising money the old-fashioned way. Journal of Applied Corporate Finance, 1(3), 69e81. https://doi.org/10.1111/j.1745-6622.1988.tb00474.x.

[11] Benjamin C. Esty. Why study large projects? An introduction to research on project finance. European Financial Management, 10(2), 213—224.

[12] Moody's Investor Service. (March 5, 2014). Default and recovery rates for project finance bank loans, 1983—2012.

[13] Keith Martin (2017, April 6). "Partnership Flips", Norton Rose Fulbright. Retrieved from https://www.nortonrosefulbright.com/en-s/knowledge/publications/bde454cb/partnership-flips.

[14] Moran, Chase, Renewable Structures: Choices and Challenges, Pratt's Energy Law Report, Vol. 15, No. 7, July 2015.

[15] Keith Martin (2017, June) "Inverted Leases", Norton Rose Fulbright. Retrieved from https://www.nortonrosefulbright.com/en-us/knowledge/publications/f93752a0/inverted-leases.

[16] Mendelsohn, M. (November 16, 2018). Raising capital in very large chunks: The rise of solar securitization. Retrieved from https://pv-magazine-usa.com/2018/11/16/raising-capital-in-very-large-chunks-therise-of-solar-securitization/.

[17] Dolan, P. (October 23, 2018). PACE securitizations: Norton Rose Fulbright. Retrieved from https://www.projectfinance.law/publications/2018/october/pace-securitizations/.

[18] Schwabe, P., & Feldman, D. (2018). Solar lending practices by community and regional financial institutions. National Renewable Energy Laboratory. Retrieved from https://www.nrel.gov/docs/fy18osti/71753.pdf.

[19] Wolak, F. A. (2017). Retail pricing to support the 21st century distribution grid. Stanford Institute for Economic Policy Research. Retrieved from https://siepr.

stanford.edu/sites/default/files/publications/PolicyBrief-Nov2017.pdf.

[20] Wood Mackenzie Power and Renewables; Solar Energy Industries Association (SEIA). March, (2019). U.S. Solar Market Insight.

[21] PJM. (2018). 2017 PJM regional transmission expansion plan. Available from www.pjm.com.

[22] Newbery, D. (1995). Power markets and market power. The Energy Journal, 15(3).

[23] The PJM RPM capacity market is described in PJM, "RPM 101: Overview of Reliability Pricing Model" available at www.pjm.com. A set of detailed "FCM 101" presentations describing the ISO-NE FCM market is available at https://www.iso-ne.com/participate/training/materials.

[24] McNamara, F. (2014). Capacity market. Department of Energy and Climate Change. Retrieved from https://assets.publishing.service.gov.uk/government/uploads/system/uploads/attachment_data/file/335760/capacity_market_policy_presentation.pdf.

[25] Bushnell, J., Flagg, M., & Mansur, E. (2017). Electricity capacity markets at a crossroads. UC Davis Energy Economics Program. Retrieved from http://deep.ucdavis.edu/uploads/5/6/8/7/56877229/deep_wp017.pdf.

[26] ENTSO-E. (May 2018). ENTSO-E overview of transmission tariffs in Europe: Synthesis 2018. Available from www.entsoee.eu.

[27] Rossellon, J., & Kristiansen, T. (Eds.). (2013). Financial transmission rights: analysis, experiences and prospects. Springer-Verlag.

[28] Adamson, S. & Parker, G. (2013). Participation and efficiency in the New York financial transmission rights markets. In J. Rossellon & T. Kristiansen (Eds.), Financial transmission rights: Analysis, experiences and prospects. Springer-Verlag.

[29] Adamson, S., Noe, T., & Parker, G. (2010). Efficiency of financial transmission rights in centralized coordinated auctions. Energy Economics, 32, 771—778.

[30] Deign, J. (2018, September 4). Europe on the cusp of a 'corporate PPA revolution'. Retrieved from https://www.greentechmedia.com/articles/read/windeurope-europe-on-verge-of-corporate-ppa-revolution#gs.z87e3d.

[31] Investing in Development: Understanding the Risk-Reward Profile. Pattern Energy White Paper, 2017.(2017). Investing in development understanding the risk-reward profile. Pattern Energy Group Inc. Retrieved from https://investors.patternenergy.com/static-files/c6464707-fc27-4f3b-9a49-a728224963cb.

[32] Brealey, R., S. Myers and F. Allen (2007), Principles of Corporate Finance (9th. Ed.) McGraw-Hill.

[33] Measuring Pharmaceutical Industry Risk and the Cost of Capital, In R. Helms (Ed.), Competitive strategies in the pharmaceutical industry. AEI Press, 1996.

[34] John, J. S. (2019, April 10). Global energy storage to hit 158 gigawatt-hours by 2024, led by US and China. Retrieved from https://www.greentechmedia.com/articles/read/global-energy-storage-to-hit-158-gigawatt-hours-by-2024-with-u-s-and-china#gs.zt174j.

[35] Wood Mackenzie data from the report titled "Global Energy Storage Outlook 2019" reported in the GTM article titled "Global Energy Storage to Hit 158 Gigawatt-Hours by 2024, Led by US and China" by Jeff St. John published on April 10, 2019. John, J. S. (2019, April 10). Global energy storage to hit 158 gigawatt-hours by 2024, led by US and China. Retrieved from https://www.greentechmedia.com/articles/read/global-energy-storage-to-hit-158-gigawatt-hours-by-2024-with-u-s-and-china#gs.zt174j.

[36] IRS Private Letter Ruling PLR 201208035, February 24, 2012.

[37] IRENA, & CPI. (2018). Global landscape of renewable energy finance, 2018. Abu Dhabi: International Renewable Energy Agency.

[38] Jackson, R. B., Le Quéré, C., Andrew, R., Canadell, J. G., Korsbakken, J. I., Liu, Z., Peters, G. P., & Zheng, B. (2018). Global energy growth is outpacing

decarbonization. Environmental Research Letters, 13. http://doi.org/10.1088/1748-9326/aaf303.

[39] Frankfurt School e UNEP Centre/BNEF. Global trends in renewable energy investment 2018. Available from www.fs-unep-centre.org.

[40] Reicher, D., Brown, J., Fedor, D., Carl, J., Seiger, A., Ball, J., & Shrimali, G. (October 27, 2017). Derisking decarbonization: Making green energy investments blue chip. Stanford Law School. Retrieved from https://law.stanford.edu/publications/derisking-decarbonization-making-green-energy-investments-blue-chip/.

[41] Norton Rose Fulbright. (2017). Renewable energy in Latin America.

[42] Comision Nacional de Energía (2018), Anuario Estadístico de Energía. Retrieved from https://www.cne.cl/wp-content/uploads/2019/04/Anuario-CNE-2018.pdf.

[43] Rudnick, H. & Zolezzi, J. M. (2001). Electric sector deregulation and restructuring in Latin America: Lessons to be learnt and possible ways forward. Generation, Transmission and Distribution, IEE Proceedings,148, 180—184. 10.1049/ip-gtd:20010230.

[44] Bustos-Salvagno, J., & Fernando Fuentes, H. (2017). Electricity interconnection in Chile: Prices versus costs.

[45] Energy policies beyond IEA countries: Chile (2018). S.l.: Organisation for Economic Co-operation and Development.

[46] Norton Rose Fulbright. (2017). Renewable energy in Latin America.

[47] García, J. (2016). Renewable energy financing: the case of Chile. Working document prepared for the Research Collaborative on Tracking Private Climate Finance. Available at: www.oecd.org/env/researchcollaborative.

[48] Sonnedix expands Chile presence with financial close on USD 99 million project financing for 171MWp solar PV plant in the Atacama desert on 29 May, 2019. Retrieved from https://sonnedix.com/news/sonnedix-expands-chile-presence-with-

financial-close-on-usd-99-million-project-financing-for-171mwp-solar-pv-plant-in-the-atacama-desert/.

[49] Prayas Energy Group. (October 2016). India's journey towards 175 GW renewables by 2022. Available at http://www.indiaenvironmentportal.org.in/files/file/Indias%20Journey%20towards%20renewable%20 energy.pdf.

[50] Policies and publications. Retrieved from https://powermin.nic.in/en/content/power-sector-glance-allindia.

[51] Government of India. (2018). Annual Report 2017e18. Ministry of Power, Government of India. Retrieved from http://www.cea.nic.in/reports/annual/annualreports/annual_report-2018.pdf.

[52] Bridge to India. (2019). India RE outlook 2019. Bridge to India Energy Private Limited.

[53] Solar Energy Corporation of India Limited. (June 28, 2019). Request for selection (RfS) document for selection of solar power developers for setting up of 1200 MW ISTS-connected solar power projects in India under global competitive bidding (ISTS-V). Available from www.seci.co.in.

[54] Sen, V., Sharma, K., & Shrimali, G. (2016). Reaching India's renewable energy targets: The role of Institutional Investors. Climate Policy Initiative. Retrieved from https://climatepolicyinitiative.org/publication/reaching-indias-renewable-energy-targets-role-institutional-investors/.

[55] Shakri Sustainable Energy Foundation (2018). Analysis of financial health of DISCOMs and its link with end-use efficiency implementation. Shakti Sustainable Energy Foundation. Retrieved from https://shaktifoundation.in/wp-content/uploads/2018/10/Analysis-of-Financial-Health-of-DISCOMs-16Oct18.pdf.

[56] Ministry of Power, Government of India (2018). State distribution utilities sixth annual integrated rating. Ministry of Power, Government of India. Retrieved from http://pfcindia.com/DocumentRepository/ckfinder/files/GoI_Initiatives/Annual_

Integrated_Ratings_of_State_DISCOMs/6th_rating_booklet.pdf.

[57] Ministry of Power, Government of India, Press Release dated June 28, 2019.

[58] Market wire. (July 2, 2019). Market wire: Enforcing payment security mechanism - A bold move, challenging to implement, benefits uncertain. Retrieved from https://www.indiaratings.co.in/PressRelease?pressReleaseID=37476&title=Market-Wire:-Enforcing-Payment-Security-Mechanism—A-Bold-Move,-Challenging-To-Implement,-Benefits-Uncertain.

[59] India Ratings & Research. (July 4, 2019). Renegotiation of power sale contracts in Andhra Pradesh exerts added cashflow pressure and impairs investor confidence. Retrieved from https://www.indiaratings.co.in/PressRelease?pressReleaseID=37507&title=Renegotiation-of-Power-Sale-Contracts-in-Andhra-Pradesh-Exerts-Added-Cashflow-Pressure-and-Impairs-Investor-Confidence.

[60] Runci, P. J. (2005). Renewable Energy Policy in Germany: An Overview and Assessment. Joint Global Change Research Institute. Retrieved from http://www.globalchange.umd.edu/data/publications/PNWD-3526.pdf.

[61] Deutsche Bank Group. (2012). The German feed -in tariff: Recent policy changes. Deutsche Bank Group. Retrieved from https://www.db.com/cr/en/docs/German_FIT_Update_2012.pdf.

[62] May, N. G. (2017). The impact of wind power support schemes on technology choices. Energy Economics， 65, 343—354. http://doi.org/10.2139/ssrn.2616715.

[63] Klobasa, M., Winkler, J., Sensfuß, F., & Ragwitz, M. (2013). Market integration of renewable electricity generation d The german market premium model. Energy and Environment, 24(1—2), 127—146. http://doi.org/10.1260/0958-305x.24.1-2.127.

[64] BMWi. 2017 German Renewable Energy Law (EEG 2017) and cross-border renewable energy tenders. Available from www.bmwi.de.

[65] Wettengel, J. (February 15, 2019). German grid agency worries about low participation in wind tenders. Retrieved from https://www.cleanenergywire.org/

news/german-grid-agency-worries-about-lowparticipation-wind-tenders.

[66] Fraunhofer ISE (2019). Recent facts about photovoltaics in Germany. Fraunhofer ISE. Retrieved from https://www.ise.fraunhofer.de/content/dam/ise/en/documents/publications/studies/recent-facts-aboutphotovoltaics-in-germany.pdf.

[67] Appunn, K. (October 15, 2018). Renewables surcharge set to fall by six percent in 2019. Retrieved from https://www.cleanenergywire.org/news/renewables-support-set-fall-six-percent-2019.

[68] CEER (2018). Status review of renewable support schemes in Europe for 2016 and 2017. Council of European Energy Regulators. Retrieved from https://www.ceer.eu/documents/104400/-/-/80ff3127-8328-52c3-4d01-0acbdb2d3bed.

[69] Wilkes, W., & Parkin, B. (September 24, 2018). Germany's economic backbone suffers from soaring power prices - BNN Bloomberg. Retrieved from https://www.bnnbloomberg.ca/germany-s-economicbackbone-suffers-from-soaring-power-prices-1.1141809.

[70] Hockenos, P. (December 13, 2018). Carbon crossroads: Can Germany revive its stalled energy transition?Retrieved from https://e360.yale.edu/features/carbon-crossroads-can-germany-revive-its-stalledenergy-transition.

[71] Marcantonini, C., & Ellerman, A. D. (2016). The implicit carbon price of renewable energy incentives in Germany. The Energy Journal, 37(1). http://doi.org/10.5547/01956574.37.1.cmar.

[72] Abrell, J., Kosch, M., & Rausch, S. (2019). Carbon abatement with renewables: Evaluating wind and solar subsidies in Germany and Spain. SSRN Electronic Journal. http://doi.org/10.2139/ssrn.3313637.

[73] Amelang, S., Wehrmann, B., & Wettengel, J. (February 14, 2019). Polls reveal citizens' support for Energiewende. Retrieved from https://www.cleanenergywire.org/factsheets/polls-reveal-citizenssupport-energiewende.

[74] Wettengel, J. (October 25, 2018). Citizens' participation in the Energiewende.

Retrieved from https://www.cleanenergywire.org/factsheets/citizens-participation-energiewende.

[75] Yan, Q. Y., Zhang, Q., Yang, L., & Wang, X. (2016). Overall review of feed-in tariff and renewable portfolio standard policy: A perspective of China. IOP Conference Series: Earth and Environmental Science (Vol. 40) (p. 012076). http://doi.org/10.1088/1755-1315/40/1/012076.

[76] Lo, K. (2014). A critical review of China's rapidly developing renewable energy and energy efficiency policies. Renewable and Sustainable Energy Reviews, 29, 508—516. http://doi.org/10.1016/j.rser.2013.09.006.

[77] Bridle, R., & Kitson, L. (2014). Public finance for renewable energy in China: Building on international experience. International Institute for Sustainable Development. Retrieved from https://www.iisd.org/sites/default/files/publications/public_finance_renewable_energy_china.pdf.

[78] Zhang, Y., Tang, N., Niu, Y., & Du, X. (2016). Wind energy rejection in China: Current status, reasons and perspectives. Renewable and Sustainable Energy Reviews, 66, 322—344. http://doi.org/10.1016/j.rser.2016.08.008.

[79] Zhang, S., Andrews-Speed, P., & Li, S. (2018). To what extent will Chinas ongoing electricity market reforms assist the integration of renewable energy? Energy Policy, 114, 165—172. http://doi.org/10.1016/j.enpol.2017.12.002.

[80] May, N. G., & Neuhoff, K. (2017). Financing power: Impacts of energy policies in changing regulatory environments. SSRN Electronic Journal. http://doi.org/10.2139/ssrn.3046516.

[81] Polzin, F., Egli, F., Steffen, B., & Schmidt, T. S. (2019). How do policies mobilize private finance for renewable energy? A systematic review with an investor perspective. Applied Energy, 236, 1249e1268. http://doi.org/10.1016/j.apenergy.2018.11.098.

[82] Diacore (2016). The impact of risks in renewable energy investments and the role

of smart policies. Diacore. Retrieved from http://diacore.eu/images/files2/WP3-FinalReport/diacore-2016-impact-of-riskin-res-investments.pdf.

[83] Bloomberg New Energy Finance. (November 27, 2018). Emerging markets outlooks 2018, Climatescope.

[84] Hong, M., & Wang, Y. (September 26, 2018). To supercharge Chinese renewables, fix their financing. Retrieved from https://www.wri.org/blog/2018/03/supercharge-chinese-renewables-fix-their-financing.

[85] Joos, M., & Staffell, I. (March 7, 2018). Short-term integration costs of variable renewable energy: Wind curtailment and balancing in Britain and Germany. Retrieved from https://www.sciencedirect.com/science/article/pii/S1364032118300091.